高等院校应用型人才培养"十四五"规划旅游管理类系列教材

旅游心理学

主 编◎郑 岩 那梦帆
副主编◎韩 星

TOURISM

Tourism Psychology

华中科技大学出版社
http://press.hust.edu.cn
中国·武汉

内 容 提 要

本书主要涵盖旅游者心理、旅游服务心理、旅游目的地居民心理、旅游工作者心理等内容,具体包括十一章:引论、旅游者的感觉与知觉、旅游需要与旅游动机、旅游者的情绪与情感、旅游者的态度、旅游者的个性、社会因素与旅游行为、旅游服务与旅游体验、旅游服务心理、旅游目的地居民心理、旅游工作者心理卫生与保健。本书既适用于本科院校旅游类专业的教学,也可以作为高职院校旅游类专业的教材,还适用于文旅行业职业教育与岗位培训。

图书在版编目(CIP)数据

旅游心理学 / 郑岩,那梦帆主编 . -- 武汉 : 华中科技大学出版社,2024.8. -- (高等院校应用型人才培养"十四五"规划旅游管理类系列教材). -- ISBN 978-7-5772-1166-4

Ⅰ. F590

中国国家版本馆 CIP 数据核字第 2024UQ3170 号

旅游心理学
Lüyou Xinlixue

郑岩　　那梦帆　主编

策划编辑:王　乾

责任编辑:王梦嫣

封面设计:原色设计

责任校对:刘　竣

责任监印:周治超

出版发行:华中科技大学出版社(中国·武汉)　　　电话:(027)81321913

　　　　　武汉市东湖新技术开发区华工科技园　　　邮编:430223

录　　排:孙雅丽

印　　刷:武汉科源印刷设计有限公司

开　　本:787mm×1092mm　1/16

印　　张:13.75

字　　数:288千字

版　　次:2024年8月第1版第1次印刷

定　　价:59.80元

出版说明

　　党的十九届五中全会确立了到2035年建成文化强国的远景目标,明确提出发展文化事业和文化产业。"十四五"期间,我国将继续推进文旅融合,实施创新发展,不断推动文化和旅游发展迈上新台阶。2019年和2021年先后颁布的《国家职业教育改革实施方案》《教育部关于深化本科教育教学改革全面提高人才培养质量的意见》《本科层次职业教育专业设置管理办法(试行)》,强调进一步推动高等教育应用型人才培养模式改革,对接产业需求,服务经济社会发展。

　　基于此,建设高水平的旅游专业应用型人才培养教材,将助力旅游高等教育结构优化,促进旅游专业应用型人才的能力培养与素质提升,进而为中国旅游业在"十四五"期间深化文旅融合、持续迈向高质量发展提供有力支撑。

　　华中科技大学出版社一向以服务高校教学、科研为己任,重视高品质专业教材出版,"十三五"期间,在教育部高等学校旅游管理类专业教学指导委员会和全国高校应用型本科旅游院校联盟的大力支持和指导下,在全国范围内特邀中组部国家"万人计划"教学名师、近百所应用型院校旅游管理专业学科带头人、一线骨干"双师双能型"教师,以及旅游业界精英等担任顾问和编者,组织编纂出版"高等院校应用型人才培养'十三五'规划旅游管理类系列教材"。该系列教材自出版发行以来,被全国近百所开设旅游管理类专业的院校选用,并多次再版。

　　为积极响应"十四五"期间我国文旅行业发展及旅游高等教育发展的新趋势,"高等院校应用型人才培养'十四五'规划旅游管理类系列教材"应运而生。本套教材依据文旅行业最新发展和学术研究最新进展,立足旅游管理应用型人才培养特征进行整体规划,对高水平的"十三五"规划教材进行修订、丰富、再版,同时开发出一批教学紧缺、业界急需的教材。本套教材在以下三个方面做出了创新:

　　一是紧扣旅游学科特色,创新教材编写理念。本套教材基于旅游高等教育发展新形势,结合新版旅游管理专业人才培养方案,遵循应用型人才培养的内在逻辑,在编写团队、编写内容与编写体例上充分彰显旅游管理应用型专业的学科优势,有利于全面提升旅游管理专业学生的实践能力与创新能力。

二是遵循理实并重原则,构建多元化知识结构。在产教融合思想的指导下,坚持以案例为引领,同步案例与知识链接贯穿全书,增设学习目标、实训项目、本章小结、关键概念、案例解析、实训操练和相关链接等个性化模块。

三是依托资源服务平台,打造新形态立体教材。华中科技大学出版社紧抓"互联网+"时代教育需求,自主研发并上线的华中出版资源服务平台,可为本套教材作立体化教学配套服务,既为教师教学提供便捷,提供教学计划书、教学课件、习题库、案例库、参考答案、教学视频等系列配套教学资源,又为教学管理提供便捷,构建课程开发、习题管理、学生评论、班级管理等于一体的教学生态链,真正打造了线上线下、课内课外的新形态立体化互动教材。

本编委会力求通过出版一套兼具理论与实践、传承与创新、基础与前沿的精品教材,为我国加快实现旅游高等教育内涵式发展、建成世界旅游强国贡献一份力量,并诚挚邀请更多致力于中国旅游高等教育的专家学者加入我们!

华中科技大学出版社

前言

Preface

习近平总书记指出:"教育兴则国家兴,教育强则国家强。"建设教育强国,是以中国式现代化全面推进中华民族伟大复兴的基础工程。当前,我国开启了全面建设社会主义现代化国家新征程,为此,我们必须把握新发展阶段,贯彻新发展理念,构建新发展格局。这对现代旅游产业转型升级提出了更高要求,同时也为旅游高等教育创新发展提供了更好机遇。世界旅游组织曾提出一个著名的口号——"高质量的服务、高质量的员工、高质量的旅游",高质量的旅游产业呼唤高素质的旅游人才,高素质的旅游人才呼唤高品位的旅游教育,高品位的旅游教育呼唤高水平的旅游教材。作为高校旅游管理类专业学生的必修课程,旅游心理学是旅游学中不断发展的新兴学科领域,所涉及的理论需要通过实践的检验而加以完善。

本书主要涵盖旅游者心理、旅游服务心理、旅游目的地居民心理、旅游工作者心理等内容,共十一章。本书的具体编写分工如下:郑岩(大连大学)负责设计大纲,以及编写第一章、第六章、第九章、第十一章;那梦帆(大连大学)负责编写第二章、第三章、第四章、第五章;韩星(大连大学)负责编写第七章、第八章、第十章。本书最后由那梦帆统稿、润色和完善。

本书在策划和编写过程中得到了华中科技大学出版社的大力支持,尤其是王乾编辑对本书的出版投入了大量的心血和精力,在此表示衷心的感谢。本书在编写过程中参考和引用了国内外的一些相关文献和资料,谨向这些文献资料的作者致以诚挚的谢意。

由于编写时间仓促和编者水平所限,书中难免存在一些疏漏,恳请各位读者不吝赐教,提出宝贵的意见和建议,以便本书再版时加以改正和完善。

目录
Contents

Note

Note

第一章
引　论

学习目标

知识目标：学习和掌握旅游心理学的概念；学习和掌握旅游心理学的研究对象、研究内容、研究方法；理解学习旅游心理学的重要意义。

能力目标：提升发现问题、分析问题和解决问题的能力；提升团队合作能力与创新能力。

素养目标：培育理论联系实际的专业素养，提升旅游专业认同感；树立辩证唯物主义世界观，培育社会主义核心价值观。

核心概念

旅游心理学　观察法　调查法　实验法　测量法　个案研究法

思维导图

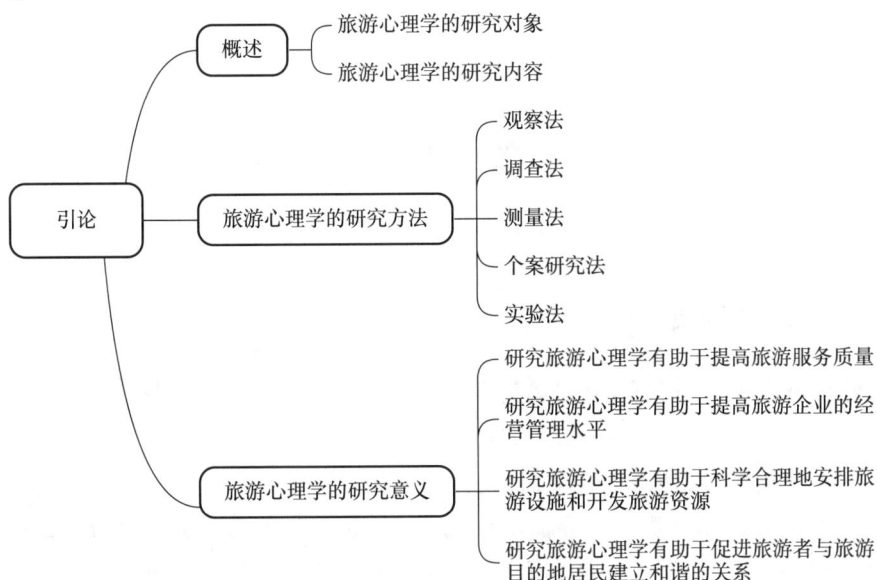

本章
导入

　　随着生活水平的提高,旅游已经成为丰富人们精神生活的重要活动,人们也更加注重旅游体验和旅游品质的提升。旅游体验是旅游者主观意识的反映;是旅游者心理活动的写照;是旅游者在与外部世界接触的过程中,通过观赏、交往、模仿和消费等活动形式所获得的心理感受。旅游体验通过情感、认知、文化、娱乐、教育、逃避、审美等维度表现出来。

　　情感体验指人们在旅行中产生的快乐、兴奋、平静、忧郁、孤独等感受,它是由旅行的外部环境等因素引起,通过眼、耳、鼻、舌、身所产生心理情绪的反应。情感体验或是触景生情,或是由个人的心理期望影响所致。认知体验指人们在旅行中通过感官来感知周围的环境,通过思考和学习来理解其旅游活动的意义。认知体验可以帮助人们更好地了解旅游目的地的自然景观和人文历史,从而丰富知识、拓宽视野。文化体验指人们在旅游过程中入乡随俗,深入了解当地的风土人情,深刻感受当地的特色文化,深度体验当地居民的生活方式,从而提升自己的认知体验。同时,旅游者还可以从娱乐、教育、逃避、审美等维度,获得深刻的心理体验。旅游体验众多维度间的相互作用、相互影响,形成了旅游体验的特殊性。旅游体验随着时代的发展而变化,是人类需求中较高层次的需求。

　　大众化旅游时代,旅游需求表现出多元化、个性化的心理特点。由于每个人的旅游动机、需要、感知、态度、情感、个性不同,各自的旅游体验也不尽相同。不同旅游层次、不同旅游方式的旅游者有不同的旅游体验,因此,旅游开发、旅游运营、旅游服务、旅游管理等工作要充分考虑旅游者的心理需求特点,为旅游者提供全面且满意的旅游服务。

第一节　概　述

一、旅游心理学的研究对象

　　旅游者是旅游活动的主体,是旅游业的主要服务对象。旅游者的行为趋向对旅游业的发展和前途影响很大。在旅游活动中,作为消费者的旅游者的各种行为无一不受到心理活动的支配,旅游者通常按照自己的兴趣、意图、偏好等购买自己需要的、符合自己口味的旅游产品和服务。在旅游活动中,不论每次具体的消费行为是如何形成的,旅游者总是将自己的那些稳定的、独特的和本质的心理特点反映出来,这些特点,也就是个性,构成了旅游消费行为的基础。分析旅游者的这些消费心理和行为,研究这些心理现象和行为的差异,就可以找出旅游消费过程中旅游者的一般心理规律。了解旅游者的心理规律对正确理解并预测其行为有很大的帮助,能够为影响和引导旅游者的消费行为和提供有针对性的服务打下基础。

旅游活动所涉及的人主要包括现实的旅游者、潜在的旅游者及旅游行业中各个相关领域的工作者,这些人在旅游活动中有各自的心理活动,都可以表现出不同的心理行为。在旅游活动中,旅游者与旅游产品之间、旅游者与旅游设施和旅游资源之间、旅游者与旅游者之间、旅游者与旅游工作者之间、旅游工作者与旅游工作者之间、旅游企业服务人员与旅游企业管理人员之间时时刻刻都产生着接触和联系,这些人际互动和关系的发生取决于各自的心理活动,因此,旅游心理学以旅游者(包括现实游旅游者和潜在旅游者)、旅游工作者(包括各类旅游企事业单位的服务人员和管理人员)和旅游目的地居民为研究对象,主要研究旅游活动、旅游服务、旅游接待、旅游营销、旅游管理的每一个环节中所表现出来的心理活动和行为规律。

二、旅游心理学的研究内容

(一)旅游者心理

旅游者是旅游活动的主体,没有旅游者,旅游活动、旅游业也就无从谈起,因此,了解旅游者心理及其旅游行为的发生、发展及变化规律是旅游心理学首先需要研究的课题,这也是旅游心理学研究的出发点和核心内容。旅游者心理的研究内容包括旅游者的行为动因、旅游者的认知心理、旅游者的态度、旅游者的个性、旅游者的社会心理以及审美心理等方面。从旅游业发展角度而言,了解旅游者是做好旅游工作的前提。要真正了解旅游者就必须了解旅游者的心理规律和行为规律,这样才能更好地为旅游者服务,更好地开展旅游经营活动,更好地发展旅游业。

(二)旅游服务心理

旅游活动是旅游者和旅游工作者的共同协同活动。在旅游活动中,旅游工作者的各种服务贯穿于旅游活动的各个环节。旅游服务的生产过程是通过人与人的交往来完成的。旅游服务实际上就是旅游工作者通过与旅游者的交往以帮助旅游者获得美好经历的过程。要完成这一工作,旅游工作者需要懂得旅游者的心理,满足旅游者的需要,有针对性地提供适宜而周到的服务,才能最终达到令旅游者满意的效果。

优质服务的实质就是心理服务,只有从旅游者的心理需要出发,针对旅游者的心理特点才能实现优质服务,因此,旅游服务心理是旅游心理学不可缺少的研究课题。

（三）旅游工作者心理

旅游体验活动离不开旅游企业的经营管理,旅游者体验质量与旅游企业提供的产品和服务直接相关。旅游产品和服务的提供是由旅游工作者(或称旅游从业人员)来完成的,这对旅游工作者的心理素质提出了很高的要求。旅游工作者是旅游企业经营成败的核心要素,是旅游企业的第一生产力。旅游工作者心理以旅游从业人员的心理活动规律为研究对象,以旅游从业人员的心理卫生与保健策略为研究内容。

（四）旅游目的地居民心理

旅游目的地居民心理是指旅游目的地居民在与旅游者的人际互动中产生的心理现象。当旅游目的地居民生活居住的空间成为旅游者进行旅游活动的场所,旅游目的地也就成了当地居民与旅游者直接或间接互动的平台。无论是否直接与旅游者进行人际互动,旅游目的地居民都会主动或被动感知到旅游发展带来的影响,从而出现有别于日常生活状态的心理现象。旅游者在旅游过程中不可避免地要和当地居民直接或间接地接触,这使得作为主体的旅游目的地居民得以直观了解他人并形成自己的心理判断,评估已接收到的信息的价值。旅游目的地居民的心理是动态变化的,既受旅游目的地社会环境、当地旅游业发展阶段等外部因素的影响,又因旅游目的地居民的年龄、性格,以及是否直接从事旅游业等个体因素而不同。

知识活页

▼

旅游目的地机构、旅游目的地居民、旅游者

第二节　旅游心理学的研究方法

旅游心理学以心理学为研究基础,因此,在具体的研究方法上主要借鉴心理学,尤其是普通心理学。以下是旅游心理学通常采用的几种方法。

一、观察法

观察法是指通过感官或仪器,按行为发生的顺序进行系统观察、记录并分析的研究方法。观察法又有自然观察与实验室观察之分。

自然观察指在自然行为发生的自然环境中进行观察,对行为不施加任何干预。

实验室观察指在实验室内,在人为控制的某些条件下进行观察。

观察法的优点在于方便易行,可涉及相当广泛的内容,且观察材料更接近生活现实,其缺点在于只能反映表面现象,难以揭示现象背后的本质或规律,因此,观察法最好与其他方法结合使用。

二、调查法

调查法是指通过事先拟定的一系列问题,针对某些心理品质及其他相关因素,收集信息并加以分析的方法。比如,要想了解旅游者对某一景点的需要、兴趣、评价,就可以采用调查法。调查法包括访谈调查法和问卷调查法。

(一)访谈调查法

访谈调查法是通过调查人员与调查对象面对面交谈,从而收集口头资料的一种调查方法。这种方法具有直接性、灵活性、适应性、回答率高、效率高等特点。调查人员的访谈技巧、知识与能力、性格特征会直接影响调查的结果,因此,使用访谈调查法需要选择合适的调查人员,并对其加以培训。

(二)问卷调查法

问卷调查法简称问卷法,是指根据研究的要求,由调查者设计调查表,并由被调查者填写,然后调查者进行汇总、整理、分类和分析的方法。问卷调查法可通过调查表将调查的目的和内容清楚地反映出来。问卷调查法的优点是能同时进行群体调查,快速收集大量资料。但问卷调查法不太适用于对行为的调查,并且被调查者对涉及态度问题的回答未必完全真实,故而所得资料的价值要打折扣。

三、测量法

测量法是指采用标准化的心理测验量表或精密的测量仪器,对有关的心理品质或行为进行测定和分析的方法。能力测验、性格测验、人才测评等都是旅游心理学中常用的测量法。

四、个案研究法

个案研究法是指以各种方法收集所需的个体、群体或组织的各方面资料并加以分析的方法。比如,通过研究一个酒店的历史来了解其管理方法及成效,就是一种个案研究。由于进行个案研究时,大多需要通过个案的背景资料来了解其经历,所以此法也被称为个案历史法。

个案研究法针对性强,对于解决组织中的具体问题颇有帮助。但由于个案过于具体、普遍性较差,其结论不宜复制推广。

五、实验法

实验法是指在人为控制的环境下,精确控制自变量而考察因变量如何变化、研究变量间相互关系的方法。实验法有实验室实验和现场实验之分。

实验室实验在人为制造的实验室环境中进行。其特点是精确,但也因此失去了一定的真实性和普遍性,这是因为现实中很少有像实验室那样的环境。

现场实验在真实的环境中进行。比如,要了解酒店的照明环境对员工操作的影响,可将两个员工安排在同样条件的工作场所,但让两人在不同的照明光线下作业,比较其工作效率。现场实验是非常有效的方法,所得的结论也极具普遍意义,只是代价较高。

第三节　旅游心理学的研究意义

一、研究旅游心理学有助于提高旅游服务质量

学习和研究旅游心理学对于提高旅游工作者的心理素质,提高旅游服务的整体水平,有着积极的现实意义。旅游服务工作是依靠人来进行的,旅游工作者的心理品质直接影响旅游服务工作的质量。旅游企业员工是企业的主人,旅游事业的发展和服务质量的提高主要依赖全体旅游工作者的努力。旅游工作者良好的心理品质对于提高旅游工作的质量至关重要。服务质量的优劣主要取决于旅游工作者的服务态度和技术水平的高低。良好的服务态度是提高服务质量的思想基础,精湛的技术水平是高质量服务的技术保证。这些都与人的心理品质有关。旅游心理学所揭示的人的心理规律对服务态度的产生和调节具有重要影响,端正服务态度是提高服务质量的内在动力。提高旅游工作者的心理品质,一方面取决于旅游工作者的实际工作实践,另一方面取决于旅游工作者对旅游心理学理论的学习。通过学习旅游心理学,旅游工作者可以正确地认识自己,控制自己的情绪,培养良好的心理品质,进而提高旅游服务质量。

服务质量的优劣直接关系到旅游企业能否生存和发展。旅游者是旅游活动的主体,是旅游工作者的服务对象。旅游者是旅游业赖以生存和发展的"衣食父母",没有旅游者,旅游业就不复存在,因此,旅游者的数量多少是衡量旅游企业兴旺与否的重要标志。要提高服务质量,首先就要了解旅游者的心理,掌握旅游者的心理活动及其规律。俗话说,"得人先得心",要发展旅游业,就必须研究如何才能得人心。这也就是说,旅游工作者必须要对所服务的对象有充分的了解。除了外在的客观因素,旅游工作者还需要了解旅游者内在的、深层次的人性方面的因素,也就是从心理学意义上的知觉、动机、需要、态度、个性等方面来了解旅游者,区分由于不同民族、职业、文化背景等造成的旅游者的个体心理差异。了解了不同旅游者的心理倾向和心理特点,旅游工作者就可以自觉地、主动地、有针对性地对旅游者施加影响,提供最佳服务,从而赢得旅游者的青睐,使其乐于消费旅游产品。这样就可以使各种不同旅游者在生理和心理上都能得到最大限度的满足。同时,旅游业中现代化的硬件设施并不能完全满足旅游

者的需求,因为旅游者往往更看重的是优质的服务,是富有人情味的接待,是友谊和尊重等更高层次的满足。这就要求旅游工作者应着眼于优质、富有人情味的服务,通过各种旅游活动使旅游者产生积极、愉悦的心理体验,留下美好而深刻的印象,真正达到世界旅游组织提出的"旅游促进生活质量提高"的目标。由此可见,学习和研究旅游心理学为提高旅游服务质量奠定了基础。

二、研究旅游心理学有助于提高旅游企业的经营管理水平

旅游心理学可以在理论上指导旅游企业,使其了解旅游者的心理及变化势态,从而制定吸引旅游者、争夺客源的策略。旅游企业要想在激烈的市场竞争中立于不败之地,就要对市场环境进行科学分析和预测,以制定切实可行的短期或长期营销策略。旅游心理学揭示的原理和规律可以帮助旅游企业分析旅游者的心理趋势,了解旅游者的需要及其变化。旅游企业可以据此开展有针对性的旅游促销宣传,以吸引旅游者;根据不断变化的市场走向,不断调整经营方针和策略,改善经营效果;在充分了解旅游者心理趋势的基础上进行科学的市场预测和决策。这样才能保证充足的客源,使旅游企业健康发展。

旅游企业内部管理状况也是其能否在广大旅游者的心目中树立良好的形象,能否在市场经济的激烈竞争中取胜的重要因素。通过学习和研究旅游心理的相关知识,旅游工作者可以了解旅游者的需求和动机、知觉、个性、态度等因素对其旅游决策的影响;旅游主管部门和旅游企业内部的管理部门可以更有针对性、预见性地做好行业管理和经营管理工作,提高管理水平。在旅游企业中,人的管理是企业管理的主要内容之一。通过学习和研究旅游心理学的理论,旅游企业的管理者可以对员工的心理进行深入分析。这有助于管理者了解员工的心理状态和个性特征,从而有针对性地做好员工的思想工作,对员工进行心理引导,解决员工的心理问题;也有助于管理者了解企业内部人际关系状况、处理好人际关系,以及避免产生各种不必要的矛盾;还有助于管理者有的放矢地运用激励理论调动全体员工的积极性和创造性,以实现组织目标。

三、研究旅游心理学有助于科学合理地安排旅游设施和开发旅游资源

旅游设施和旅游资源是旅游业生存和发展的基础,但要将其变为现实的旅游产品的一部分,其前提是要为广大旅游者所接受和使用。要做到这一点就需要在安排旅游设施和开发旅游资源时遵循旅游心理学所揭示的原理和规律,安排旅游设施和开发旅游资源都应以满足旅游者的需要为前提。如果不考虑旅游者的需要,盲目安排旅游设施和开发旅游景区、景点,这些设施和资源就很难为广大旅游者所接受,就很难有旅游者光顾,从而导致人力、物力的浪费,使旅游设施和旅游资源无法产生相应的效益。

成功的旅游产品在设施安排和资源开发方面都十分注重旅游者的心理因素,使旅

游者能够通过旅游活动获得极大的心理满足和美好体验。现代化的交通设施是在充分认识到旅游者需要安全、快捷和舒适的出行环境后,才得以改进和完善的;而现代化的旅馆设施则充分考虑到旅游者的生理和心理需求,为旅游者创造了方便、恬静、舒适的生活环境。开发旅游景区、景点,设计大型娱乐设施首先要考虑能否对旅游者产生吸引力。日新月异科学技术为旅游业的发展提供了技术保证,使旅游业的现代化程度日益提高,但这并不能保证一切都是合理的、科学的。旅游设施的安排和旅游资源的开发一定要考虑旅游者的心理活动规律,只有符合这种心理规律的安排和开发才是合理的、科学的,才能获得效益。在安排旅游设施、开发旅游资源时,一定要考虑旅游者的心理因素,而旅游心理学所揭示的原理和规律正为此提供了理论依据。

四、研究旅游心理学有助于促进旅游者与旅游目的地居民建立和谐的关系

在旅游目的地开发和发展的过程中,旅游目的地居民的心理行为也会逐步发生变化。大量的旅游者进入旅游目的地进行度假休闲旅游活动势必对旅游目的地的经济、文化、社会、环境等多方面产生影响,这些影响既有积极的因素,也有消极的因素。无论是哪方面的影响,都会使旅游目的地居民对旅游者的态度发生变化。研究旅游者的心理变化和行为变化的规律可以为旅游目的地社区和政府制定旅游发展决策提供理论依据,最大限度地消除旅游目的地居民对外来旅游者的抵触情绪,促进旅游者和旅游目的地居民之间的融洽关系,构建近悦远来、宾至如归、主客共享的旅游环境,在使旅游者获得美好体验的同时,提高旅游目的地居民的生活质量,促进旅游目的地社会的和谐稳定与可持续发展。

知识活页

▼

旅游者身心五感体验与旅游规划设计

深度思考   从身体与心灵两个维度,探讨旅游者的"五感体验"为旅游资源的规划与开发、旅游产品及活动项目的设计与优化提供哪些重要启示?

本章小结

· 旅游心理学以旅游者、旅游工作者和旅游目的地居民为研究对象,研究旅游活动、旅游服务、旅游接待、旅游营销、旅游管理的每一个环节中所表现出来的心理活动和行为规律。

· 旅游心理学的研究内容主要包括旅游者心理、旅游服务心理、旅游工作者心理、旅游目的地居民心理。

· 旅游心理学的研究方法主要包括观察法、调查法、测量法、个案研究法、实验法。

· 研究旅游心理学有助于提高旅游服务质量,有助于提高旅游企业的经营管理水平,有助于科学合理地安排旅游设施和开发旅游资源,有助于促进旅游者与旅游目的地居民建立和谐的关系。

单元训练

在线答题

▼

第一章

一、选择题

请扫描边栏二维码答题。

二、简答题

1.简述旅游心理学的研究对象。

2.简述旅游心理学的研究内容。

3.简述旅游心理学的研究方法。

三、讨论题

请结合实际情况讨论研究旅游心理学对旅游业的发展有什么意义。

Note

第二章
旅游者的感觉与知觉

学习目标

知识目标:学习和掌握旅游者感觉、旅游者知觉和旅游者感知的概念,旅游者感觉与旅游者知觉的特性,旅游者对旅游条件的感知;学习和掌握影响旅游者感知的客观因素与主观因素;学习和掌握旅游者对各种旅游条件的感知。

能力目标:学习和掌握提升旅游者感知的营销策略,收集行业前沿信息,能运用旅游者感知的理论和方法分析旅游情境中的实际问题。

素养目标:提升发现问题、分析问题和解决问题的能力;提升团队合作能力与创新能力。

核心概念

旅游者感觉　旅游者知觉　旅游者感知　风险感知　感知价值

思维导图

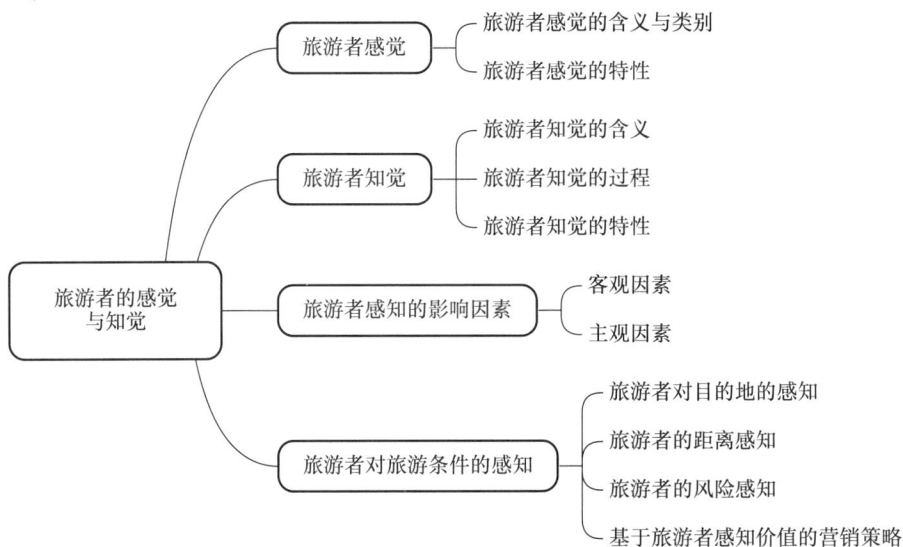

本章导入

　　我洗了脸,用水润了一下喉咙,然后脱下鞋子,将双脚泡在河里。我携带的所有装备都是旧的,只有这双登山鞋是新的。新鞋还要穿一段时间才能合脚,但拥有一双新鞋也让我的心情愉悦。

　　我躺在岸边微湿的土地上,闻着早春芬芳的泥土香气。淡紫色的白头翁含苞待放,我沐浴在和煦的阳光下,脑袋一片空白地仰望白云,我清楚地听见自己的心跳声。

　　如此静谧的气氛令我忍不住想要大喊:"喂,时间啊! 我想要再次见见小时候的自己!"

　　夕阳西下,我一路捡拾枯枝,走回鱼鳞云杉林里。这里空气很新鲜,气候很温暖,森林里的草地上散落着微湿的驼鹿粪便,柳树也差不多要发芽了。我听见北美红松鼠此起彼伏的叫声,森林里的各种生物开始跃动起来。

　　火堆中火焰摇曳,啪啪作响的声音让我感到内心平静。我啜饮着热咖啡,觉得人生已无所求。

　　微湿的土地、芬芳的泥土、淡紫色的花苞、红松鼠的叫声、摇曳的火焰……旅途中,我们通过触觉、嗅觉、视觉、听觉、味觉等感知目的地的一切。这些感官元素的作用,以及感官元素结合起来形成的协同效应,影响着旅游者对旅游目的地的感知。

第一节　旅游者感觉

一、旅游者感觉的含义与类别

　　在日常生活中,外界的许多刺激物作用于我们的各种感觉器官,通过神经系统的信息加工,在我们的头脑中产生各种各样的感觉。根据感觉产生的刺激来源,旅游者感觉可以分为两大类,即外部感觉和内部感觉。

　　外部感觉指接受外部刺激,反映外界事物个别属性的感觉。外部感觉按照刺激作用的感觉器官的不同,可分为视觉、听觉、味觉、嗅觉和触觉。

　　内部感觉指接受体内刺激,反映身体的位置、运动和内部器官不同状态的感觉,包括平衡觉、运动觉和机体觉等。

因此,旅游者感觉是指旅游体验全过程中刺激物作用于旅游者的感觉器官,通过旅游者神经系统的信息加工所产生的对该刺激物个别属性的反应。

二、旅游者感觉的特性

(一)感受性

引起感觉需要达到一定的刺激强度,对刺激强度及其变化的感觉能力叫作感受性。衡量感受性的指标为"阈限",亦称"感觉阈限"。每种感觉都有两种感受性和阈限:绝对感受性与绝对阈限、差别感受性与差别阈限。

1.绝对感受性与绝对阈限

并非所有来自外界的适宜刺激都能引起人的感觉,如落在皮肤上的灰尘、遥远处微弱的灯光、手腕上手表的滴答声等,这些都是对感觉器官的适宜刺激,但人在一般情况下难以感觉到,原因在于刺激强度太小了。要产生感觉,刺激必须达到一定的强度并且要持续一定的时间,这种刚刚能引起感觉的最小刺激强度,叫作绝对阈限。比如,地震前产生的次声波(频率小于20赫兹的声波)因为低于人类的绝对阈限,所以人类无法感觉到。绝对感受性是指刚刚能够觉察出最小刺激强度的能力。以高级西餐厅和主题乐园为例,服务人员的声音频率是完全不同的。

2.差别感受性与差别阈限

差别阈限,也称作最小可觉差(just noticeable difference,JND),是指能觉察出两个刺激的最小差别量,对这种最小差别量的感觉能力则叫作差别感受性。旅游者对于两种刺激之间的差别的感受能力是相对的,差别阈限会随着刺激强度的变化而变化,比如在200赫兹的声音频率的刺激上只要再增加20赫兹就可以感受到差别,而在2000赫兹的声音频率的刺激上却可能要增加200赫兹才能感受到差别。

19世纪中期,德国心理学家恩斯特·海因里希·韦伯(Ernst Heinrich Weber)和古斯塔夫·西奥多·费希纳(Gustav Theodor Fechner)提出了一个描述感知量与刺激强度之间关系的定律,即初始刺激越强,引起注意所需要的刺激变化量越大。该定律被称为韦伯定律(Weber's law),其适用范围包括视觉、听觉、触觉、嗅觉和味觉。韦伯定律的心理学机制是,当我们评价外界事物时,会建立不同的参照点,然后通过坐标(尺度)变换而形成统一的评价体系。引起人们关注的不是绝对意义上的变化,而是相对于参照点的相对意义上的变化。行为经济学中经常提到这样的例子,人们或许会纠结于商品价格是1元还是1.5元,却对商品价格是50元还是50.5元不敏感,尽管这两种情况下的价差都是0.5元。

(二)适应性

感觉的适应性是指刺激物对感觉器官持续作用并使感觉器官的敏感性发生变化

的过程。人的各种感觉都有适应现象,适应可以引起感受性的提高,也可以引起感受性的降低。例如,视觉适应分为暗适应与明适应,暗适应指从亮处到暗处,开始什么都看不见,随着时间延长,原来看不见的慢慢能看见了,这是感受性提高的过程。明适应指从暗处到亮处,因为在暗处时感受性大大提高,所以到亮处时会觉得光特别强,照得眼睛都睁不开,但是很快就觉得光线不那么刺眼了,因此,对光适应是在强光作用下,感受性降低的过程。

古语道:如入芝兰之室,久而不闻其香;如入鲍鱼之肆,久而不闻其臭。这便是嗅觉的适应性,人的感觉器官长期处于一种没有变化的刺激下,其敏感度会逐渐降低。这也是为什么城市居民刚到乡下旅游会觉得当地的空气格外清新,而当地居民却没有这个感觉。除了视觉适应、嗅觉适应,人们还会有味觉适应、温度觉适应、触压觉适应等。

（三）联觉性

感觉的联觉性是指一种感觉引起另一种感觉的心理过程。科学家证实嗅觉对味觉具有很大的作用,当我们吃东西时,味道包括了食物对我们多种感觉器官的刺激,除了舌头上的味蕾受到味觉刺激,还有嗅觉刺激,拥有诱人香气的食物能提升品尝者的味觉体验。此外,还有食物对口腔的刺激,比如人们对辣的感觉其实就是痛觉和热觉的混合。相反,嗅觉受阻的人在面对美味的食物时也会味同嚼蜡,虽然味觉可以正常工作,但嗅觉受阻使人对味道的感觉产生明显的缺失。

多感官联觉在文学和艺术创作领域,一直备受关注。钱钟书先生在《通感》一文中写道:"在日常经验里,视觉、听觉、触觉、嗅觉、味觉往往可以彼此打通或交通,眼、耳、鼻、舌、身各个官能的领域可以不分界限。"旅游目的地经营者应关注沉浸式体验设计,充分调动旅游者的审美联觉。

（四）对比性

老子在《道德经》中写道:"天下皆知美之为美,斯恶已。皆知善之为善,斯不善已。故有无相生,难易相成,长短相形,高下相倾,音声相和,前后相随。是以圣人处无为之事,行不言之教;万物作焉而不辞,生而不有。为而不恃,功成而弗居。夫惟弗居,是以不去。"这阐述的正是长和短互相显现,高和下互相充实,音与声互相谐和,前和后互相接随的感觉对比的道理。同一感觉器官在接受不同刺激时会产生感觉的对比,我们在日常生活中,经常通过对比来感觉事物的变化。按接受感觉对比的器官不同,感觉对比可以分为视觉对比(包括明度对比和色调对比)、嗅觉对比、味觉对比、温度对比等。在旅游产品开发过程中,我们可利用感觉对比性突出印象,如亮中取暗、淡中有浓、静中有动,以此让旅游者感觉到明显的差别,进而提高旅游者的注意力。

第二节　旅游者知觉

一、旅游者知觉的含义

感觉是人脑对直接作用于感觉器官的客观事物的个别属性的主观反映。旅游者对目的地的认知过程是从感觉开始的,它是人类最简单、最低级的认识过程,是一切复杂心理活动的基础。知觉是人脑对直接作用于感觉器官的事物整体的反映。

感觉与知觉既有联系又有区别。首先,知觉以感觉为基础,缺乏对事物个别属性的感觉,知觉就不完整。一旦刺激物从感官所涉及的范围消失,感觉和知觉就都停止了。其次,知觉是对感觉的加工和解释,即大脑通过选择和组织,使原本杂乱的感觉变成大脑中连贯、有意义的整体映像。最后,知觉是感觉基础上更高级的认识,知觉过程中有思维、记忆、经验等参与,因而知觉对事物的反映比感觉要深入、完整。

旅游者知觉是指旅游者大脑在旅游体验的全过程中对直接作用于感觉器官的事物整体的反映。例如,当我们在海边看到湛蓝的海水、听到海浪拍打沙滩的声音、吹着潮湿的海风、闻着海边独特的气味时,我们的头脑中就产生了海天一色美景的整体形象。

知觉通常时时刻刻以自下而上和自上而下的两种方式进行建构。这两种加工也被描述为基于刺激(stimulus-based)的加工和知识驱动(knowledge-driven)的加工。在自下而上的建构中,人们基于最小的感觉单位(特征)来建构完整的知觉;在自上而下的建构中,人们会运用已有的知识和经验,将特征迅速地组织为有意义的整体。

人们在感知外界事物时,一般会受到先前认知加工和知识经验的影响。在人的知觉活动中,非感觉的信息越多,所需要的感觉信息就越少,因而自上而下的知觉加工方式占优势;反之,则是自下而上的知觉加工方式占优势。对旅游者来说,如果他们对旅游目的地的信息知之甚少,直接去旅游目的地感知、体验,这就是自下而上的知觉加工方式。相反,当旅游者选择五星级酒店度假时,他们并非将具体的环境、服务、价格、位置等信息进行一一比对,而是先在脑海中构建一个度假酒店的整体形象,然后将酒店信息与整体形象进行匹配,最终做出选择,这就是自上而下的知觉加工方式。自上而下的知觉加工与自下而上的知觉加工是相对而言的,也是相辅相成的。在旅游过程中,旅游者既运用自上而下的知觉加工方式,也运用自下而上的知觉加工方式。当旅游者充分运用感觉器官,努力知觉旅游目的地时,这些感觉器官就在进行自下而上的加工,而努力把感知到的信息与某个类型的旅游目的地进行匹配,则是自上而下的加工。

二、旅游者知觉的过程

与计算机一样,旅游者的信息加工过程会经历不同的阶段,在此过程中,外界刺激被输入和储存。在旅游者注意到的刺激中,只有一小部分被留意到。进入旅游者意识中的刺激并非都会被客观加工,而是由旅游者根据自身特有的需要、经验和观念来解释刺激的意义。暴露、注意和解释这三个阶段构成了知觉的过程(见图2-1)。

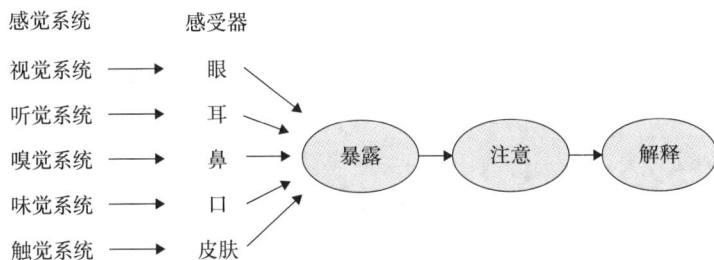

图 2-1　旅游者知觉过程示意图

(一)第一阶段:暴露

当一个刺激进入旅游者感觉器官接受范围之内时,暴露(exposure)就发生了。暴露阶段是旅游者知觉过程的起点。在这个阶段,旅游者会接触到各种旅游刺激物,如自然景观、建筑风格、人文特色等。这些刺激物通过旅游者的感觉器官,如眼睛、耳朵、鼻子等,被接收并转化为神经信号。暴露阶段为旅游者提供了丰富的感知材料,为后续的知觉过程奠定了基础。前面提到的感觉阈限决定了旅游者能感觉到哪些事物。不同的客体刺激给旅游者带来的感觉是不相同的,而相同的客体刺激给不同的旅游者带来的感觉也不相同。

(二)第二阶段:注意

注意(attention)指对特定刺激进行信息加工的投入程度。在这个阶段,旅游者的心理资源开始投入到对暴露阶段接收到的信息的筛选和加工中。由于人的心理资源有限,旅游者会选择性地关注某些信息,而忽略其他信息。这种选择性关注受到旅游者的兴趣、经验、期望及当前情境等多种因素的影响。在注意阶段,旅游者将注意力集中于他们认为重要或有趣的刺激物上,并进一步深入感知。

(三)第三阶段:解释

解释(interpretation)指人们赋予感觉刺激物的意义。在这个阶段,旅游者会对注意阶段筛选出的信息进行解释和理解。他们根据自己的知识、经验和文化背景,对接收到的信息进行加工和整合,形成对旅游刺激物的整体认知。解释阶段是一个主观的过程,不同旅游者可能会因个人差异而对同一刺激物产生不同的解释和理解。

三、旅游者知觉的特性

（一）选择性

在任何时刻,作用于旅游者的感觉器官的刺激都是丰富多彩、千变万化的,但旅游者不可能对客观事物进行全部、清楚的感知。虽然感觉系统已经将视觉、听觉、嗅觉、味觉以及触觉的混合信息减少到能够处理的数量,但对于大脑而言,这些信息数量仍过于庞大。人在感知事物时,首先要从复杂的刺激环境中,根据自己的需要和兴趣,有目的地选择部分事物作为清晰的知觉对象,而其余的对象则被模糊为背景,这就是知觉的选择性。

对象和背景的关系不是一成不变的,而是依据一定的主客观条件,经常可以相互转换。比如,当旅游者在听导游讲解景点时,导游讲解成为旅游者知觉的对象,而周围其他声音则成为这个对象的背景。这时,如果一名旅游者被其他人讨论的话题所吸引,他就会把注意力转到别人的谈话中,那么别人的谈话就成了这名旅游者的知觉对象,而导游的讲解则成了背景的一部分。知觉的选择性既受知觉对象特点的影响,如对比、强度、大小、位置、变化等,又受知觉者本人主观因素的影响,如经验、情绪、兴趣、动机等。

知觉对象和背景的关系可用双关图来说明,如图2-2所示,如果将黑色部分作为知觉的背景,则白色部分易被看作一个花瓶;如果将白色部分作为知觉背景,则黑色部分易被看作两个侧面人头。知觉的结果取决于知觉主体的选择性。

图 2-2　双关图

（二）整体性

整体性是知觉与感觉的重要区别。虽然知觉的对象是由刺激物的部分特征或者属性组成的,但人们不把它看作若干个相互独立的部分,而是趋向于将其视为一个整体。当人们看到熟悉的事物时,只要抓住了它的主要特征,就可以根据自己已有的经验对它进行识别,从而将其作为一个整体来反映。知觉的整体性反映在旅游者对旅游目的地的感知上,即旅游者总是把旅游目的地的景观资源、风土人情、旅游花费、气候特点、安全状况等综合在一起,形成对旅游目的地的整体印象。知觉的整体性对于旅游者快速识别旅游目的地具有重要意义。

知觉在组织整合的过程中,一般遵循以下几个原则。

1. 邻近原则

在空间、时间上彼此接近的部分容易被人看作一个整体。观察图2-3中的小圆圈,我们普遍会按距离的原则将它们感知为三组纵列的圆圈,而不是一个整体。邻近原则也经常体现在旅游者对旅游目的地的知觉上,旅游者往往将时空上比较接近的一些旅游目的地视为一个整体,如将新加坡、马来西亚、泰国划分为东南亚旅游区域。随着旅游交通的发展,邻近原则在旅游者对旅游目的地的知觉上的运用越来越普遍。例如,港珠澳大桥打通珠江东西两岸,使香港、澳门、珠海形成一程多站旅游路线,又依托广东高速公路网、城际高铁网,将旅游线路延伸至广州、深圳等城市,形成大湾区三小时旅游圈,带来全新的旅游组合机遇。

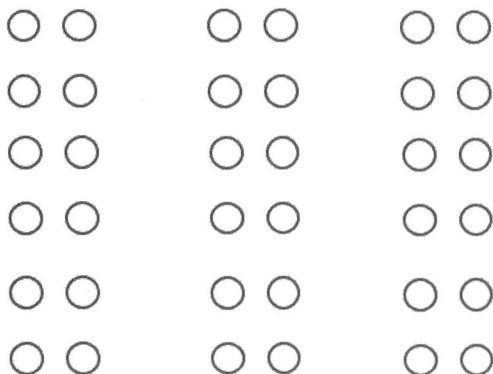

图 2-3 知觉的邻近原则

2. 相似原则

有句成语叫"物以类聚",在面对各种刺激物的时候,知觉者更容易将在形状、颜色、大小等方面属性相似的刺激物组合在一起,成为知觉的对象。在图 2-4 中,人们会将三角形和圆形分为两组。旅游者通常会将一些特征相似的旅游目的地归为一类,如乌镇、周庄、西塘、同里等江南水乡在旅游者心目中就是同一类。旅游者在考虑相应的旅游行程时,一旦选择其中某一古镇作为旅游目的地,一般不会再考虑其他相似的旅游目的地,因此,这类具有资源同质性的旅游目的地在进行旅游宣传时,要重视挖掘自身的地方性和独特性。

图 2-4 知觉的相似原则

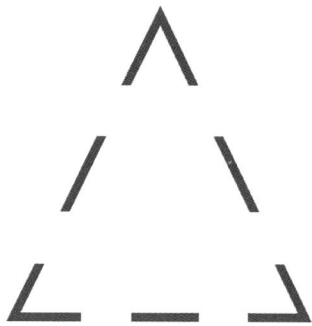

图2-5　知觉的闭合原则

3. 闭合原则

当有多个刺激物共同包围一个空间,但又存在不完整部分时,感知者倾向于填补其中缺失的元素,使其成为一个统一的知觉形态。如图2-5所示,人们倾向于将边或轮廓线闭合,将其视为一个三角形。闭合原则也经常体现在旅游者对旅游目的地的知觉上,例如,旅游者通过旅游目的地的宣传广告、网络游记等模糊信息,在脑中初步形成对旅游目的地的想象。

4. 连续原则

连续原则指将有连续性的刺激物视为一个整体。如图2-6所示,我们不会将其感知为多个半圆组成的图,而是将其视为一条连续的曲线。在旅游景观设计中,遵从知觉的连续原则能够创造秩序感,引导旅游者的知觉方向,增强旅游者对分组信息的知觉能力。

图2-6　知觉的连续原则

(三)恒常性

当知觉的条件在一定范围内改变时,知觉的印象仍然保持相对不变,这就是知觉的恒常性。知觉的恒常性包括对刺激物大小、形状、明度、方向等方面知觉的稳定性。例如,远处的一栋高楼可能看起来仅有近处的一人高,但我们能感知到其实际高度。知觉的恒常性不是人生下来就有的,而是后天习得的,依赖过去经验的作用。

(四)理解性

知觉的理解性指人在知觉过程中,借助已有的知识和经验,对知觉对象加以理解和解释。知觉者对知觉对象的相关知识和经验越丰富,对知觉对象的理解就越完整、越深刻、越迅速。

知觉的理解性受到很多因素的影响,比如言语的指导作用。在旅游活动中,言语指导是导游工作的一项重要内容。理解性有助于导游解释具有不同知识经验的旅游者对同一旅游吸引物的知觉差异,正所谓"内行看门道,外行看热闹",在理解知觉对象的过程中,知识和经验是非常重要的。以被称作"中国第一古刹"的白马寺为例,多数旅游者只是欣赏其建筑外形,而它在我国佛教史上占有重要地位的原因,只有那些对历史文化感兴趣的少数旅游者才了解。

知识链接

▼

认知偏差

Note

第三节 旅游者感知的影响因素

感知是心理现象系统中最基本的部分,即外界刺激作用于人的感觉器官,把所接收到的信息资料加以组织、整理和解释的过程。心理学认为,在实践活动中,客观事物直接作用于人的感觉器官,便在人脑中产生了关于这些事物的感觉和知觉。人们是依靠感觉与知觉来了解周围世界的,因此,感觉和知觉是感知的基本构成。

旅游者感知是旅游者在其常住地或旅游目的地将接收到的旅游信息和自身已有的旅游经验进行比较所形成的和旅游目的地密切相关的认识和评价。旅游者感知对旅游决策、旅游体验具有重要影响,了解旅游者感知的影响因素对于旅游目的地实施有针对性、实效性的旅游营销策略有着重要意义。

一、客观因素

知觉的选择性告诉我们,人不可能在瞬间全部、清楚地感知到所有客观事物,因此,那些强度大、对比鲜明、运动变化符合人的兴趣和期望的刺激物更容易被选择为知觉对象。感知对象的对比和变化之所以容易影响旅游者的感知,正是因为感知对象的出其不意引发了旅游者关注。例如,城市近郊的一处世外桃源,或者旅游目的地有特色的方言。总体来说,影响旅游者感知的客观因素主要有以下三个方面。

(一)感知对象的新颖性

旅游者外出旅游是为了远离日常生活,追求有差异的愉悦性体验,因此,在旅游过程中,具有"时空差异"或"文化差异"的旅游景观,往往颇受旅游者青睐。越是新奇的景物,或是与旅游者预期大相径庭的事物,就越容易吸引旅游者的注意并被感知。

(二)感知对象的出现频率

信息量是刺激物因素,重复的刺激同样会影响旅游者的感知程度。反复出现的事物更容易被旅游者所感知,从而使旅游者对该事物产生较为深刻的印象;然而,如果向旅游者提供过多的信息,旅游者则可能处于信息超载状态,进而会产生心理厌烦和审美疲劳。

(三)感知对象的变化性

与处于静止的刺激物相比,运动变化的刺激物更容易吸引人们的注意。比如大草原上奔驰的骏马、山间潺潺的流水等都强烈地吸引着旅游者的注意,给旅游者留下深刻的感知印象。

二、主观因素

(一)兴趣

旅游者会根据自己的兴趣爱好积极探究感兴趣的事物,将不感兴趣的事物剔除到感知背景中。比如,热爱露营探险的旅游者会更加关注露营地、探险地相关信息;对美食感兴趣的旅游者会更加关注目的地美食的相关信息。

(二)需要和动机

当处于某种需要状态时,旅游者会主动关注能够满足这种需要的刺激物。例如,都市工作群体会有放松的需要,进而产生旅游动机,他们会比其他群体更加关注相关旅游信息;"银发旅游群体"往往对攀岩、漂流等体验项目望而止步,他们通常选择体力消耗较小的旅游目的地。

(三)情绪

情绪是人们对客观事物的态度的一种反应,人们的情绪对个体感知水平有较大的影响。"欢乐良宵短,愁苦暗夜长"说明了知觉受个体情绪的影响,体现了情绪对人们时间感知的作用。

(四)其他个体因素

此外,旅游者感知的主观因素还受旅游者年龄、性别、职业、收入水平、社会阶层、宗教信仰等因素影响。

翻转课堂

我们对于一棵古松的三种态度

假如你是一位木商,我是一位植物学家,另外一位朋友是画家,三人同时来看这棵古松。我们三人可以说同时都"知觉"到这一棵树,可是三人所"知觉"到的却是三种不同的东西。你脱离不了你的木商的心习,你所知觉到的只是一棵做某事用值几多钱的木料。我也脱离不了我的植物学家的心习,我所知觉到的只是一棵叶为针状、果为球状、四季常青的显花植物。我们的朋友画家什么事都不管,只管审美,他所知觉到的只是一棵苍翠劲拔的古树。我们三人的反应态度也不一致。你心里盘算它是宜于架屋或是制器,思量怎样去买它、砍它、运它。我把它归到某类某科里去,注意它和其他松树的异点,思量它何以活得这样老。我们的朋友却不这样东想西想,他只在聚精会神地观赏它的苍翠的颜色,它的盘屈如龙蛇的线纹以及它的昂然高举、不受屈挠的气概。

由此可知这棵古松并不是一件固定的东西,它的形象随观者的性格和情趣而变化。各人所见到的古松的形象都是各人自己性格和情趣的返照。古松的形象一半是天生的,一半是人为的。极平常的知觉都带有几分创造性,极客观的东西之中都有几分主观的成分。

(资料来源:朱光潜《朱光潜谈美》,华东师范大学出版社。)

问题:

叶朗曾说过:"旅游,从本质上说,就是一种审美活动。离开了审美还谈什么旅游?"冯乃康指出:"旅游不是一种经济活动而是一种精神活动,这种精神生活是通过美感享受而获得的,因此,旅游又是一种审美活动,一种综合性的审美活动。"[①]那么,你如何看待旅游的本质?

第四节 旅游者对旅游条件的感知

一、旅游者对目的地的感知

旅游者对旅游目的地的感知包括人们在前往某一旅游目的地之前对这个地方初步的、不完整的感知,也包括在旅游过程中,对旅游吸引物的体验感知,还包括旅游结束后,旅游者做出的有关旅游目的地或旅游经历的评价。

(一)旅游前对旅游目的地的感知

旅游者对旅游目的地的感知不是发生在行程开始之后,在日常生活中,人们会不断获取到关于一些地方的信息,这些信息可能来自新闻、书籍、图片、影视作品,也可能来自亲朋好友的经历描述。旅游者对目的地的感知是一个不断累积、叠加和变化的过程。例如,我们对泰山的最初印象可能源于"五岳之首"的说法,而后通过小学语文课本中《挑山工》《登泰山观日出》等课文的学习,对泰山不断有新的认知和理解。即使我们从未去过泰山,我们也能通过文学作品感知泰山的神秀壮丽,形成对旅游目的地的原始意象。

---

①冯乃康.中国旅游文学论稿[M].北京:旅游教育出版社,1995.

知识活页

▼

旅游与诗
词中的
景观

（二）产生旅游动机后对旅游目的地的感知

潜在旅游者对旅游目的地的旅游需求被激发后,产生旅游动机,开始主动地收集旅游目的地的相关信息,并对信息进行加工、比较和选择,确定出游时间和游览路线。这个阶段旅游者通过一系列的媒体宣传、旅游目的地推广、其他旅游者评价等对旅游目的地产生诱发意象。相比于前一个阶段,这个阶段对旅游目的地感知的结果更加具体。

受自身需求和动机的影响,旅游者通过外界渠道获得信息的过程中会选择性地偏向自己感兴趣的方面的信息,在此基础上形成的感知可能与旅游目的地的实际情况不符,感知的结果存在片面性和个体差异性,因此,旅游经营者必须认识到旅游者对旅游目的地感知的规律和特点,在旅游宣传中应较为真实、清晰、客观地帮助旅游者感知旅游目的地。

（三）实地旅游阶段对旅游目的地的感知

旅游者离开居住地到达旅游目的地,正式进入对旅游目的地的实地感知阶段。在此阶段,旅游者会不断把实际体验中对旅游目的地的感知与前期的感知相比较,不断修正,形成一个比较全面、具体的关于旅游目的地的复合意象。复合意象反映了旅游经历对旅游者感知的影响,影响着旅游者的游后行为意向,如重游意愿、口碑推荐等。

二、旅游者的距离感知

距离感知是旅游者行为的重要影响因素,个体感知的距离与实际测量到的距离有很大的不同。现有研究表明,旅游者的距离感知对其旅游行为存在阻碍和促进两方面的作用。

（一）阻碍作用

旅游者对距离的感知,实际上是对其在交通方面付出的时间、费用、体力等因素的衡量。通常距离越远,旅游者的付出越多,这对旅游者的出游阻碍力就越大。若旅游者的价值收益不足以弥补价值损耗,旅游行为就不可能发生。比如近郊旅游、短途旅游所占比例远远大于长途旅游,距离是其中不可忽视的因素。

（二）促进作用

距离遥远的旅游目的地对旅游者来说具有独特的吸引力,正所谓"距离产生美",从心理学角度来看,人们在感知对象时,遥远距离产生的不确定性因素带有更大的精神刺激和想象空间。这种吸引力和神秘感使得旅游者向往一些远距离的旅游目的地。例如,南疆地区对于大部分旅游者来说距离遥远,景点分散,但南疆地区独特的自然风景和人文景观吸引大量旅游者不远千里前来旅游。

翻转课堂

南疆地区目的地形象与旅游者行为意向

随着"一带一路"倡议进入落地期，新疆正全面转变成为我国改革开放的前沿阵地，成为"丝绸之路经济带"核心区，更是中华民族伟大复兴进程中不可或缺、至关重要的一环。中央提出要把南疆建设成为丝绸之路文化和民族风情旅游目的地，南疆地区民族风情独特，自然风光秀丽，在目的地形象塑造方面具有天然的资源优势，发展旅游业有助于加强民族交流、增加社会就业，助力党的十九大报告提出的"坚持精准扶贫、精准脱贫"，维护好民族团结这条各族人民的生命线。然而，新疆地域辽阔，遥远陌生的南疆地区对于普通旅游者而言更是显得神秘莫测，社会治安、时空距离、信息获得等因素都在一定程度上影响着旅游者"安全感"的获得，继而延展到认知形象的形成和心理距离的产生。

众所周知，21世纪以来全球各类突发事件频发，远如2001年9月11日纽约发生的恐怖袭击事件，近如2017年10月1日在美国拉斯维加斯发生的枪击事件，由此所引发的旅游目的地安全问题早已成为关注焦点。

研究表明，如果心理距离过大，即使感知价值很高，也会在一定程度上被抵消，从而难以形成较高的行为意向。传统的旅游目的地营销偏重从感知和体验角度强化旅游者对价值的认可，忽视了原本就存在于旅游者心中的疑惑。如果对旅游者因不完全信息而预设的心理障碍不加关注的话，大量投资于提高感知价值的营销努力都会"事倍功半"，无法实现最大化利益，因此，心理距离重要作用的发现，为目的地营销与管理提供了新思路。

此外，在目的地营销与管理中，以体现资源价值为核心的营销方式仍发挥作用，但这种价值需要被旅游者所感知。认知形象在塑造感知价值的过程中发挥了主要的作用，旅游者明显对目的地的资源禀赋和设施条件更为关注；情感形象则通过增强旅游者对目的地的文化认同、减少心理距离而间接影响到感知价值和行为意向。因此，南疆地区的旅游目的地既要创新旅游产品和服务，借助特色化、合理化载体提高内在价值，又要创新宣传渠道，强化在微博等移动互联网社交软件中的内容营销、朋友圈营销，这较之传统的电视广告等营销方式，可能更容易使潜在旅游者直接感受到价值，提高其前往南疆地区的旅游意愿。

（资料来源：许峰、李帅帅《南疆地区目的地形象与旅游者行为意向——感知价值与心理距离的中介作用》。）

> **问题：**
> （1）试利用所学知识描述旅游者对南疆地区的距离感知。
> （2）像南疆地区这样的异质文化地区的旅游目的地营销和管理应注意什么？

三、旅游者的风险感知

风险感知是指旅游者在其旅游行为中所感知到的可能产生的负面结果，是旅游者对自我受风险影响的评估。目的地体验中的风险包括体验中的不确定性、可能产生的不愉快的结果以及目的地体验可能造成的损失（Park和Reisinger，2010）。在旅游消费过程中，旅游者可能面临各种各样的风险，这些风险有的会被旅游者感知，有的不一定会被感知，有的可能被过度感知，有的可能感知不足，因此，旅游者的风险感知与实际风险可能存在差距。旅游者常遇到的风险感知主要包括以下几类。

（一）功能风险

功能风险涉及旅游产品质量和服务优劣等。当旅游者购买的旅游产品或享受的服务没有预期的好，就存在功能风险。比如预订的机票取消了，主题公园的游乐设施关闭了。

（二）财务风险

财务风险是指旅游者所花费的金钱能够体验到较好的旅游产品和优质服务。比如所预订的酒店是否物有所值，预订后是否会降价等。

（三）安全风险

安全风险是指旅游者购买的旅游产品或享受的服务是否危害健康和安全。比如旅游中可能发生的自然灾害所造成的人身安全风险。

（四）心理风险

心理风险是指由于购买的旅游产品或服务与自身的社会地位、形象不符而造成损失的风险。比如入住高档酒店的客人可能因为酒店的品牌和服务而感知到较高的价值；相反，若入住某酒店让客人感到有失身份，则会产生心理风险。

（五）时间风险

时间风险是指旅游者在进行旅游决策和旅游体验过程中耗费大量时间所产生的风险。时间和空间作为一切物质赖以存在的基本范畴，是客观存在的，对旅游者来说，时间的稀缺性和不可逆性更加凸显，因此，旅游者有可能产生浪费旅游时间等风险感知。

风险感知容易引发旅游者的负面情绪,如恐惧、焦虑、悲伤等。旅游者会在态度和行为方面直接规避,以降低风险的承担。旅游者规避风险的方式有两种。一是,旅游者可以通过控制来规避风险。旅游者可以将别人的行为作为自己行为决策的参照,收集的出行信息越多,选择决策方案的自信心就越强,风险感知程度就越低。例如,旅游者通过大量的旅游前攻略降低风险感知,提高安全意识。二是,旅游者可以通过"转嫁"的方式来规避风险。例如,到交通不便的地方跟团旅游等。对旅游行业来说,应建立积极的旅游目的地形象,在吸引旅游者时需注意宣传自身较高的旅游安全度,降低旅游者对旅游风险的感知。此外,要对旅业业相关设施、服务等内容进行完善和提高,提升旅游目的地在旅游者心中的旅游安全度的感知。

知识活页
▼
提升旅游体验,供给侧还需发力

深度思考　旅游者的感知价值受旅游目的地哪些因素的影响?

四、基于旅游者感知价值的营销策略

营销刺激物只有被个体理解或解释后才具有意义,旅游者个体并不是被动地接受旅游目的地的信息,而会根据其需要、欲望、经验和期望主动对刺激物赋予意义。感知价值是研究旅游者体验和体验质量的一个重要概念和理论。感知价值是一种多向度的测量,旅游者感知价值多从功利主义的"利得"和"利失"角度权衡旅游者基于获得(收益)和付出(成本)的总体评价,在感知价值收益时,多采用功能价值和享乐价值的二维划分法。

旅游的本质是愉悦和审美,即旅游者通过旅游吸引物的感官刺激功能、知识提升功能等,达到愉悦和审美的目的。感知价值决定了旅游目的地的竞争优势,对旅游经营者来说,应努力提升旅游目的地的功能价值与享乐价值。

(一)旅游目的地功能价值的提升

旅游目的地具有感官刺激、认知拓展等功能价值。功能价值具体涉及自然资源,一般基础设施,旅游基础设施,旅游休闲和娱乐,历史、文化和艺术,政治和经济因素,自然环境,社会环境,地方氛围等方面。旅游者对旅游目的地的感知源自旅游吸引物的品质和配套服务两大方面,如果旅游目的地能在开发、保护优质旅游吸引物的基础上,开展具有参与性、体验性的活动,就能够使旅游者的感知更加清晰、深刻。

旅游经营者还可以通过增强旅游吸引物对旅游者的感官刺激,提升旅游体验感,以此提升旅游者的满意度和忠诚度。例如,度假酒店可通过色彩设计营造轻松、舒适的氛围;购物中心可以运用灯光设计美化购物环境,吸引旅游者对商品的关注,激发旅游者购买欲。音乐同样能影响旅游者的体验感知,音乐风格的选择须与旅游吸引物的风格一致。在具有民族特色的体验情境中,我们可以选择具有地方风格的音乐,增强旅游者对旅游目的地的感知。

（二）旅游目的地享乐价值的提升

享乐价值是基于旅游者心理愉悦的享受、乐趣、感官刺激和多种心理满足的体验，是由旅游者感官经验、幻想图像和情绪反应综合构成的，与旅游吸引物的愉悦性相关的一种价值。旅游即人们摆脱重复的日常生活节奏，投入到非惯常环境之中，希望在旅游目的地获得放松、疗愈的体验。优质的特色体验正成为提升感知价值的关键要素。旅游目的地、旅游景区努力用文化内涵去丰富和发展旅游，通过旅游的方式去传承和传播文化，深挖旅游目的地享乐价值。

例如，2021年华侨城文化旅游节在营销方面亮点纷呈，尤其是面向年轻人群的IP营销。活动期间，深圳甘坑古镇围绕"二十四史"IP举办了"游遇甘坑·国风游园季"，带来古风游园会、国潮插画展、汉风巡游等文化体验；广元剑门关景区举办了"非遗盛宴蜀道长歌"主题系列活动，让旅游者在领略大自然雄奇险峻的同时，零距离体验剑门关非遗文化；云南世博旅游控股集团有限公司主办的2021年云南巍山国际火把节让旅游者在一系列民俗体验活动中感受传统民族文化的魅力；顺德华侨城欢乐海岸PLUS还邀请多位著名艺人加盟海神山电音季，并结合七夕带来升级版微醺荧光派对，打造了"中国情人节"传统IP系列活动，为广大旅游者带来更多彰显华侨城品质的优质文旅活动。[①]

本章小结

- 旅游者感觉是指旅游体验全过程中刺激物作用于旅游者的感觉器官，通过旅游者神经系统的信息加工所产生的对该刺激物个别属性的反应。
- 旅游者感觉的特性包括感受性、适应性、联觉性、对比性。
- 旅游者知觉是指旅游者大脑在旅游体验的全过程中对直接作用于感觉器官的事物整体的反映。
- 旅游者知觉的特性包括选择性、整体性、恒常性、理解性。
- 影响旅游者感知的客观因素主要有感知对象的新颖性、感知对象的出现频率、感知对象的变化性。
- 影响旅游者感知的主观因素主要有旅游者的兴趣、需要和动机、情绪以及其他个体因素。
- 旅游者对旅游目的地的感知包括人们在前往某一旅游目的地之前对这个地方初步的、不完整的感知，也包括在旅游过程中，对旅游吸引物的体验

---

① 资料来源：《推动文旅产业高质量发展 华侨城IP营销走出创新路》，中国日报网，2021-11-22。

感知,还包括旅游结束后,旅游者做出的有关旅游目的地或旅游经历的评价。

·旅游者的距离感知对其旅游行为存在阻碍和促进两方面的作用。

·旅游者常遇到的风险感知主要包括功能风险、财务风险、安全风险、心理风险、时间风险。

·感知价值决定了旅游目的地的竞争优势,旅游经营者应努力提升旅游目的地的功能价值与享乐价值。

单元训练

在线答题 ▼

第二章

一、选择题

请扫描边栏二维码答题。

二、简答题

1. 简述旅游者感觉的含义、类别与特性。

2. 简述旅游者知觉的含义及特性。

3. 简述旅游者感知的影响因素。

4. 简述距离感知对旅游者行为的影响。

5. 简述旅游者风险感知的类型。

三、讨论题

旅游者感知价值会影响他们的后续行为吗?

Note

第三章
旅游需要与旅游动机

学习目标

知识目标:了解旅游需要的种类与特点;掌握旅游动机的概念和分类,了解不同旅游动机的类型;认识影响旅游动机的因素,了解主观因素(如兴趣爱好、文化背景)和客观因素(如社会经济环境、旅游目的地形象、旅游产品价格等)如何影响旅游动机。

能力目标:具备分析旅游需要的能力,能根据旅游需要提供相应的旅游产品和旅游服务;具备识别旅游动机的能力,能提供符合旅游者期望的旅游体验;具备制定旅游市场策略的能力,能基于对旅游需要和旅游动机的理解,制定有效的旅游市场开发和营销策略。

素养目标:提升对不同文化背景下旅游需要和旅游动机的理解力,增强跨文化交流的能力;培养旅游工作者所需的专业知识和技能,提高服务质量和旅游者满意度。

核心概念

需要　动机　旅游需要　旅游动机

思维
导图

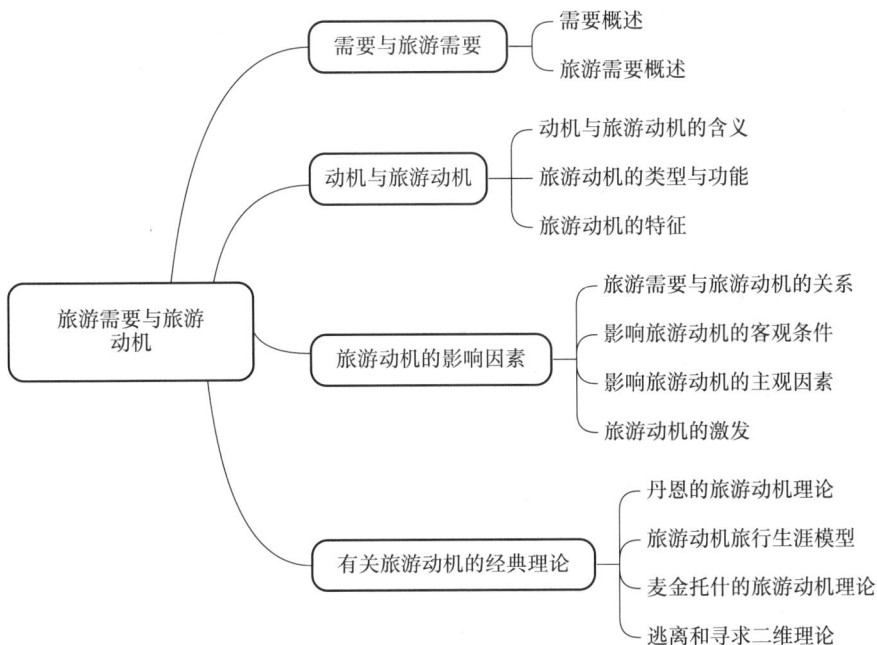

本章
导入

"Z世代"：文旅消费新群体崛起

"Z世代"主要是指1995年至2009年出生的年轻人，在我国可以定义为"95后"和"00后"。我国"Z世代"（1995年至2009年出生的人群）约有2.6亿人口，庞大的人口规模加上国内家庭对"Z世代"的培养资金投入，使得"Z世代"对消费市场的影响力不容小觑。

"Z世代"的出生和成长正好赶上我国经济腾飞和移动互联网快速发展时期，这使得他们拥有明显不同于往代人的消费特点。一方面，他们的生活和移动互联网密不可分，因此，"Z世代"被称为"数字技术的原生代"。他们充分享受线上消费模式，飞速发展的O2O模式基本可以满足他们对于美食、游戏、网络文学及新鲜潮流的追赶、交流与消费。据统计，2019年通过携程预订旅游产品的用户中，"80后"是主要的群体，预订比例达到35%；但若将"90后""95后""00后"的占比相加，用户占比达到40%，已超过"80后"成为文旅消费的中坚力量。另一方面，由于物质生活富足、家庭环境改善，"Z世代"充分享受着GDP增长与出生率下降的"差值红利"，家庭可支配收入的增长正向提高了其消费水平，"Z世代"愿意为极度喜爱的产品支付高溢价。

Note

此外，"Z世代"多为独生子女，偏好社交，注重体验且个性鲜明，对于能够满足社交需求的产品和服务有更高的满意度和使用频率。

总体来看，"Z世代"群体的一些行为习惯和消费特点值得旅游行业重视。"Z世代"自我认知和自我发展主观性强，希望最大限度地融入旅游目的地的当地人生活；兴趣爱好广泛，习惯通过旅游和社交APP寻找志同道合的旅游伙伴，对传统旅游攻略需求明显下降；出行同伴的重要性甚至大于旅游目的地，他们喜欢和闺蜜、兄弟出游，愿意在旅行中接触陌生人、结识新朋友。

具体到文化旅游产品和服务的消费，"Z世代"的主要消费特点如下。

1."一地多刷"

携程大数据显示，"95后"的年轻客群更喜欢"一地多刷"，一年中多次到访同一个目的地或者城市的比例，增长超过160%，尤其喜爱能够反映当地特色的文化元素，如当地美食、特色民宿、当地文化等。

2."网红打卡"

移动互联网的快速发展，尤其是智能手机的普及，在很大程度上改变了文旅行业营销、宣传和推广传播方式。

越来越多的旅游者会在通过"晒图""晒视频"来记录和分享旅游行程中的见闻，而更多的潜在旅游者则可通过这些可视化的旅游信息进行旅游目的地的选择。

这种新兴旅游信息传递方式的出现，催生了一批批"网红打卡"旅游目的地、"网红景区"和网络红人。"网红打卡"逐渐成为引导旅游者做出旅游决策的重要因素之一。

例如，因为"不倒翁小姐姐"备受欢迎而成为"网红景区"的大唐不夜城，因为险峻刺激引爆朋友圈而成为"网红景区"的万盛梦幻奥陶纪主题公园，因为夜景独特和与《千与千寻》联系而成为"网红景区"的洪崖洞等。

3.短视频传播

我国短视频用户的年龄画像显示：2019年，24岁以下的人群是短视频用户数量最高的群体，占比为28.5%，说明"95后"年轻人群对短视频的热衷。此外，25—30岁的年轻群体占比为24.9%，是第二大用户群体。两者合计已经超过用户总数的一半。

短视频信息分享和传递在年轻群体之间更为普遍，短视频的曝光度对旅游目的地或文旅项目成为"网红"具有极大的推动作用，因此，文旅行业在应对年轻人消费习惯和行为改变时，在短视频领域发力可能会带来创新的机遇。

（资料来源：中科博道，有改动。）

　　旅游者为什么选择购买某种旅游产品或服务,为什么对某些类型的旅游体验感兴趣,在很大程度上与旅游者的需要和动机有关。想要了解旅游者的行为或行为倾向,首先就要认识到他们的需要、动机以及动机的影响因素。旅游活动作为个体的外部行为,是在旅游者自身旅游动机的支配下产生的。旅游动机是指引起并促使人们产生某种特定行为以实现某一目标的需要,它被普遍认为是了解旅游者行为的基础。旅游动机的产生与社会、经济、文化、生理、心理等多种因素有关。旅游动机作为旅游行为产生的原动力,诠释了旅游需要的内驱性,对旅游行为具有直接的影响。

第一节　需要与旅游需要

一、需要概述

　　许多活动的产生都是从需要,或是内部的缺乏开始的。人是自然属性和社会属性的统一体,人类对其自身和外部生活条件有各种各样的需要。例如,维持生命的食物、水、空气等,以及社会生活中情感的需要、受到别人尊重的需要等。

　　需要是指个体在生活中感到某种乏力而力求获得心理满足的一种心理状态。当人们缺乏某种生理和心理因素时,其生理或心理上就会出现匮乏状态。许多活动的产生都是从需要,或是内部的缺乏开始的,需要导致内驱力(一种被激发的动机状态)增强。

　　心理学家汤姆金斯(Tomkins)研究认为,驱使人们采取行动以满足需要的动机,不仅源于生物本能,还受情绪的影响。绝大多数食物都能满足饥饿的生理需要,但情绪可以影响人们吃东西的时间、数量、类别。情绪的动机作用体现在对内驱力信号的放大上,另外,需要注意的是情绪本身就是一种基本的动机系统。比如很多人之所以并不一定能感受到自己有旅游需要,是因为他们没有产生旅游需要的内驱力和情绪。在当今社会,人们消费的总体层次和构成日益趋于情感化,个体需求因此变得更加差异化、情绪化和个性化。

　　人的多数实践活动都是从其自身需要出发,围绕生存、发展、认同等需要展开的。需要是不断变化与提升的,随着自身和环境的变化,人也在产生新的需要。20世纪50年代,美国心理学家马斯洛提出了著名的需要层次理论,该理论将需要分成五个层次,由低到高分别是生理需要、安全需要、归属需要、尊重需要和自我实现需要,如图3-1所示。马斯洛认为这五个需要在层次上是逐渐提升的,底层的需要是人们的基本需要且需要的量值更多。在某个时刻,可能同时存在好几种需要,但各类需要的量值并不是均等的。

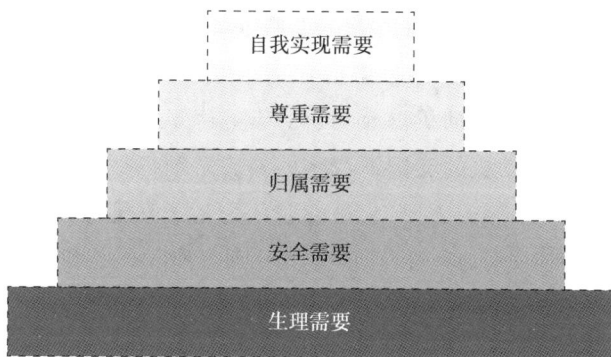

图 3-1 马斯洛需要层次理论

马斯洛阐述了这五个需要层次之间的递升关系,人作为有机体,不免有饮食、睡眠、居住等生理需要,这些生理需要的量值在所有需要中占绝对优势。当生理需要基本得到满足时,较高一级的安全需要就凸显了,包括需要稳定的生活,免于受伤害、受恐吓等。这些生理与安全的需要若得到满足,归属需要就会成为新的重心,个体渴望建立一个充满情感的生活圈子,并为此不懈努力,具体表现为对成就的追求和对名誉及威信的渴望。最高层次的需要是自我实现需要,即人对于自我发展和完善的欲求,人不断追求更加充实和完美的自我。

二、旅游需要概述

(一)旅游需要的含义

马斯洛需要层次理论将人们的需要视为具有层次性结构关系的需要,旅游需要是需要中一个特殊的方面。随着社会的发展和人们生活水平的日益提高,人们在日常生活中的各种需要由低层次需要向高层次需要不断转移,对高层次的生活水准和生活方式的需要越来越强烈。旅游需要是指旅游者或潜在旅游者力求通过旅游行为获得心理满足而产生的一种心理状态,即对旅游的愿望和要求。随着科技进步、社会生产力的提升,以及文化和艺术的不断发展,旅游需要也不断被激发和推进。

(二)旅游需要的分类

旅游需要可能是多种多样的,并且可能因人而异。一般来说,旅游需要包含一系列激励人们旅行和探索不同目的地的因素。例如,许多人希望摆脱束缚,想要放松并减轻压力;有些人的动机是渴望冒险并有机会探索新的地方,体验不同的文化和活动;有的人旨在寻求那些促进健康、放松身心和增进福祉的目的地和活动;一些旅游者出于学习的渴望,参加不同地方的研讨会、语言课程或教育项目。

借助冉恩(Ryan)的研究成果,旅游需要可分为智力需要、社会需要、能力需要与规避刺激需要。

1. 智力需要（intellectual need）

智力需要能够反映旅游者个体在多大程度上被激发而参与各种精神性的休闲活动，如学习、探险、发现、思考或想象等。

2. 社会需要（social need）

社会需要能够反映旅游者个体在多大程度上被激发而参与一些社会休闲活动。它包括两种具体的需要：友谊和人际关系的需要，以及自尊和他尊的需要。

3. 能力需要（need for competence and mastery）

能力需要能够反映旅游者个体在多大程度上被激发而参与一些旨在培养能力或技艺的休闲活动，这些活动可以使旅游者产生成就、掌握、挑战及竞争等感受，通常在性质上属于一些身体方面的活动。

4. 规避刺激需要（need for stimulus-avoidance）

这种需要能够反映旅游者个体在多大程度上被激发，进而从各种包含着过度刺激的生活环境中逃离出去的企图。对一些人来说，这是一种规避与他人联系的需要，是一种追求孤独和平静的需要；对另一些人来说，这可能是放松和休息的需要。

第二节　动机与旅游动机

一、动机与旅游动机的含义

动机是引发和维持个体行为，并导向一定目标的内部动力。在日常生活中，我们可以用动机解释事件发生的具体行为。比如，我们可以回忆为什么在纪念品商店买了某件礼物。再比如，你的同学可能会告诉你他为什么选择去某地旅游。人们的各种活动都是由动机引起的，动机支配了人们的具体行为。旅游动机是引发、维持个体的旅游行为并将行为导向旅游目标的心理动力，是推动人们进行旅游活动的内在心理动因。旅游作为人的实践活动，是一种外在行为，总是需要某种力量的激发才会产生。人的旅游行为就是在旅游动机这一内部力量的推动下产生的。

二、旅游动机的类型与功能

（一）旅游动机的类型

不同文化、不同类型的旅游者有着不同的旅游动机类型，按动机的起源，旅游动机可分为生理性旅游动机、刺激性旅游动机、习得性旅游动机三大类。

1. 生理性旅游动机

生理性动机是内在的,是为了维持生命所必须满足的各种需要而产生的动机。最重要的生理性动机包括满足对食物、水、空气等的需要。由满足生理需要而产生的旅游动机被称作生理性旅游动机。生理性旅游动机包括以治疗疾病和恢复体力为目的的疗养性旅游,以及以健身为目的的体育性旅游。这种旅游动机主要是基于个体的生理需要,如寻求医疗帮助、改善健康状况或增强体质,因此,它通常与个体的健康状况密切相关。例如,一个人可能因为健康状况而选择去某个地方进行疗养,或者为了锻炼身体而参加户外运动或冒险活动。生理性旅游动机支配下的行为通常具有重复性、经常性、稳定性的特点。

2. 刺激性旅游动机

寻求刺激的动机源自对刺激的需要,这些刺激包括舒适、好奇、探索、身体接触等。刺激性动机来源于人们身处社会环境所带来的需要,尽管这些需要也属于内在需要,但严格意义上不属于生存所必需的。刺激性旅游动机是指由外部环境的刺激或个人的内在冲动所引发的旅游动机。刺激性旅游动机可以来自各种外部刺激,如媒体报道、社交网络、旅游广告等,这些刺激可以激发个体的兴趣和好奇心,从而引发旅游动机。例如,一个人可能因为看到一部美丽的旅游纪录片或听到朋友讲述的异国风情而产生强烈的旅游欲望。

此外,刺激性旅游动机也可以来自个人的内在冲动。有些人天生就具有强烈的好奇心和探索欲,他们渴望体验不同的文化、风景和生活方式,以满足内心的冲动和需求。这种旅游动机通常与个人的性格、兴趣和价值观有关,也与个体的好奇心、探索欲、冒险精神等有关。刺激性旅游动机具有多样性、突发性和不稳定性的特点,可能随时产生,也可能在短时间内迅速消失,因此,对旅游企业和市场营销人员来说,如何通过有效的宣传和营销策略来刺激和激发旅游动机,是一个重要的挑战。

3. 习得性旅游动机

习得性动机建立于后天习得的需要、内驱力和目标之上。习得性动机其本质上是社会性的,它与特定的需求有关,如地位、成就、权力。习得性旅游动机能够解释人们旅游活动的丰富性和多样性,是指通过个人经历、学习或社会文化影响而形成的旅游动机。与生理性旅游动机和刺激性旅游动机不同,习得性旅游动机更多地受到个人经验和社会环境的影响,因此,其形成是一个复杂的过程,可能源于个人的成长经历、教育背景、家庭影响、社交圈子及文化传统等多个方面。例如,一个人可能因为小时候的家庭旅行经历而对旅游产生了浓厚的兴趣,或者因为在学校学习了关于不同国家和文化的知识而产生了探索世界的愿望。

此外,社会文化的影响也是习得性旅游动机形成的重要因素。不同文化背景下的人们对旅游有着不同的看法和期待,这些看法和期待往往是通过社会化过程传递给个体的。例如,在某些文化中,旅游被视为一种放松身心、陶冶情操的方式,而在其他文化中,旅游可能更多地与冒险、挑战和刺激相关联。习得性旅游动机具有多样性和可塑性的特点。随着个人的成长和经历的变化,习得性旅游动机可能会发生变化或调整。同时,通过学习和教育,个体也可以形成新的旅游动机,或者改变原有的动机。

总之,习得性旅游动机是受个人经历、学习和社会文化影响而形成的旅游动机。它反映了个人对旅游的认知、态度和价值观,并随着个人经历和社会环境的变化而发生变化。在旅游市场的开发和营销中,理解习得性旅游动机的形成机制和影响因素具有重要意义,可以帮助企业更好地满足旅游者的需求,提升旅游产品的吸引力和竞争力。

(二)旅游动机的功能

通过上述分析可以看出,旅游动机具有以下三种功能。

1. 激活功能

旅游动机是旅游需要(如健康、认知、声望等)的某种工具性实现,旅游者外出旅游是在某种或多种旅游需要的驱动下发生的。从心理动机机制的角度来看,旅游行为需要靠更为强势和即时的旅游动机来实现。

2. 指向功能

动机与个体行为密切相关,动机能够促使人产生某种行为。动机一旦形成,个体必将和一定的对象建立联系并产生相应的行为。旅游动机是旅游者心理和行为的高度统一的表现,旅游者在旅游动机的指引下产生具体旅游行为。不同的人由于旅游动机不同,会产生旅游行为上的差异。

3. 强化功能

旅游动机对旅游行为的影响是强势的、定向的,当旅游活动产生后,动机继续维持和调整活动。当个体旅游需要和旅游动机得到满足时,旅游者会产生新的目标,但当需要和动机没有完全得到满足时,旅游者则会继续原来的目标或产生新的替代目标。

翻转课堂

银 发 旅 游

携程发布"银发族"出游趋势洞察报告,数据显示,截至2021年10月,该平台60周岁及以上注册用户量同比2020年增长22%,整体订单量同比增长37%,其中跟团游订单同比上涨近60%。

1.新趋势:更多老年人倾向定制游

在旅行花费上,以"50后"和"60后"为突出代表的老年群体显示了强劲的消费需求。携程数据显示,近半年来,"50后"和"60后"人均花费同比增长35%,增幅超过"90后"和"00后"的22%。其中,携程平台上2000—3000元的旅游产品最为热门,热门高端产品包括新疆定制游、林芝定制游、北京高端定制游、西藏高端定制游等,人均花费超过6000元。

疫情期间,"银发族"出游方式也呈现出新的特点,作为以往的跟团游主力,老年旅游者更多倾向以定制游、私家团等方式出行,与家人或友人一同出游、在旅途中通过社交活动增进感情。携程平台数据显示,60周岁及以上用户定制游订单量同比2020年上涨47%,私家团订单量同比上涨161%。

大部分"银发族"仍将品质、舒适、省心放在首位。一位在携程平台多次为父母预订产品的用户表示:"家里老年人出行不喜欢自己操心,希望各种事情都被打理好,只负责玩就好了,行程安排也不喜欢太紧太累,人数少的私家团很适合他们。"而这样的用户也越来越多,数据显示,近半年来,携程平台上年轻人为老年人预订的订单量同比增幅达到47%。

2.新玩法:老年人也爱写攻略记录美景

据悉,"银发族"也变得越来越潮,开始自己动手做攻略、开车上路,甚至玩法比年轻人更丰富。携程数据显示,近半年来,60周岁及以上用户租车订单增长达108%,超过大盘43%的增长水平。老人也逐步喜爱在旅途中记录美景和感受,2021年初以来,携程60周岁及以上用户数同比提升26%,发帖量同比增长16%。

携程研究院高级研究员表示,当下旅游者代际向一老一少两端延展的趋势显著,两端消费增长最快,且银发群体也越来越关注旅行中的品质体验和文化感受。针对这一庞大的"有钱、有闲"群体,旅行企业应当更有针对性地进行专业化研发和设计相关产品,让老年群体更好地享受"诗与远方"。

(资料来源:张瀚祥《"银发一族"比90后00后更爱玩 旅行人均花费同比增长35%》,上游新闻,2021-10-14。)

问题:
老年人外出旅游的动机都有哪些?

三、旅游动机的特征

(一)内隐性

个体的行为是外显的,但支配其行为的动机却是无法通过观察直接得到的。旅游动机不是我们观察到的,而是根据其行为和所掌握的知识经验推断出来的。例如,旅游者选择乡村旅游,我们可以推断他们可能有舒缓压力、体验田园风光、回归自然等旅游动机。旅游动机是旅游者的内心活动过程,具有含而不露的特性。旅游动机的内隐性包括两种情况:一种情况是,旅游者主观性地认为自己的旅游动机不受社会和他人认可,而不愿承认的动机。另一种情况是,旅游者未意识到的动机。例如,到某地旅游能彰显其时尚品位和消费能力,并能让其他人羡慕。旅游经营者应关注和挖掘旅游动机的内隐性,并将此运用在旅游营销策略中。

(二)学习性

学习性是指旅游动机是随着旅游者的学习和经验的不断积累而获得的,不是先天就存在的。当人们接触的外界信息越多,旅游动机就可能变得更加丰富多样。例如,随着旅游者旅游经历和生活阅历的丰富,人们对旅游的认知也在不断发生变化,因此会产生不同层次的旅游需要,激发不同类型的旅游动机,进而产生多种多样的旅游行为。旅游经营者可为旅游吸引物"创造"需要,例如,某旅游景区被旅游者关注可能是因为这里景色宜人(规避刺激需要),也可能是因为这里能够让旅游者表达自我或向旅游者提供了一种与他人交往的途径(社会需要),旅游经营者可据此有针对性地制定营销策略。

(三)多重性

旅游动机的多重性是指旅游活动的产生受到多重动机共同驱动,满足旅游者多层次需要。在很多情况下,一种旅游行为通常出于多种旅游动机,如旅游者选择冰雪旅游的动机可能包括感受冰雪文化、学习滑雪技能、观赏冰雕艺术品等,因此,旅游经营者在宣传推广中,需要考虑目标客群的多种旅游动机。

(四)复杂性

旅游动机的复杂性体现在对于不同的人一种旅游动机可能激发不同的旅游活动行为。例如,同样出于远离都市生活亲近自然的动机,有的人可能选择到山里安静地住几天,有的人可能会到海岛享受阳光沙滩,有的人可能会到乡村体验田园生活,达到减轻日常生活和工作压力的目的。

(五)共享性

旅游者的动机难免受到同伴出游动机的影响。例如,家庭出游或好友结伴出游就意味着所有的参与者之间需要达成一种妥协,旅游者的旅游动机具有共享性。在家庭出游中,让孩子增长见识、开阔视野是最主要的、共享的旅游动机,而购物消遣、放松心情、聊天叙旧可能是好友结伴出游的共享动机。此外,年轻旅游者旅游时喜欢进行美食打卡,并将相关内容发布在社交媒体上,所以对这类群体来说,体验美食、进行社交是其共享的旅游动机。

第三节　旅游动机的影响因素

人一旦产生旅游需要,动机就推动其为满足旅游需要而进行种种努力。除了旅游需要这类主观条件,如果不具备一定的客观条件,旅游行为最终也不会发生。因此,我们要了解旅游动机产生的主观原因和客观原因,以及如何激发旅游者的旅游动机。

一、旅游需要与旅游动机的关系

旅游者需要对旅游动机具有决定作用。需要是个体缺乏某种东西时所产生的一种主观状态,是客观需求的反映,是个体行为的基础和根源。动机是推动人们产生具体行为活动的直接原因。人们的旅游动机是为了满足自己的旅游需要而产生的,旅游动机是旅游需要的具体表现形式。通常来说,人们有什么类型的旅游需要就会产生与之相对应的旅游动机,但并不是所有的旅游需要都会转化为旅游动机,旅游需要转化为旅游动机必须具备两个条件,即足够强度的旅游需要和大量的客观诱因。

（一）旅游需要

旅游需要的强度决定了旅游动机的强度。如果旅游成为个体的强烈愿望,并迫切需要得到满足,那么个体便会采取行动满足这一需要;相反,如果旅游需要较弱,旅游动机不强,个体就可能不会进行旅游活动。

（二）客观诱因

客观诱因是旅游需要转化为旅游动机的重要条件。这些客观诱因包括外界信息的刺激,以及存在满足需要的客观对象等。

因此,旅游动机虽然以旅游需要为基础,但只有旅游需要是不足以形成旅游动机的。旅游动机的产生应至少具备两个条件:一是具有旅游需要,二是具有客观诱因。只有当旅游需要达到一定的强度,并且在客观上有满足需要的对象,旅游需要才可能转化为旅游动机。

二、影响旅游动机的客观条件

影响旅游动机的外在因素有很多,例如目的地本身的因素、社会文化因素、经济水平因素等。

（一）目的地本身的因素

由于旅游者具有不同的爱好、个性、兴趣等,其在旅游行为中所表现出来的动机也是多种多样的。旅游目的地的形象、特色直接决定了人们的旅游动机,因此,符合人们旅游需要的对象是影响旅游动机产生的重要条件之一。

（二）社会文化因素

由于信息技术越来越发达、社会文化越来越多元化,人们的旅游动机也必定受社会环境和社会背景的影响。旅游者的文化背景、受教育程度会影响旅游动机。此外,大众媒体在社会生活中的影响也越来越大。大众媒体会在潜移默化中激发人们的旅游动机,影响旅游体验。

（三）经济水平因素

一个国家或地区的居民消费水平取决于这个国家或地区的经济水平,人们的消费行为则取决于收入。尤其对一些高消费活动来说,经济基础格外重要。经济水平不仅影响人们能否出游,还影响着旅游目的地和出游方式的选择。

三、影响旅游动机的主观因素

（一）旅游者心理因素

影响旅游动机的心理因素主要表现为人们在审美、道德、智力等方面的差异。比如不同的旅游者对于知识获取、技能提升、社会交往、陶冶情操等方面有不同的看法和能力,这使得他们在旅游过程中会产生不同的追求和动机。

（二）旅游者消费水平

每个人都有各种各样的需要,而且人们也希望自己的需要都能得到满足。据研究,人们可自由支配的收入越多,对旅游产品的需求就越大;人们可自由支配的收入越少,对旅游产品的需求就越小。

（三）旅游者职业及受教育程度

人们的职业及受教育程度等因素决定了一个人的社会地位的高低。处于不同社会地位的人,其旅游动机是有区别的。比如,人们的社会地位不同,则他们对旅游目的地类型的偏好也会不同。

翻转课堂

新 旅 游 者

20世纪90年代后期以来,年轻一代的旅游意愿与行为呈现出如下特征:

①在目的地选择方面,离散程度越来越高,热点消解,指向多元,大城市受到

明显的冷落,文化遗产的感召力下降,追求自然环境尤其是原生环境的倾向逐步加强。②在旅游动机层面,"自我化"倾向越来越明显,表面体现为主导动机的多样化,类似于"青菜、萝卜各有所爱";而深层则在于动机内生程度不断提升,在推拉过程中推力成为主导力量,重点似乎不再是青菜、萝卜的区别,而是"我"。③在狭义的旅游行为层面,"标准化"旅游(大众旅游的另一个含义)日渐式微,个性化、感性化消费有多种呈现,如探索者、骑行者、驴友的增多,旅游决策过程大幅度简化和随意,以及志愿者旅游、无景点旅游开始流行等。

中国的"80后"和"90后"是在快速工业化、现代化的社会背景下成长起来的,他们广泛出现格里芬所谓的"超越现代的情绪",从而表现出叛逆者、解构者的行为特点。这样的历史背景能够有效诠释新旅游者在中国兴起的原因。此外,需要补充的是,迄今为止,中国的旅游业依旧带有典型的现代主义特征。

新旅游者的基本面貌可以由此大体勾勒出来:他们是一群有意识或潜意识的人本主义者和人性解放者,是诗意的人而非屈从于物的奴,是主动的体验者而非被动的接受者,是工业化准则的反叛者,他们的欲望虽然难以摆脱物质,却离心灵更近。

新旅游者具有反传统的倾向,但他们所反对甚至戏谑的是板结了的传统形式,而非历史文明的积淀——人类文化遗产对他们依旧有巨大的吸引力,只是静态展示、单方说教的博物馆形式是他们所厌恶的;任何旅游产品设计者的原意与审美表达不可能在他们那里得到绝对的复原;整齐划一、缺乏个性的标准化旅游方式是他们所反对的。但是,他们同上代人一样会被壮美的自然、崇高的精神、优美的艺术、温暖的社会所打动和折服,他们虽然有一颗不安分的心和一副捣蛋鬼的表情,血管里却流淌着人类传统的血液。认为新旅游者反对理性实在是一种粗暴、有害的观点,他们只是想超越传统社会的集体理性和唯一真理——他们认为每个人都是独立的决策者,都有自己的CPU,旅游产品的性价比因人而异,快乐可以殊途同归,真理有多种表达;他们强调在"场"并成为"场"的中心,从而获得"视域融合"(fusion of horizons)和主客互动;他们放弃的是人文学意义上的"结构"立场而非科学意义上的"结构"立场。如果持有限理性观,从人本主义的角度来评价新旅游者或许更具理性。

同样,新旅游者对整体性的反对也只是集中在社会的同一性方面——他们会反对旧有的社会模式和规范,从而凸显个人的选择和价值,但是对客观世界和自身,他们并不会做碎片化处理。托夫勒早就注意到:第三次浪潮时代,人们强调与自然和睦相处,注重事物的结构、关系与整体。有必要指出,在移动互联技术快速发展的过程中,我们能够看到一种有趣的现象,即新旅游者的行为既呈分散性，又有同一性，或许也可以称之为分散的同一性或同一性的分散表达。

那么，新旅游者需要什么样的新旅游？

首先，新旅游者的兴起无疑会冲击旅游业的发展，这个意思用英文"new tourist，new tourism"来表述或许更加直观。不过，在笔者看来，新旧之间的关系，无论是旅游者需求还是旅游业，在性质上是超越而非断裂，是渐进的改变而非革命式的颠覆。

其次，新旅游者的需求多元指向特征将致使旅游供给形式上的多样化、时空上的广布化、品质上的精细化和经营上的灵活化。形式上的多样化将在吃、住、行、游、购、娱等各个环节广泛呈现，也会表现为各种新旅游方式的出现；时空上的广布化同旅游流的时空分散倾向相对应，它有利于减弱旅游的季节性影响，但是因新目的地的涌现而加剧了地区竞争；品质上的精细化意指形式上的多样化并不是粗制滥造的堆砌，而是内容精致的多样化，从而形成阶段性超越；经营上的灵活化可能包含企业的菜单式、组合式经营，企业间的敏锐联合经营，以及旅游目的地公共服务体系壮大后的平台式经营等。

再者，新旅游者的参与性审美特征呼唤"人景同构"的新旅游场，汉斯-格奥尔格·伽达默尔（Hans-Georg Gadamer）提出的"视域融合"将逐渐取代逻各斯中心主义（logocentrism），成为旅游设计的黄金法则。设计者应高度尊重旅游者的主体性地位，鼓励和启发旅游者在消费过程中产生新的、个性的、现实的审美认识，对资源素材的分析评价应有"祛魅"和"返魅"的思考，对外显系统的创设应强调喜闻乐见、感同身受、景中有人、雅俗共赏的取向，为杂糅、拼贴、戏仿、融合提供可行性。未来的旅游产品，无论是狭义上的还是广义上的，都终将走出先验的、强制的、封闭的、单向的叙事系统，最终为旅游者创造更广泛的审美参与空间。以此来论，旅游设计永远在途中。

最后，新旅游者的需求具有非标准化和弥散性特征，同生产的规模经济规律构成冲突，好在移动互联技术解决了这个问题，使得分散的个人需求能够通过平台集合而实现规模化。这恰好说明库珀等提出的"技术"与"新旅游者需求"这两个支配性要素具有密切联系，也可以说智慧旅游是新旅游的商业实现途径。反过来说，衡量智慧旅游至少有两个关键指标：①是否及时识别和充分满足新旅游者不断变化的需求；②是否能够大幅度降低旅游交易成本。

（资料来源：马波《对"新旅游者"的感知与相关思考》。）

问题：

（1）在学习本教材的时候，又出现了哪些新旅游者？

（2）这些新旅游者又呈现出哪些新的特征？他们的旅游需要有什么变化？

四、旅游动机的激发

旅游动机是维持、引发具体旅游活动的内在心理动因,旅游动机的形成需要具备旅游需要、符合旅游需要的旅游对象、旅游者对旅游对象的感知、必要的经济条件与闲暇时间四个基本条件,因此,激发人们的旅游动机可以从外部因素(如优化旅游产品、挖掘深度旅游体验)和内部因素(提高旅游者感知、激发旅游兴趣等)两大方面入手。

(一)基于外部因素的旅游动机激发

1. 旅游目的地凸显地方性,避免同质化

旅游是"出自愉悦的目的而在异地获得的一种休闲体验",如果旅游目的地所呈现或所能给予的东西是旅游者在日常生活中不能获得的某种差异性的存在,那么就会刺激旅游者产生旅游动机[1]。地方性是指一个地方拥有的特质,是一个地方所具备的有别于其他地方的独特性,地方性影响旅游者的目的地选择、旅游体验及旅游目的地形象等方面。旅游开发中传统文化的复兴、旅游形象的塑造与营销、地方与身份认同的强化、各种传统的仪式和庆典活动的举办,以及与之相关的各种公共活动空间的构建等,无不彰显旅游地的地方性[2]。地方性的视角有助于旅游发展的差异性定位,可在一定程度上避免旅游产品的雷同和恶性竞争,激发旅游者的旅游动机,提升旅游者体验感知。

2. 旅游目的地力求符号化和体验化

文化旅游产品开发如果没有主题、没有概念,就没有形象、没有感召力。旅游经营者在规划开发过程中,应挖掘目的地特色,提炼主题,赋予其更耀眼、更丰富的符号系统,以此激发旅游者的旅游动机。

(二)基于内部因素的旅游动机激发

人类的基本需要及好奇心等是人们产生旅游行为的内在动力,是旅游动机产生的主观条件。除了上述外在因素的刺激,旅游经营者还需要了解人们产生旅游行为的内部因素,并据此进行宣传推广,激发其旅游动机,促使人们积极地参与到旅游活动中。

1. 注重社交媒体推广,传递信息

移动互联网技术的快速发展,使以"抖音""快手""小红书"为代表社交媒体在旅游

---

[1]谢彦君.呵护"姆庇之家",重塑乡村旅游可持续发展新理念[J].旅游学刊,2017,32(1):8-10.
[2]唐文跃.地方性与旅游开发的相互影响及其意义[J].旅游学刊,2013,28(4):9-11.

信息搜索中的作用日益增强。这类社交媒体已快速成长为一种主流的营销渠道,并具有受众面广、互动性强、趣味性强、可视性及表现性丰富、精准度高、营销成本低等优势。旅游经营者可通过探究基于社交媒体所激发的旅游动机产生机制,有针对性地强化旅游者的出游意愿,最终产生旅游行为。

2.优化体验情境,提高旅游消费水平

旅游体验情境中影响旅游体验质量的因素有主题/故事、氛围、物理环境、纪念品等[1]。旅游经营者可通过展品陈列、氛围、气味、灯光、音乐等元素,构建独特的旅游体验情境,刺激旅游者的视觉、听觉、嗅觉、味觉和触觉。此外,旅游服务人员友好的态度、周到的服务、耐心的讲解,可满足旅游者的精神需求,为旅游者提供良好的体验。

翻转课堂

爆红"丁真"现象分析

2020年末,康巴少年丁真,迎来了人生最奇幻的一刻。11月11日,丁真去舅舅索朗勒伯家吃饭,恰好遇到了短视频博主胡波在此拍摄短片。该博主此前多以丁真的舅舅为拍摄对象,原计划用一个冬天的时间,将丁真所在的下则通村打造成一个"网红地"。20岁的丁真就这样闯入了镜头。短短7秒的视频,点击量迅速破了千万,到11月30日,这条视频的播放量已经超过了8000万,网友称他为"甜野男孩",形容他"野性与纯真并存"。丁真"火"了。

丁真爆红以后,以"四川观察"为代表的本地主流媒体迅速反应,多次与丁真进行采访沟通,积极引导丁真对舆情热议点进行回应,在主流媒体的引导下,丁真纯真、质朴的形象得以保持,为他成为理塘县旅游形象大使进行了合理铺垫。

甘孜州政府也趁热打铁,几天内迅速推出丁真视角的甘孜宣传片,将甘孜美景瞬间推送到了全国人民眼前。"四川发布""四川文旅""甘孜文旅"等政务官博在微博平台开启联动传播,积极回应微博相关热门话题,主动发起互动话题如"其实丁真在四川"等吸引网民参与讨论,使事件热度持续高位运行。

信息化时代,速度永远是获取流量的不二法门。丁真的走红虽然充满了意外因素,但四川本地主流媒体等对社会热点的持续关注和后续一系列操作也起到了不可忽视的推动和引导作用,从丁真开始在网络上崭露头角,到媒体线上直播采访丁真、官方发布丁真视角宣传片等仅仅用了半个月的时间;

---

[1]谢彦君,屈册.平遥古城旅游情境感知及其对旅游体验质量的影响研究[J].旅游论坛,2014,7(4):27-33.

当大众误会丁真在西藏时,《四川日报》等本地媒体再次精准出击,与各地官方媒体、政务官博互动,强势拉回舆论对四川的关注。

甘孜州政府在制作宣传片的同时,制定并推出了相关旅游优惠政策,以美景吸引眼球,以福利带动行动。甘孜州政府借此向广大民众发出冬游邀请,顺势宣布全州旅游优惠政策,2020年11月15日至2021年2月1日,全州所有景区(含67个A级景区)对广大旅游者实行门票全免。当地政府这一快准狠的组合拳也产生了极好的传播效果,"四川甘孜A级景区门票全免"成为微博热门话题且阅读量破亿,为实质性拉动当地经济增长、打好脱贫攻坚战打下基础。

"丁真效应"只是"互联网+旅游"发展的一个缩影。微博是国内主要的社交媒体流量池,有丰富的内容与庞大的用户群体;在话题聚合与流量分发方面,微博热搜是媒体风向标,各类标签、话题能够迅速将匹配的话题推送给合适的用户;在社交互动方面,微博每天产生海量用户分享内容。"丁真效应"证实了互联网对于国内众多旅游目的地市场营销工作来说有着更多的可能。随着互联网在影响用户旅游出行决策,协助旅游目的地破圈营销等方面发挥的作用,这势必会刺激国内旅游目的地升级迭代,为弥补优质供给不足提供动力。

丁真的出现带火了当地旅游,其实每个地方都有属于自己的"丁真"。各地文旅部门应善于寻找、发现当地的美,除了寻找有吸引力的、自带流量的旅游大使,更应找到区域风景的独特之美;同时,加之精心、周到、真诚的旅游服务,创造更优质的旅游体验才能让流量不息,才能吸引更多的来客,这才是旅游业发展的长久之计。

(1)我国很多地方都拥有美丽的自然风光、独特的民俗文化,地方文化和旅游部门一方面需要努力发现和展示本地旅游资源的唯一性和独特性;另一方面,也需要提升宣传技巧,向理塘学习如何发掘和打造可以代表本地形象的"网红",利用"网红效应"把网上的流量变成现实中的客流。

(2)从"丁真现象"的背后可以看出,如果说热搜解决的只是曝光度的问题,那么热搜体才是实打实的互动量。热搜体,植根于产品力和品牌力,无论是品牌所秉持的独特主张,还是打造的"超级单品",均能激发用户的兴趣,进而驱使用户主动搜索、深切关注、深入思考、想要拥有,与IP打造息息相关。"丁真们"的带动效果很明显,对旅游景区来说,的确可以尝试打造自身IP及"网红",但由于现象级的"网红"很难复制,景区还应该尝试更多种类的策划及活动,并融入当地的文化及旅游特色,通过有竞争力的旅游产品拉动客流。

(3)宣传为景区带来热度和流量,但是最终留给旅游者的还是景区品质体验。对旅游目的地管理者和经营者来说,要充分利用国家深化改革基本政策和全域旅游发展的发展理念,对原来制度体系、条例、规划进行科学修订和调整,优化布局,获取建设用地,实现科学均衡才能促进景区品质提升,形成"长红"。要深挖景区的文化内涵,解决好如何深挖、挖到什么程度才好、如何更容易被市场接受、如何进行系统打造、如何通过文化去感动旅游者等问题,找到属于每个景区自己的独特之路。

(4)营销工作需要科学的谋划与发展、精致化的建设、完善的配套服务设施、科学的业态配比,同时应杜绝过度商业化,让旅游者舒心,这样才能从整体上提高美誉度,实现资源开发利用与整体发展的全面可持续性。同时,开展精细化管理,提升服务品质,从而进一步向人性化等更高水平发展,为旅游者带来更优的体验,全面提升旅游目的地的美誉度。

(资料来源:《中国旅游报》,2020-12-05。)

问题:

(1)上述案例中,旅游经营者如何通过外部因素激发人们的旅游动机?

(2)上述案例中,旅游经营者如何通过内部因素激发人们的旅游动机?

第四节　有关旅游动机的经典理论

有关动机的理论有很多,如在本章第一节提到的马斯洛需要层次理论,以及著名的赫茨伯格双因素理论。除此之外,旅游学科也在不断探索关于动机的研究,本节将介绍一些具有代表性的旅游动机研究成果。

一、丹恩的旅游动机理论

丹恩(Dann)在1977年将旅游动机划分为"推力"和"拉力"两种力量,即推拉理论(push and pull theory)。该理论认为,旅游者的外出旅游活动是受到推力和拉力的共同作用而产生的。推动因素是指促使旅游期望产生的内在因素,是旅游的内驱力;拉动因素是指影响旅游者去哪旅游的因素,产生于目的地的属性。推拉理论将旅游动机与旅游目的地属性及特征相结合,架起了产品需求和产品供给之间的桥梁。

克朗普顿(Crompton,1979)对39名旅游者进行了动机研究,认为旅游的基本动力是"打破常规"。在此基础上,他又识别出七种推动型动机(push motives)和两种拉动型动机(pull motives)。推动型动机包括逃离、自我探索、放松、声望、回归、亲切密友联系和增加社会交往,拉动型动机包括新奇和教育。

二、旅游动机旅行生涯模型

Pearce 和 Lee 提出的旅游动机旅行生涯模型相对系统地整理并验证了几十年旅游研究中人们对旅游动机的研究成果。旅行生涯模型(travel career pattern,TCP)建立起多种动机因素与先前旅游经历之间的动态关系,将旅游动机划分为三个层次,各层都由不同的动机因子组成,如图 3-2 所示。最核心的是共同动机,包括新奇、逃离/放松、关系强化;中间层是较为重要的旅游动机,从内部导向的旅游动机(如自我实现)转变为外部导向的旅游动机(如体验自然和参与目的地生活);最外层是较为稳定、次要的旅游动机(如怀旧、独立、社会认同等)。旅游者在旅行生涯的各个阶段都会受到这三层动机因素的影响,随着其旅游经验和社会经历的增加,旅游者的中间层的动机会由内部导向转为外部导向。

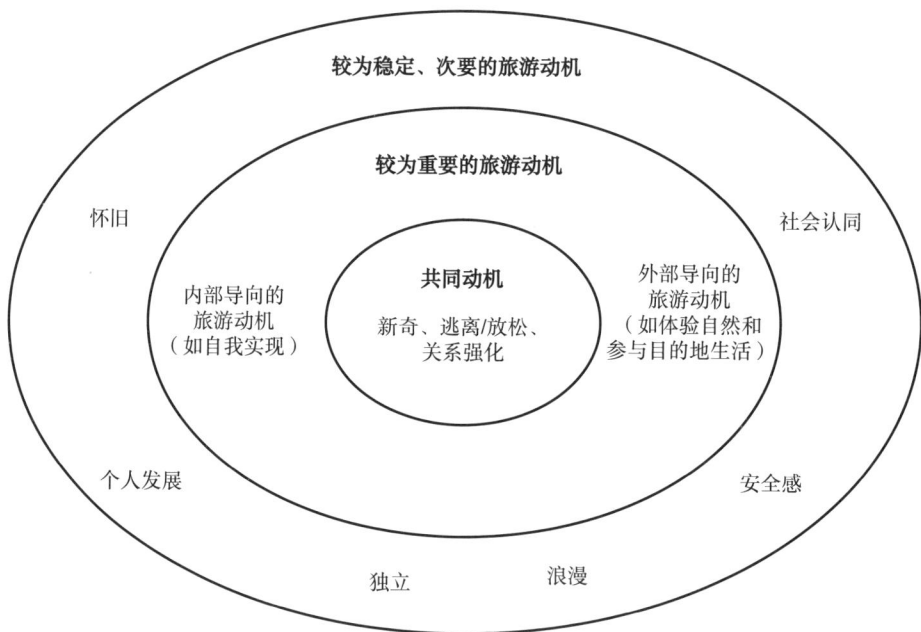

图 3-2　旅行生涯模型(TCP)

旅行生涯模型的理论原型是 Pearce 早期研究成果旅行生涯阶梯(travel career ladder,TCL)模型,在旅行生涯阶梯模型中,Pearce 指出,旅游者的需求动机呈现出阶梯或层级形式,最基础的是放松需求,之后依次是安全保证需求、关系需求、自尊和发展需求,最高层次是自我实现需求,如图 3-3 所示。旅行生涯阶梯模型假设人们具有一个类似职业生涯的旅行生涯,背后的核心思想是旅游者的旅游动机随着旅行经历的丰富而不断变化。随着年龄、旅行经验的增加,旅游者会逐渐追求更高层次的需求的满足。

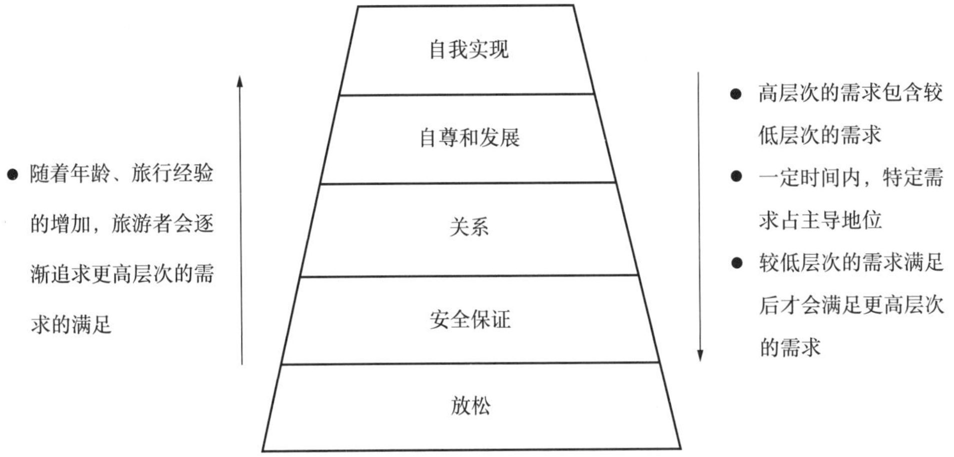
自我实现
自尊和发展
关系
安全保证
放松
● 随着年龄、旅行经验的增加，旅游者会逐渐追求更高层次的需求的满足
● 高层次的需求包含较低层次的需求
● 一定时间内，特定需求占主导地位
● 较低层次的需求满足后才会满足更高层次的需求

图 3-3 旅行生涯阶梯(TCL)模型

三、麦金托什的旅游动机理论

美国学者麦金托什(McIntosh,1977)将旅游动机分为四类:身体动机、文化动机、交际动机,以及地位与声望动机。

(一)身体动机

身体动机是指旅游者通过娱乐、运动、游戏等活动消除内心的压力和紧张。

(二)文化动机

文化动机是指旅游者通过了解旅游目的地的文化、艺术、风俗、语言等,从而开阔视野,满足其探索与求知的渴望。

(三)交际动机

交际动机是指旅游者通过在异地探亲访友,摆脱日常工作和生活的束缚,寻求人与人之间的交流及情感上的联系。

(四)地位与声望动机

地位与声望动机是指旅游者通过会议、考察、交流等,在旅游活动交往中引起他人的注意、尊重,发挥其才能,获得良好的声誉。

四、逃离和寻求二维理论

艾泽欧-艾荷拉(Iso-Ahola,1982)提出用逃离因子(escaping element)和寻求因子(seeking element)与个人环境和人际环境的交互来解释旅游动机,构建了旅游驱动力社会心理模型。逃离是指个体摆脱其所处日常环境和人际环境的渴望,寻求是指个体想通过到一个新环境获得某种心理和内在的回报。这两个维度和丹恩提出的"推"（逃）和"拉"（寻）的分类相似,不过艾泽欧-艾荷拉把"拉"理解为内在的利益(社会心理需求),而丹恩把"拉"定义为目的地吸引物的拉力。

本章小结

· 需要是指个体在生活中感到某种乏力而力求获得心理满足的一种心理状态。

· 旅游需要是指旅游者或潜在旅游者力求通过旅游行为获得心理满足而产生的一种心理状态,即对旅游的愿望和要求。

· 旅游需要可分为智力需要、社会需要、能力需要与规避刺激需要。

· 动机是引发和维持个体行为,并导向一定目标的内部动力。

· 旅游动机是引发、维持个体的旅游行为并将行为导向旅游目标的心理动力,是推动人们进行旅游活动的内在心理动因。

· 旅游动机具有激活功能、指向功能、强化功能。

· 旅游动机具有内隐性、学习性、多重性、复杂性、共享性的特征。

· 影响旅游动机的客观条件有很多,如目的地本身的因素、社会文化因素、经济水平因素等。

· 影响旅游动机的主观因素包括旅游者心理因素、旅游者消费水平、旅游者职业及受教育程度等。

· 有关旅游动机的经典理论有丹恩的旅游动机理论、旅游动机旅行生涯模型、麦金托什的旅游动机理论、逃离和寻求二维理论。

单元训练

在线答题

第三章

一、选择题

请扫描边栏二维码答题。

二、简答题

1. 简述旅游需要的相关概念。

2. 简述旅游动机的相关概念。

3. 简述旅游动机的特征。

4. 旅游动机有哪些经典理论? 请简述其理论要点。

5. 影响旅游动机的因素有哪些?

三、讨论题

1. 结合实际情况,举例说明如何激发人们的旅游动机。

2. 旅游者重游动机是如何产生的? 如何提高旅游者重游动机?

Note

第四章
旅游者的情绪与情感

学习目标

知识目标:了解旅游者情绪和情感的基本概念、特性和分类;了解情绪和情感二者之间的区别与联系,理解情绪与情感在旅游活动中的重要作用;了解旅游者可能产生的各种情绪与情感类型,如兴奋、愉悦、失望、焦虑等,以及这些情绪与情感对旅游行为的影响。

能力目标:能够识别和分析旅游者的情绪与情感状态,运用情绪与情感理论解决旅游实际问题,学习如何理解和引导旅游者的情绪与情感,促进良好的旅游互动和关系。

素养目标:了解旅游者的情绪和情感特点,提升对旅游者情绪和情感的敏感度,能够及时发现并关注旅游者的情绪需求。

核心概念

情绪　情感　旅游者的情绪与情感　情感营销

思维导图

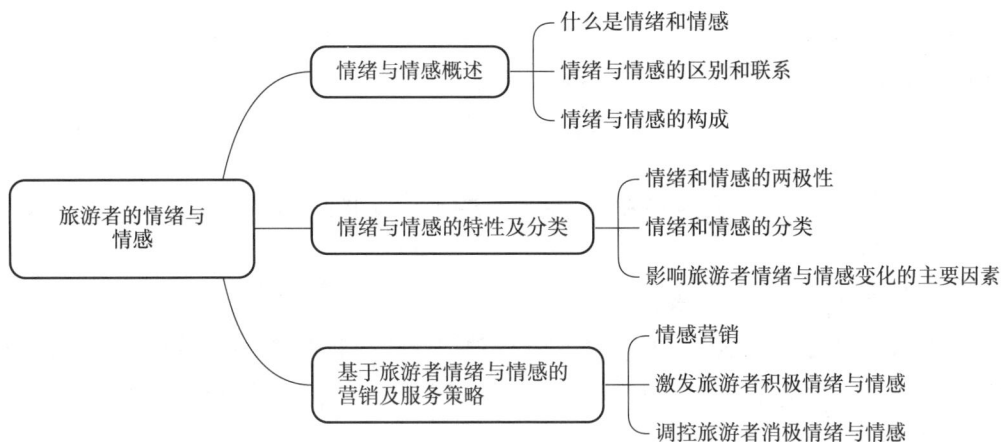

2012年国庆节期间,陕西华山旅游景区没有限制游客数量,景区门票的价格与景区摆渡大巴费用捆绑销售,导致整个景区超负荷运行。通过微博传播的"华山景区遭遇了极为严重的游客滞留"事件成了2012年"十一"期间大家极为关注的新闻,并引发了一场因没有及时和妥当处理游客不满情绪而产生的"公关危机"。

2012年10月2日,由于游客爆满,华山景区摆渡大巴无法准时接送游客。大批游客徒步下山,游客退还摆渡大巴部分票价。有听众通过央广新闻热线反映"华山景区遭遇了极为严重的游客滞留"。据称,截至10月2日晚8点,华山景区仍有上万名游客滞留山上,想下山只能徒步走完将近8千米的路程。

同时,景区内没有工作人员,也没有广播向山上的游客反馈相关情况,部分游客向华山风景名胜区管委会提出了质疑,要求退票,并封堵了景区的入口,造成管委会接送游客下山的班车无法正常运行。对景区服务不满的游客情绪激动,砸坏售票窗口。

据当时在现场的游客王女士描述:"游客特别激动,有打架斗殴的迹象。"来自内蒙古的董先生一行也因要求退还部分费用与人发生争执,董先生和妻子上前劝架时被用刀捅伤。在附近采访的陕西电视台记者的采访设备被砸坏。

（资料来源:侯建波《危机传播的延展性——新闻叙事视角下的"华山游客被捅事件"分析》,以及周正《"华山游客滞留"事件的警示》。）

上述事件中,旅游者情绪由着急和不安逐步发展为失望和愤怒,最终场面一发不可收拾。那么,旅游者情绪和情感有哪些种类?情绪和情感对旅游体验有哪些影响?如何调节和管理旅游者的情绪与情感?如何通过调控旅游者的情绪与情感进行营销和服务?这些问题都是本章所需要关注的重点。

第一节　情绪与情感概述

通过第三章的学习,我们知道:许多活动的产生往往源于需要或是内部的缺乏,然而,很多人并不一定能感受到自己有旅游需要,这是因为他们没有产生旅游需要的内驱力和情绪。

心理学家汤姆金斯（Tomkins）通过研究认为，驱使人们采取行动以满足需要的动机，不仅出自生物本能，还受情绪的影响。例如，第二次世界大战期间，某飞行员因疏忽未戴氧气面罩就在万米高空飞行，然而他忍受了那种逐渐缺氧的状况。其原因在于，他专注飞行而没有意识到对氧气的需要，因此没有产生恐慌感。这种类似的现象是经常发生的。

同生理需要相联系的情绪反应，对于人们行为的影响越来越大。情绪的动机作用不仅表现在对内驱力信号的放大上，还表现在它本身就是一种基本的动机系统上。这种作用可以通过兴趣和好奇心明显地表现出来。兴趣和好奇心可以驱使人们去认识事物，并促使人们集中注意力，决定了感知和思维加工的方向，从而进一步推动人们对新异事物的探索。

一、什么是情绪和情感

情绪（emotion）是一种躯体和精神上的复杂的变化模式，是以生理唤起水平、面部表情、姿势和主观感觉的变化为特征的某种状态。情绪产生于大脑、身体和环境的互动与耦合之中。情绪与人的一些基本的适应性行为有关，如攻击行为、躲避行为等。情绪也会有一些负面作用，如压抑悲伤会影响身体健康、导致某些疾病恶化。《心理学大辞典》将"情感"（affect）定义为，人对客观事物是否满足自己的需要而产生的态度体验，是态度在生理上的一种复杂而又稳定的评价和体验。在这个概念下，情绪与情感包含三层含义。首先，情绪和情感是人对客观现实的一种反映形式。其次，人之所以对客观现实是否符合需要的态度能有所感受，是因为人在与客观事物接触的过程中，客观现实与人的需要之间形成了不同的关系。最后，在现实生活中，并不是所有事物都可以产生情绪和情感。

二、情绪与情感的区别和联系

情绪与情感都是与人的特定的主观欲望相联系的一种整体的反应，两者既有区别，又有联系。对于这两个词汇的定义，学界虽尚未达成共识，但基本公认两者在广义上并无区别，泛指人们对客观事物的态度体验。从狭义角度来看，情感是人的稳定、深刻、内隐的态度体验，着重于对事物的感受和主观意义体验；而情绪则是人的情境性、暂时性、外显性的态度体验，着重于描述人的心理活动过程及外部表现，利于测量。原始情绪是与生理需要相联系的心理活动，情绪是暂时的、情境性的，它体现了感情的过程。情感是与社会需要满足与否相联系的心理活动，相对而言，情感是稳定的、持久的。稳定的情感是在情绪长期积累的基础上形成的，又通过情绪反应得以表达。情绪变化受情感支配，情感的深度决定着情绪表现的强度。此外，情绪通常有明显的外部表现，情感则深深埋藏于心中。

三、情绪与情感的构成

旅游者的情绪与情感是旅游者对客观事物是否符合自己需要的主观体验。其中，情绪由三个要素组成，即主观体验、生理唤醒、外部行为。旅游学界通常从这三个方面考察和定义旅游者的情绪，即旅游者在认知层面上的主观体验，在生理层面上的生理唤醒，以及在表达层面的外部行为。

（一）主观体验

旅游者有许多主观体验，如快乐、兴奋、平静、忧郁、孤独等，主观体验是旅游者在旅游活动过程中对所接触到的各种客观事物满足自身需要状况的内心感受。这种内心感受是个体对不同情绪和情感状态的自我感受，是旅游者对旅游活动及其相关事物的态度、评价和体验。例如，积极的情绪体验可以提升旅游者的愉悦感和满足感，提高旅游的整体品质；反之，消极的情绪体验则可能导致旅游者的不满和失望，影响旅游的效果和体验。

（二）生理唤醒

人在产生情绪反应时，常常会伴随着一定的生理唤醒。例如，旅游者在兴奋和激动状态下会心跳加快、呼吸急促、肌肉紧张；若处于恐慌、气愤的状态，旅游者则可能会产生哭泣、咬牙切齿、血压升高等生理反应。上述这些生理反应常常是伴随不同情绪产生的。

（三）外部行为

人们产生情绪时，还会伴随一些外部反应过程，这些过程也是情绪的表达过程。在旅游过程中，旅游者情绪的外部行为（如笑容满面、手舞足蹈，或者沉默寡言等）可能会更加明显。例如，旅游者第一次看到广袤无垠的大草原，会开心得手舞足蹈；旅游者第一次看到湛蓝的大海，会激动得大声呼喊。旅游者的情绪可以通过面部表情、身体语言、语调变化等来表达，同样，身体的反馈活动也可以增强旅游者的情绪和情感的体验。

主观体验、生理唤醒和外部行为作为旅游者情绪的三个组成要素，在情绪体验中是相互关联的。主观体验是情绪的核心，决定了旅游者的情绪性质和强度。生理唤醒和外部行为则是主观体验的反映和表达方式，可以帮助我们了解旅游者的情绪状态，同时也可能影响旅游者的情绪体验和旅游行为。例如，旅游者在狂喜的情绪之下，内心会产生"我真的好开心"这样的主观体验，并伴随着心跳加快的生理变化和拍手大笑的肢体表现。这三个要素在评价情绪时需同时存在，这样才能构成完整的情绪过程。

第二节　情绪与情感的特性及分类

情绪和情感复杂多样,荀子的"六情说"把情感分为好、恶、喜、怒、哀、乐六大类。笛卡儿认为爱、憎、喜、悲、称赞、期望是基本的情感,其他情感则是从这些情感中派生出来的。斯宾诺莎提出,基本情感是喜、悲、愿望三种。心理学、社会学等研究者认为,在不同划分依据下,人类情感可以分为多种不同类型,他们认为愉快、愤怒、恐惧和悲哀是最基本的原始情绪。

一、情绪和情感的两极性

每种情感都可以找到与它相对立的情感,最常见的是从情感的性质出发,将其分为积极情感(positive affect)和消极情感(negative affect)这两大类。积极情感主要反映了个体所体验到的积极感觉的程度,是外部事物与个体的愿望和需要相一致时的情感体验,如愉快、热情等。消极情感反映了个体对某种消极的或厌恶的心理体验的程度,是外部事物与个体愿望相违和,或满足需要受阻时的情感体验,如悲哀、紧张、烦恼、厌恶等。冯特根据强度和性质将情绪分为愉快—不愉快、紧张—松弛、兴奋—镇静三个维度。铁钦纳提出情感一维论,即愉快—不愉快。

到目前为止,人类命名了200多种不同的情绪,许多学者对这些情绪进行不同形式的分类。普拉契克(Plutchik)的情感轮廓指数(emotion profile index),从四个维度指标,即积极与消极、单一性与综合性、两极性和强度对情绪进行划分,并提出人类具有喜悦、接受、害怕、惊奇、悲痛、憎恨、愤怒、期待八种基本情绪。普拉契克认为,其他情绪都是这八种基本情绪的派生情绪或组合情绪。例如,欣喜是喜悦和惊奇的组合情绪。

情绪心理学家伊泽德提出了不同情感量表(differential emotions scale),从愉快度、紧张度、激动度、确信度四个方面对情绪进行了划分。他指出人类有九种基本情绪,它们分别是兴奋、喜悦、惊奇、悲痛、憎恨、愤怒、羞耻、恐惧和傲慢。此分类方法成为许多情绪量表设计的基础。

近年来,人们对情绪发展的研究通过面部表情区分出十种基本情绪,它们分别是兴趣、愉快、痛苦、惊奇、愤怒、厌恶、惧怕、悲哀、害羞和自罪感。前八种在一岁内均已出现,后两种在两岁半左右亦能发生。成人除基本情绪外,还有许多复合情绪。例如,与自己相关的有骄傲感与谦逊感;与他人相关的有爱与恨、羡慕与妒忌;与情境事件相关的有求知欲、好奇心等。焦虑和忧郁等可能带有异常性质的情绪,也是几种基本情绪的合并。焦虑包括恐惧、痛苦、羞耻、自罪感等成分;忧郁包括痛苦、恐惧、愤怒、厌恶、轻蔑和羞耻等成分。人类复杂的情绪情感蕴含着丰富的社会性内容。

情绪和情感具有两极对立的特性,在一定条件下它们之间可以互相转化。旅游作为一种追求愉悦的活动,旅游者在旅游过程中的情绪和情感多表现为积极方面。在旅游体验中,旅游者会产生不同的情绪,并具有波动效应。旅游体验中的不确定性会使旅游者面临各种突发情况,导致旅游者的消极情感随时产生,如恐惧、悲伤、厌恶、愤怒等。同时,当旅游体验与最初的期望不符时,旅游者还会产生失望、后悔等情感。

二、情绪和情感的分类

(一)情绪按价值强度和持续时间划分

情绪根据价值强度和持续时间的不同,可分为心境、激情与应激。

1. 心境

心境是一种低强度的,使人的所有情感体验都感染上某种色彩的,较持久而又微弱的情绪状态。心境具有弥漫性,与人类生活关系密切,几乎每时每刻都影响着人的思维、行为和语言。处在愉快心境的旅游者,仿佛周遭一切事物都染上了快乐的色彩。对旅游者来说,旅游本质上是心境的转换,是人们以逃离日常生活和寻求精神慰藉为动机所进行的体验。

心境产生后要在相当长的时间内主导人的情绪表现。心境可能持续几小时,也可能持续几周、几个月或更长的时间。一种心境的持续时间依赖于产生心境的客观环境和主体的个体特点。一般情况下,因重大事件产生的心境会持续较长时间。心境可以分为暂时心境和主导心境。因当前的情绪产生的心境,叫作暂时心境。旅游演艺产品可以为旅游者带来愉快的暂时心境,演艺结束后,旅游者这种愉快的心境还会持续一段时间,但不会很长。主导心境是指个体在生活背景和早期经验的共同作用下所产生的独特的、稳定的心境。主导心境决定着一个人的基本情绪,如朝气蓬勃、乐观,或是郁郁寡欢、情绪消沉等。

2. 激情

激情是一种强烈的、短暂的、爆发性的情绪状态,多带有一定的指向性和外部动作。例如,狂喜、恐惧、绝望等都属于激情的情绪状态。在旅游活动中,旅游者可能会因为某些特殊事件或经历而产生激情。例如,观赏壮丽的自然景观、参与刺激的冒险活动、遇到令人感动的人或事等都可能让旅游者产生激情。激情具有冲动性和明显的外部表现,它可能会促使旅游者做出一些冲动的行为,如购买纪念品等。激情有两大特点:一是爆发强烈,它通常由对人具有重大意义的强烈刺激所引起;二是持续时间短暂,刺激出现的时间往往出人意料。

3. 应激

应激是指在出乎意料的紧迫情况下引起的急速而高度紧张的情绪状态。应激往往是由外在压力造成的,在旅游活动中,旅游者可能会因为突发事件、安全问题等产生应激反应。例如,当旅游途中遇到交通事故、自然灾害,或者旅游设施出现故障等问题时,旅游者可能会感到紧张和不安。应激反应是一种自我保护机制,它可以帮助旅游者在危险或紧急的情况下迅速做出反应,但过度的应激反应也可能会影响旅游者的身心健康和旅游体验。激情和应激都是比较短暂的状态,但应激强调紧张的状态,而激情不强调这一特征。

(二)情感按社会性内容划分

情感根据社会性内容,可分为道德感、理智感、美感。

1. 道德感

旅游者的道德感是指旅游者根据一定的道德标准,评价自己和他人的思想、意图和行为时产生的情感体验。道德感是对客观对象与一个人所掌握的道德标准之间关系的心理体验。在旅游活动中,旅游者的道德感主要体现在对旅游环境、旅游资源、旅游设施的保护和维护上。例如,旅游者应该遵守旅游景区的规定,不随意破坏自然环境或文物古迹,尊重当地的风俗习惯和文化传统。同时,旅游者的道德感也体现在对其他旅游者和旅游工作者的尊重上,如遵守公共秩序、尊重他人的隐私和权利等。当旅游者的思想、意图和行为符合这些标准时,就会产生满意、愉快等积极的情感体验;反之,则会感到痛苦和纠结。当其他旅游者的思想、意图和行为符合这些标准时,就会产生尊敬、赞赏等情感;反之,则会产生厌恶、反感等情感。在不同年代、不同阶层及不同的社会制度下,道德标准会存在差异。

2. 理智感

理智感是人们在认识事物、解决问题或进行创造性活动时所产生的情感体验。在旅游活动中,旅游者的理智感主要体现在旅游目的地的选择、旅游计划的制订,以及旅游过程中的判断和决策上。旅游者需要运用自己的知识和经验来评估旅游产品的质量和价值,选择适合自己的旅游方式和行程。同时,旅游者也需要在旅游过程中保持清醒的头脑,以应对各种突发情况,如处理旅游纠纷问题、保障自身安全等。

3. 美感

旅游者的美感是指具有一定审美观点的旅游者对旅游活动中审美对象(自然景观、人文景观、社会现象等)的美进行评价时所产生的一种肯定、愉悦的情感体验。旅游者可以通过观赏自然风光、参观历史文化遗址、欣赏民间艺术表演等方式来感受旅游活动中的美感。同时,旅游者的美感也体现在对旅游环境和旅游设施的审美评价上,如酒店的设计装潢、旅游餐饮的色香味形等。旅游者的美感一方面受旅游景观的影响和制约,另一方面受旅游者主观的审美标准、审美需要、审美能力的影响。

Note

翻转课堂

旅游者主观幸福感

随着旅游活动的大众化和经常化,旅游已成为一种常态化的生活方式,对人们的生活产生了深刻的影响,因而旅游者主观幸福感受到了国内外旅游学界的广泛关注,成为当前旅游学界重要研究主题和前沿。

(一)旅游者主观幸福感的概念

旅游者主观幸福感是一个抽象概念,但在旅游者幸福感研究中,旅游者对幸福的感知主要基于其主观判断,且绝大部分研究在进行测量时主要采用幸福感的主观指标,因此,大多数研究者习惯使用旅游者主观幸福感这一术语。对生活的主观评价可以基于纯粹的认知或情感基础,也可以基于二者的结合。现有旅游文献对旅游者主观幸福感的定义主要来自社会学和营销学科。Su等将旅游者主观幸福感界定为旅游者对其自身生活满意程度的评价。陈晔等采用Diener对主观幸福感的定义,将其界定为人们对自身生活满意程度的认知评价。亢雄将旅游幸福感定义为旅游者在旅游活动过程中因体验生发的积极情感,主要表现为主体需求的满足、参与并沉浸于旅游活动中、同时这些活动对于旅游者有一定积极的价值与意义。妥艳嫔将旅游者幸福感界定为个体在旅游过程中体验到的,包括情感、体能、智力以及精神达到某个特定水平而产生的美好感觉,以及由此形成的深度认知。

(二)旅游者主观幸福感的测量

在旅游者主观幸福感测量方面,研究者主要是借鉴社会学和营销学等相关研究成果,总体上有单一维度测量和多维度测量两种基本方法。单一维度测量主要是从整体上测量旅游者总体主观幸福感,如"你如何评价你的总体生活"。多维度测量主要是从多个生活领域来测量旅游者主观幸福感,比如社会生活、家庭生活、工作生活、社区生活、休闲生活等。Fritz和Sonnentag使用16个指标来测量旅游者幸福感。Wei和Milman使用24个情感和体验题项来捕获老年人总体幸福感。Sirgy等用13个领域的主观幸福感来测量旅游者主观幸福感。Dolnicar等在对多个主观幸福感文献梳理的基础上,提取了15个共有的生活领域。在这些生活领域中,休闲生活领域的满意度和它对生活满意的重要性受到了休闲和旅游研究者的重视。Laing和Frost采用质性现象学研究方法,构建的模型认为旅游者主观幸福感包括脱离/恢复、自主、掌握/成就、意义、联系/关系、积极情感6个维度。

国内研究者张天问和吴明远采用定性研究方法,通过对网络博客文本分析,从时间维度上将旅游幸福感划分为旅游前美好期待体验、旅游中福乐体验、旅游后温馨回忆体验3个方面;从内容维度上将旅游幸福感划分为享受闲适生活、获得旅游福乐体验、提升积极情绪、减弱不良情绪、感受人际美好、提升人生境界6个方面。基于主观幸福感理论,黄向认为旅游体验是旅游情境中的主观幸福感,并将旅游体验划分为孤独体验、成就体验和高峰体验3个因子结构。妥艳媜认为旅游者幸福感由积极情绪、控制感、个人成长、成就体验、社会联结和沉浸体验6个方面构成。

（三）旅游者主观幸福感的影响因素

旅游者主观幸福感影响因素是当前旅游者主观幸福研究的重要方向。许多研究已证实了旅游相关活动对旅游者主观幸福感的影响,发现旅游者主观幸福感能够通过旅游者特征与个性、旅行特征、对生活领域的满意度、对生活总体满意度、消费生命周期等来预测。特别是,旅游者特征和旅行特征可以直接和间接地影响旅游者主观幸福感,且这两个特征相互作用,对旅游者特定生活领域的满意度或总体生活满意度产生影响。

度假作为最为典型的旅游形式,其对旅游者主观幸福感的影响,受到了研究者的广泛关注。Neal等发现,旅游者对旅游服务的满意度影响他们的总体生活满意。Richards认为,"度假能够提供身体和精神上的休闲和放松,它们可以为个人发展和个性追求、社会利益提供空间,也可以作为一种象征性消费,增强地位,进而提升幸福感"。Oppermann和Cooper也认为开展有意义的度假体验,而不是消费物质商品,可以显著提升主观幸福感。Hwang和Lyu将体验经济划分为教育、娱乐、审美、逃避4个维度,在高尔夫旅游情境下,实证了体验经济的4个维度是影响旅游者主观幸福感知的重要因素。Holm等探讨了风险旅游活动与旅游者主观幸福感的关系,认为它们之间通过情感联系起来,并认为风险旅游活动可以增加旅游者主观幸福感。

（资料来源:粟路军、何学欢、胡东滨《旅游者主观幸福感研究进展及启示》。）

问题:

（1）你认为哪些体验能够提升旅游者的主观幸福感?

（2）你喜欢哪些提升幸福感的体验方式?

三、影响旅游者情绪与情感变化的主要因素

情绪与情感极大地影响着个体的思考和行为,进而影响着个体的生活质量。每个人的生活中随时随地都有喜、怒、哀、乐等情绪的起伏变化,旅游者的任何活动都需要一定程度的情感激发,才能产生旅游行为。旅游者情绪与情感主要受旅游者的需要和认知的影响。

（一）旅游者的需要

需要（动机、期待、愿望等）是旅游者情绪与情感产生的主要前提。旅游者有多种不同的需要，需要能否得到满足决定着情绪与情感的性质。如果旅游产品或服务能够满足旅游者的需要，就会引起旅游者积极的情绪，如满意、愉快、喜爱等；反之，则会使旅游者产生失望、愤怒、憎恨等消极的情绪。尤其需要指出的是，旅游者在旅游体验过程中，会产生多种不同的情绪与情感，这些情绪与情感会相互影响。有的情绪与情感起主导作用，有的只具有从属的性质；有的情绪与情感较为短暂，有的会持续较长时间。起主导作用的情绪与情感通常与其旅游需要相联系。当旅游需要得到充分满足时，主导情绪往往会冲淡和抑制同时发生的其他情绪。

（二）旅游者的认知

影响旅游者情绪与情感变化的另一重要因素是旅游者的认知。旅游者的情绪是伴随着一定的认知过程产生的，同一旅游吸引物、同一旅游服务人员的行为，由于旅游者个体认知的差异，对其感知可能会不同。符合旅游者认知的景观和服务，就会给旅游者带来积极的情感体验；反之，则会产生消极的情感体验。同一个旅游者在不同的时间、地点和条件下，对同一旅游景观或服务的认知也会不同，进而产生不同的情绪与情感。

第三节　基于旅游者情绪与情感的营销及服务策略

近20年来，在旅游研究领域产生了大量针对旅游者情绪与情感的研究成果，旅游者情绪与情感是旅游学界、业界共同关注的话题。旅游者情绪与情感是指由于旅游体验而产生的情感反应和旅游体验期间引发的一系列情绪反应。

情感对旅游决策过程有重要影响，根据"认知-情感-行为"模型，旅游者对旅游目的地、旅游景观、旅游服务的认知会使其产生情感体验，进而对其旅游行为产生影响。大量研究表明，情感在旅游体验中至关重要，对旅游者满意度、口碑和重游率有重要影响。旅游者获得愉悦的情感体验才能提高对旅游目的地的满意程度，进而产生积极的旅游行为，使旅游目的地的整体形象得到提升。旅游者的积极情感可以创造愉快的、难忘的体验，情感与体验密切相关。情感反应是影响旅游者是否向他人推荐旅游产品的重要指标，感受到欣喜和激情等积极情感的旅游者往往有较高的满意度。有着更积极情感的旅游者可展现出更高的满意度，也会有更强烈的推荐意愿。

一、情感营销

情绪和情感一直被认为是影响人类认知与行为的重要方面，尤其在人际交往、态度改变,以及学习教育和记忆效果方面都有着极为重要的影响和作用。情感营销是一种营销策略,它重视企业和旅游者之间的情感联系,通过激发和满足旅游者的情感需求来实现营销目标。情感是营销的力量源泉,了解旅游者的情感需要,是旅游营销成功的关键。

在旅游行业中,情感营销可以被用来增强旅游者对旅游产品或服务的情感联系,从而提高其满意度和忠诚度。

情感营销在旅游体验中起着重要作用。其一,情感营销通过创造情感共鸣和提供个性化服务,使旅游者在旅游过程中获得更丰富的情感体验。这种情感体验不仅来自旅游产品或服务本身,还来自与旅游目的地、当地文化和人民的互动。当旅游者感受到旅游活动与他们自身的情感需求产生共鸣时,他们会更加投入和享受旅游过程。其二,通过情感营销,旅游企业可以深入了解旅游者的需求和期望,从而提供符合他们心意的旅游产品和服务,提高旅游者的满意度与忠诚度。此外,情感营销有助于酒店、景区等旅游企业塑造独特的品牌形象。通过故事化的宣传、情感化的广告等手段,企业可以向旅游者传达其品牌理念、价值观。

情感因素还会诱发旅游者后续积极或消极的情感响应,满意的旅游者往往会将他们的美好体验分享给周围的人,从而形成良好的口碑传播。情感营销通过提高旅游者的满意度和忠诚度,间接促进了良好的口碑传播。良好的口碑传播对旅游企业来说是非常宝贵的,因为它能够吸引更多的潜在旅游者,提高企业在市场上的知名度和影响力。

翻转课堂

旅游者地方感

地方感以人类地方体验的主观性为基础,它包括了地方本身的特征与个性,以及人对于地方依附的情感与认同。地方感是一个包容性概念,是指人们对于特定地方的情感依附和认同,主要包括地方依恋和地方认同两个维度,其核心内涵体现出社会文化建构的过程,并始终处于不断变化与发展的过程中。

地方感是一种满足人们基本需要的普遍的情感联系。从段义孚的"恋地情结"到Wright的"大地虔诚",地方感所体现的是人在情感上与地方之间的一种深切的联结,是一种经过文化与社会特征改造的特殊的人地关系。从产生的过程看,地方感是人与地方不断互动的产物,是人以地方为媒介产生的一种特殊的情感体验。经由这种体验,地方成为自我的一个有机组成部分,其意义不能脱离人而存在。从人本主义的角度来看,地方暗示的是一种"家"的存在,是一种美好的回忆与重大的成就积累与沉淀,且能够给予人稳定的安全感与归属感。段义孚将广义的地方感分为根植性（rootedness）与地方感（sense of place）两个维度，其中根植性体现的是一种心理上的情感依附与满足；而地方感表现的则是社会层面上身份的建构与认同的形成。对于能够使人产生强烈的感情体验的地方，人们往往有着强烈的依恋感，而这种情感上的依恋又逐渐成为"家"这一概念形成过程中最为关键的元素。这样的地方在空间上有着多样化的尺度，某个房间、家、社区、城市，乃至国家都可以成为地方感所依附的空间单元。与此同时，人的生命周期、对于地方的感官认知、日常体验和居住时间、社会关系、对地方知识的学习，以及社区的变迁等都会影响地方感强度。地方感往往能重塑人的生活方式与生活态度，并且通过不同的方面体现出来，如城市郊区的乡村景观被称为城市居民对于乡村的情感依恋的寄托。文学作品也能够在字里行间表达作者内心的地方情感。同时，作为一种社会与文化的建构，地方感从来都不是稳定的或一成不变的，而是不断被创造、被操纵的，归属的本质在于改变，而基于地方的认同也从来不是单一与固定的。随着经济、文化、社会的不断转型，以及社会关系的相应改变，地方感被不断重构，被赋予新的含义。从这个意义上说，地方感更多体现的是一种文化的过程。

旅游地地方特色的核心内涵是旅游地的地方性，旅游规划设计的根本任务就是营造旅游地的地方性，增强旅游地的吸引力。地方感理论可为旅游地地方性的营造、地方特色的挖掘和保护提供指导，有助于解决旅游开发中的商业化、舞台化和庸俗化问题。将地方感理论应用于旅游规划，应建立基于地方感的旅游地规划设计理念、方法与程序，并体现在规划调查、研究、规划设计等技术环节中。在旅游规划调研中，应增加旅游者和居民地方感的调研内容。通过调查，了解旅游者和旅游地居民对旅游地环境的感知、使用和评价，确定对旅游者和当地居民具有特殊意义的景观和场所，明确这些场所的地方性特征及其表现元素和象征符号，并运用于旅游景观规划设计中；通过调查，明确旅游地居民的地方依恋和地方认同水平及其影响因素，让旅游地居民能够鉴别那些对他们以及保持他们的文化生活方式有着重要意义的地方和景观，从而制定相应的地方性保护规划，以维系居民与旅游地之间的情感依恋关系。

（资料来源：朱竑、刘博《地方感、地方依恋与地方认同等概念的辨析及研究启示》，以及唐文跃《地方感——旅游规划的新视角》。）

问题：

（1）通过对旅游者情绪与情感的学习，你认为旅游者的地方感是如何形成的？

（2）你认为应如何加深旅游者对旅游目的地的情感？

二、激发旅游者积极情绪与情感

旅游者总是希望在旅游过程中获得诸如愉悦、兴奋、新奇等积极情感,因此旅游目的地和旅游企业应设法为旅游景观注入情感元素,激发旅游者积极的情感体验。例如,乌镇在21世纪初用几年时间创造了中国的旅游奇迹。乌镇在营销传播上加大了投入,借鉴影视剧模式进行宣传,打造出影视剧《似水年华》,一下子就火爆荧幕,吸引无数文艺青年前来旅游。同时,乌镇聘请明星做形象代言人,以"一样的古镇,不一样的乌镇"为诉求,在传播上与竞争对手形成差异化,靠情感营销激发旅游者情感共鸣,增加旅游者对乌镇的认同感和依赖感,使乌镇成为很多人心中的"第一水乡",取得了突破性成功。

值得关注的是,与其他旅游情境下旅游者产生的愉悦情绪不同,在红色旅游和黑色旅游实践中,旅游者在参与体验红色旅游或黑色旅游活动过程中极易产生一些负面情绪,如悲痛、惋惜等,进而激发旅游者对现实的反思,并最终实现教育人、感化人、鼓舞人的积极目的。

翻转课堂

《王者荣耀》为何能给南昌滕王阁、甘肃古丝路带来巨大游客流量?

2023年5月19日,中国旅游研究院发布了《守正创新,融合共生——游戏IP赋能文旅实践报告》(以下简称报告),以《王者荣耀》为例,全面深刻地阐述了游戏IP对于弘扬优秀传统文化及传播城市文化品牌具有重要作用。游戏开发团队在设计游戏时,结合优秀传统文化,将现实世界里的事物数字化,以吸引游客来到目的地旅游、消费。游戏IP赋能文旅主要包括创造新内容、构建新场景、触发新消费、融合新需求四个方向。游戏IP赋能文旅需重点关注需求与供给、地方文旅IP与游戏IP、游客与玩家、线上与线下、虚拟与现实五组关系。

2022年10月,《王者荣耀》携手南昌市文化广电旅游局、南昌滕王阁,通过推出"弈星-滕王阁序"系列活动,将游戏IP的人物形象、气质,与城市更新的形象、气质,进行二元叠加,构建虚拟与现实的桥梁,实现多维度、多视角的灵活接触,唤起公众对于建筑、文学、历史的"集体记忆"。《王者荣耀》与南昌滕王阁共打造的"王者荣耀×滕王阁数字文旅计划"具体内容包括:"弈星·滕王阁序主题皮肤"、系列皮肤同名推广曲《滕王阁序》、"弈星虚拟人数字体验"。其中,"弈星·滕王阁序主题皮肤"的设计融合了千年文化底蕴与意境之美,通过现代化、数字化的手段再现了"落霞与孤鹜齐飞,秋水共长天一色"的重阳美景。系列皮肤同名推广曲《滕王阁序》,通过箫声与古琴声,为人们展开了一幅描绘千百年前美丽景色的长画卷。

而"弈星虚拟人数字体验"则通过加入水墨晕染、金色涟漪、棋子化作孤鹜飞向棋阵等元素,以及画卷展开时伴随着以《滕王阁序》诗词的闪烁,把东方美学的意境与意蕴融入其中,使人感受到滕王阁浓厚的历史文化。

2022年7月,《王者荣耀》与甘肃省文化和旅游厅合作,共同推出"千色云中·发现丝路"数字文旅计划,王者人生APP、同程旅行APP平台推出一系列线上线下推广活动,从"云中沙之盟"虚拟形象到系列伴手礼的实体形象,《王者荣耀》既助力"交响丝路·如意甘肃"品牌影响力提升,推动甘肃文旅在全链条上具备形成IP、展示IP、强化IP的可能,还探索了文旅发展的新模式。

报告指出,游戏IP能多点触发潜在游客做出出游决策,并将地方艺术、地方民俗、地方节庆充分吸收到文旅消费场景,吸引游客探索更多目的地文旅消费内容和产品。游戏IP还能弥合文化遗产与客源市场在本地化、近程化、高频次诉求的供需缺口,既丰富了游客体验和游憩场景,又提升了游客获得感和愉悦感,让游客"易留驻""易沉浸""易复游"。

(资料来源:《〈王者荣耀〉为何能给南昌滕王阁、甘肃古丝路带来巨大游客流量?》,旅新网,2023-05-26。)

问题:

根据情感营销知识,分析案例地如何靠旅游IP赢得游客好感。

三、调控旅游者消极情绪与情感

人们外出旅游的目的是追求愉悦,但旅游者可能因为诸多客观原因或自身主观因素产生焦虑、愤怒、失望等消极情感和负面情绪。当旅游目的地的实际景色、文化、服务等与旅游者的期望存在较大的差距时,旅游者可能会感到失望。旅行中的不确定性,如航班延误、行李丢失、语言沟通障碍等,都可能引发旅游者的焦虑情绪。此外,长时间的行程和紧凑的行程安排也可能导致身体疲劳和心理压力,进而产生焦虑感。旅游服务质量的不足,如导游态度恶劣、酒店服务差劲、景区管理混乱等,都可能导致旅游者愤怒。此外,旅游目的地诚信缺失、遭遇坑蒙拐骗等事件也可能引发旅游者的愤怒情绪。旅游工作者要多花时间和精力,通过空间设计、装修装饰、展品陈列、灯光调节、色彩搭配等手段,为旅游者营造适宜的旅游体验环境。

翻转课堂

景区如何消除旅游者因人多而引起的负面情绪?

宽松的旅游环境是旅游者进行旅游活动的关键条件。旅游者如果在拥挤的景区游览,不仅不能放松心情,反而会情绪变差。近年来,一些不知名的景点通过网络的传播和工具的美化,再加上滤镜和剪辑效果,突然走红,成为"网红景点"。虽然这些景点的经济收入大幅增加,但是旅游人次大幅攀升的同时也造成了许多问题,不仅景区十分拥挤、旅游者体验变差,还对当地景区的发展产生不利影响,所以景区节假日拥挤问题要高度重视。

在人流量大的情况下,景区交通问题、住宿问题都会影响旅游者的心情,同时,旅游者对旅游活动的高期待与现实对比形成极大的落差,也会使其对一点小问题产生不满的情绪。特别是在人多的情况下,各种问题的出现更使得旅游者的旅游质量降低,甚至使其对该旅游城市产生不满情绪。

我国城市热门景区普遍存在节假日拥挤问题,受集中放假安排的影响,春节、国庆节两个黄金周,以及元旦、清明节、劳动节、端午节、中秋节五个小长假等节假日成为居民旅游出行的主要时段。

在商品化的逻辑下,旅游中追求身心修复、美好幸福感受、欣赏自然与文化之美的自目的性减弱,取而代之的是过度竞争、盲目焦虑和对日常生活的不信任感。互联网营销助力下旅游消费市场上热点频繁轮动,旅游者盲目地陷入"尝鲜"和"跟风"状态,导致目的地忠诚度、重游率走低,因此,一方面,旅游者要杜绝非理性的冲动消费、炫耀消费、贪便宜消费和攀比消费;另一方面,在制度层面,要完善休假制度,使公众可以错开高峰期出行,还要认真执行政策,保障公众的切实利益。同时,要加大带薪休假制度的宣传力度,缓解因节假日产生的景区拥堵压力,以实现全体使用者净收益最大化为目标。此外,实行差异化收费也是一种解决拥挤问题的有效手段。景区可以根据人流量的情况,在不同时间段实施不同的收费标准。需要注意的是,景区的收费标准应在政府部门的指导下制定,以保障消费者的权益。

(资料来源:周瑶《"网红景区"节假日拥挤问题探析》。)

问题:

根据本案例情况,谈谈你作为旅游者在节假日遇到景区拥挤问题时会产生哪些情绪,以及这些情绪对旅游体验及目的地形象感知的影响。

本章小结

· 情绪是一种躯体和精神上的复杂的变化模式,是以生理唤起水平、面部表情、姿势和主观感觉的变化为特征的某种状态。

· 情感是人对客观事物是否满足自己的需要而产生的态度体验,是态度在生理上的一种复杂而又稳定的评价和体验。

· 情感是人的稳定、深刻、内隐的态度体验,着重于对事物的感受和主观意义体验；而情绪则是人的情境性、暂时性、外显性的态度体验，着重于描述人的心理活动过程及外部表现，利于测量。

·情绪由三个要素组成，即主观体验、生理唤醒、外部行为。

·从性质出发，情感可分为积极情感和消极情感；根据价值强度和持续时间的不同，情绪可分为心境、激情与应激；根据社会性内容的不同，情感可分为道德感、理智感、美感。

·旅游者情绪与情感主要受旅游者的需要和认知的影响。

·基于旅游者情绪与情感的营销及服务策略：情感营销、激发旅游者积极情绪与情感、调控旅游者消极情绪与情感。

单元训练

在线答题

▼

第四章

一、选择题

请扫描边栏二维码答题。

二、简答题

1.简述情绪与情感的概念。

2.简述情绪与情感的两极性。

3.简述情绪与情感的类型。

4.简述旅游者情绪与情感变化的主要因素。

三、讨论题

1.如何测量旅游者的情绪与情感？

2.旅游目的地如何做好情感营销？

3.可以通过哪些途径激发旅游者积极的情绪与情感？

4.可以采取哪些方式调控旅游者消极的情绪与情感？

第五章
旅游者的态度

学习目标

知识目标：了解态度的基本概念，理解态度作为一种复杂的心理现象的本质；了解态度与行为的关系，理解旅游者态度与其选择旅游目的地、参与旅游活动等行为之间的关联。

能力目标：掌握不同因素对旅游者态度的影响，以及这些影响如何体现在旅游者的行为选择方面；能将理论知识应用于实际情境，通过调整旅游产品的设计和服务，以更好地满足旅游者的需求，从而改变或提升他们的态度。

素养目标：提升对旅游者态度的敏感度，能根据旅游者的态度采取相应的对策建议。

核心概念

态度　旅游者的态度　行为意向

思维导图

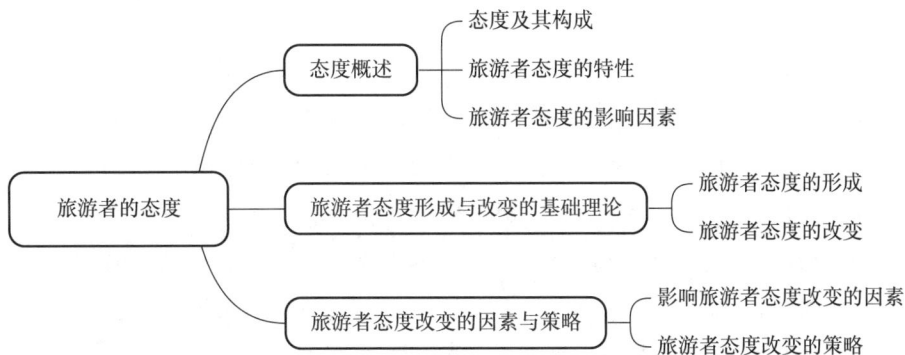

都市人压力繁重 最长黄金周成减压突破口

"一听到邮件的声音就紧张,都快神经衰弱了。必须得离开一阵。"叶子(化名)一边在网上浏览着酒店信息,一边介绍着自己的黄金周计划。作为一名传媒人,叶子已经很多年没能正常休假了。于是她下定决心向领导申请了六天假期——按照网上的攻略,用这六天打通中秋节和国庆节,就能得到半个月的超长假期。叶子决定用这难得的假期玩点不一样的。最终,她为自己设计了一场与众不同的"不插电"旅行。

"不插电"的概念来自国外的unplugged,原本是指不使用电子乐器,不经过电子设备的修饰加工的现场化的流行音乐表演形式,而现在,都市人开始尝试将"不插电"转变为一种旅游态度,即不带电子产品,远离信息爆炸的世界,去感受最本真的旅行体验。在国外,这种旅行已经成为一种潮流,《赫芬顿邮报》还曾特地撰文总结了世界七大"不插电"旅行胜地,让无数旅游爱好者心驰神往。这种远离现代社会的旅游方式背后,其实也反映了现代人要逃离都市的急切心情。

而在国内,这种新奇的旅行方式还颇为小众。毕竟国内还没有非常成熟的度假文化,工作与生活的界限也并不明确,要想在普通假期从繁忙的工作邮件中彻底跳出,不顾领导与客户的来电,未免有些太过"任性"。此外,在现有的假日文化中,传统春节虽然放假时间长,但是其"社交"的文化内涵远远大于"休憩",其他假期则时间过短,只有在黄金周这种长假中,辛劳的人们才能彻底放松自己。虽然大部分人无法像洒脱的叶子一样彻底"不插电",但还是有不少人选择了逃离都市,在自然的怀抱中获得一丝喘息的机会。

去哪儿网的数据显示,2015年1—9月,出游的主要人群是北京、上海、广州等一线城市的22—30岁年轻人,而且旅行目的地多远离城市。位于西南边陲的大理、昆明、丽江、西双版纳成为2015年国内出行预订目的地的前四位。一线城市的年轻白领人群收入较高、生活压力大,外出旅行、接触自然成为他们缓解压力的主要选择,而且这群年轻人为了尽情享受逃离都市的时光,对于旅游品质非常在意,他们的体验感和需求甚至正在重塑酒店预订格局。数据显示,北京、上海、广州、成都、杭州、厦门、深圳、三亚、重庆、西安等城市的居民较舍得在住宿上花钱,以此享受更舒适的旅行。单纯从数据看来,在黄金周,越来越多的都市人选择了逃离都市,和大自然来一场惬意浪漫的"私奔",去寻找心中向往已久的诗和远方。各大商家也开始为这股黄金周的出游热推波助澜。各大在线旅游网站纷纷推出专题特惠,比如去哪儿网 1元便可预订酒店。各地旅游主管部门也陆续推出黄金周主题旅游活动。千佛山等热门旅游景点也陆续推出了折扣门票,希望吸引大城市的黄金周客流。

而在大批都市白领飞向景区的时候,叶子也终于在去哪儿网选定了一家背山面海、远离喧嚣的民宿,而且这家民宿在网络上的活动价格仅仅是线下日常价格的一半。早早决定了旅游计划的叶子并没有提前太久预订酒店。去哪儿网的数据显示,5天内预订酒店的比例高达46.21%,便捷的网上订房方式让许多年轻人选择“说走就走”,这样的随意正源自现代社会互联网的发达。“这也就是半个月,你要真让我一直过上‘不插电’的生活那也受不了。订酒店那得多折腾啊,还贵。”聊到后来,叶子也不禁为自己的计划笑出了声。“就是一种‘示威’吧,小时候离家出走,两小时也就悄悄回来了,要的就是我能做主的感觉。现在过的,怎么说呢,不幸福吧,但是也没法真的离开。”最后,犹豫再三的叶子还是将关闭的手机放到了行李中,作为紧急时刻的备用。

从2015年中国最具幸福感城市排行榜的排名看来,类似叶子这样的情况并非少数。位于排行榜前列的大部分为惠州等二线、三线城市,一些一线城市则被远远甩在30名开外。交通堵塞、竞争激烈、房价高涨等重压令大城市居民的幸福感大幅度降低,而在这背后,丰富的资源、工作机遇、社交环境等便利又令人无法脱离这拥挤的“河道”。也许短暂的逃离并不能改变都市生活的窘困,却能成为这种生活的突破口,给忙碌的都市人带来一丝“小确幸”。黄金周里,一次远离现实生活的远行,让生活在压力之外再多一些自然、多一些释怀;一次“不插电”之旅,可能就是新一轮生活的洗礼。

出门的时候,叶子发布了一条朋友圈:“我即将踏上一次‘不插电’的旅行,没有邮件,没有电脑,有的只是风景和曾经那个欢快的叶子,盲游期间,大家不用担心啦!”

消息发出后,叶子平静地关上手机,正式踏上“不插电”的旅程。

（资料来源:《都市人压力繁重 最长黄金周成减压突破口》,中国新闻网。）

在旅游体验中,每个人都有自己的认知、情感和行为意向。我们应如何探究旅游者的态度? 旅游者的态度具有哪些特性? 旅游者的态度是如何产生和被改变的呢? 旅游目的地经营者可以采取哪些措施改变旅游者的态度? 这些问题都是本章试图回答和阐述的。

第一节　态度概述

旅游者对目的地的选择,很大程度上依赖于其对该目的地的态度。态度是研究旅游者行为的一个重要心理因素,决定着旅游者的活动方向。

一、态度及其构成

"态度"一词源于拉丁语的 aptus,有合适、适应的意思,它最早指身体姿势或身体位置。在现代心理学中,态度(attitude)是指人们对事物所持有的肯定或否定、接近或回避、支持或反对的心理或行为意向,因此,在旅游心理学的具体领域,我们可以对旅游者的态度做出如下界定:旅游者的态度是指旅游者在了解、接触、享用旅游产品和旅游服务的过程中,对旅游体验本身、旅游产品和旅游服务、旅游企业及旅游目的地较为稳定和持久的心理反应与倾向。这种态度决定着旅游者关注什么样的旅游产品和旅游服务,决定着旅游者怎样加工有关对象的信息,决定着旅游者对于有关对象的体验,也决定了旅游者对有关对象做出反应的先定倾向。

人们对他人所持有的态度评价有两种形态,分别是外显态度(explicit attitude)和内隐态度(implicit attitude)。外显态度容易被人们意识和承认,且极易受到社会赞许效应的影响;内隐态度是无意识中自动激活的态度,且不易改变并能保持稳定。人们对外群体的态度评价往往是复杂且矛盾的,常有着以隐性偏见为代表的内隐态度。

心理学家普遍认为态度主要由认知成分、情感成分和行为意向成分构成。

(一)认知成分

认知成分是指个体对外界对象的心理印象,包括对态度对象的理解、知觉和信念等。研究表明,人们对态度对象的认知具有一定的组织性,它在头脑中构成一种既定模式,表现出态度的倾向性。态度的认知与一般的事实认知不同,通常带有一定程度的偏见性。人们对某个旅游目的地的态度认知成分,是由他们对这个地方的所有信念构成的,这种信念包括情感收益(benefit)和客观特征(feature)。例如,海南拥有丰富的海洋旅游资源和美丽的自然风光(这是一种客观特征),因此,这里是休闲度假胜地(这是一种情感收益信念)。旅游目的地需根据景观的客观特征宣传其情感收益,特别是对于客观特征较为单一的旅游目的地。否则,人们就会不知道如何进行评价和做出行为反应。认知成分是态度形成的基础。

(二)情感成分

态度的情感成分即个人对态度对象肯定或否定的评价,以及由此引发的情绪与情

知识链接

▼

阳光海南,
热带天堂

Note

感,是个体对态度对象的一种内心体验。人们在看到海南宣传文案后,宣称"这就是我喜欢的地方",这样的表述就是关于海南的情感性评价。这种整体评价可能是在缺乏关于旅游目的地的认知信息或没有形成关于旅游目的地的信念条件下发展起来的一种模糊的、大致的感觉,也可能是对旅游目的地各种属性进行一番评价后的结果。

情感成分是态度的核心,与行为密切相关。在态度的结构中,情感成分是最稳定的因素,因此,旅游景观生产者越来越关注旅游者态度的情感成分,而不只是把目光投注在认知成分上。

(三) 行为意向成分

行为意向成分是指个体对某事物具有特定反应的行为意向,即准备对态度对象做出什么反应。旅游者对某地有了情感后,就会产生某些行为倾向,这种倾向在合适的时机有可能变成实际行为。例如,当潜在旅游者对西藏产生喜爱的情感后,就可能产生到当地旅游的行为意向。当外在条件成熟后,这种态度最终促成旅游者前往西藏旅游的具体行为。

态度的三种成分之间一般是协调一致的,例如旅游者认为海南冬季阳光充足、温度适宜,就会对海南产生喜欢、愉快的情感,从而到冬季就去海南度假。态度的三种成分之间的协调一致性,对我们研究旅游者的态度和行为的关系是非常重要的。

翻转课堂

旅游纪念品:买还是不买?

随着市场中旅游纪念品的质量参差不齐、同质性越来越高,消费者逐渐对旅游景区内的旅游纪念品提不起兴趣。但近年来"文创十"的旅游开发模式使得一些可爱有趣的旅游纪念品逐渐融入旅游景区和目的地,成为传播旅游目的地历史文化的重要载体,引起旅游消费者越来越多的关注(俞泉,2020)。很多热门旅游目的地营销组织会选择当地独特的代表性文化符号作为旅游纪念品开发与设计的核心元素,通过融入地域文化创意元素,再次将旅游纪念品带到旅游者眼前。譬如,西安的"大唐文化""长安新貌"系列,南京夫子庙的"金陵故事""状元郎""秦淮礼物"系列,北京故宫博物院的"朕知道了"系列。但国内一些旅游纪念品调研报告显示,仍然有接近三分之一的消费者有购买旅游纪念品的意愿,最终却没有为其买单,这种想买却没有买的行为本质上是消费者矛盾态度的表现。虽然行为主义研究认为态度可以预测购买意愿(Upmeyer 等,1989),但在具体实践中,消费者往往会产生矛盾态度,导致态度与行为之间的不一致。态度的矛盾性通常存在积极和消极两个方面(Priester 等,2011),即消费者会被旅游纪念品的审美性、原真性所吸引,但也会关注其价格昂贵、不实用等负面属性,因此,他们在购买过程中产生矛盾心理而放弃购买。

研究发现,无论旅游纪念品是否具有较强的功能性,原真性和审美性无疑是化解消费者矛盾态度的关键,因此,旅游纪念品在设计开发时可以适当降低对功能性的考虑,尝试融入更多的审美元素,如在产品中设计圆润的外观、将历史人物拟人化(设计Q版卡通历史人物)、增加小动物类造型等可以增强审美感知的设计元素(谢志鹏等,2018)。也可以考虑在产品设计上增加一些互动,如以旅游目的地历史文化为背景设计3D立体造型,产品可以发出声音等,这些都有利于加强消费者与旅游目的地之间的情感对话,进而缓和消费者在购买旅游纪念品时所产生的矛盾态度。

此外,即使旅游纪念品的审美性足够高,原真性也依然可以进一步提升消费者购买意愿。虽然大多数旅游纪念品在设计时会考虑到美观性,"文创＋"的快速发展也从设计层面吸引了消费者对旅游纪念品的关注,激发了新一代年轻消费者的兴趣,但在现实消费情境中,一直存在很多旅游纪念品同质化的现象,如动漫手办等。此时原真性的融入为进一步化解消费者矛盾态度提供了有效手段(Kolar等,2010),因此在旅游纪念品的设计上,需要充分考量与旅游目的地历史文化元素的融合,尝试结合旅游目的地文化背景创建当地特有文化IP,在消费者心中树立具有旅游目的地代表性的文化形象,进而设计出一系列具有当地文化代表性的衍生产品,让当地特有文化IP深入人心。此外,旅游目的地在产品设计时也可以通过多种形式对地域文化知识进行普及与宣传,如免费发放与当地旅游文化知识相关的宣传手册,在旅游者服务中心投放旅游宣传片等,以此强化旅游文化元素在年轻一代消费者心中的分量与价值。

(资料来源:陈劼绮、李桂莎、陆林《旅游纪念品:买还是不买?——基于矛盾态度理论的消费者购买意愿研究》。)

问题:

依据旅游者态度构成的有关知识,旅游经营者可采取什么样的策略来提高旅游者的消费意愿?

二、旅游者态度的特性

旅游者的态度一旦形成,通常具备以下特性。

(一) 对象性

态度需要有特定的对象,这个对象可以是人、物,也可以是一种现象或是观念,这些都是态度产生的对象(客体)。任何一种态度都是针对一定的态度对象(客体)发生的。

（二）习得性

态度不是与生俱来的，而是在长期社会实践中不断学习积累而成的。旅游者正是通过自己亲身旅游体验，或与其他社会成员、参照群体等互动，逐渐形成对特定对象（客体）的态度。

（三）稳定性

态度是稳定和持久的，态度形成后能够保持相当长的时间不变。态度构成了个性，它使人在行为反应上对同一对象表现出一定的规律性，从而有助于人们对外在事物进行适应，快速做出决策。例如，当旅游者在某品牌酒店产生一次愉快的住宿体验后，对该品牌酒店形成了正面、积极的态度，在以后的住宿预订决策中，旅游者就会倾向于继续选择该品牌酒店。

（四）内隐性

态度是一种内在结构，对于其他人的态度，我们只能从其外显行为中加以推测。例如，一个人总是夸赞九寨沟，那么我们可以从其行为来推测他对九寨沟持有积极态度。

翻转课堂

爱恨交织：矛盾态度对消费者出国旅游决策的影响研究

基于矛盾态度理论（Kaplan，1972；Priester 等，1996），消费者对特定国家的敌意与对该国作为旅游目的地的善意可共存，不一定此消彼长；当两者均达到较强程度且大致相当时，消费者可能对该国家目的地形成较强烈的矛盾态度。

当消费者同时持有对特定国家的敌意和对该国作为旅游目的地的善意，并由此形成矛盾态度之后，多种情感交织在一起，消费者的心理与情感资源可能被过度使用，从而产生疲劳和有压力等感觉，造成消费者情感耗损。消费者在情感耗损后处于疲劳状态（Maslach 等，1981；王红丽等，2016），没有更多的心智资源与精力对出国旅游决策进行系统式处理，从而缺乏决策自信（Jonas 等，1997），这可能导致旅游意向的降低。与此同时，消费者在情感耗损后制定出国旅游决策，会体验到紧张、挫折和压力等负面情绪（Maslach 等，1981），使得出国旅游决策变得困难（Greenspan，1980），导致消费者对出国旅游决策拖延（van Harreveld 等，2015）甚至回避（Jin 等，2006），这同样可能降低旅游意向。

有少量研究在消费者购买决策中，探讨了当消费者对同一态度对象同时持有积极与消极态度时,其对商品等的矛盾态度的形成机理。研究发现,在消费者出国旅游决策中,当消费者对特定国家目的地同时持有较强程度且大致相当的善意与敌意时,其会对该国家目的地形成较强烈的矛盾态度。

（资料来源:杨一翁、许研、罗文豪、陶晓波、刘培《爱恨交织:矛盾态度对消费者出国旅游决策的影响研究》。）

问题:

举例说出你对几个出境游旅游目的地所持有的态度。这些态度是如何形成的?哪些因素或事件导致了态度的变化?

三、旅游者态度的影响因素

态度属于行为的指导和动力系统,是行为的重要预测变量,了解旅游者态度对旅游工作者有重要意义。大多数学者对态度与行为之间的关系持肯定的意见,认为态度与行为之间呈正相关,即一个人的态度决定了其行为。比如,某旅游者对 A 国家持有负面的、消极的态度,那么他就不会到这个国家旅游;或者某旅游者认为不应观赏动物表演,那么他就不会去观赏动物表演。旅游者态度和行为之间的关系受到若干因素的影响,如态度的强度、态度的时间跨度等。

但也有研究表明,态度的三个成分之间可能存在不一致的现象。在通常情况下,当态度的三种成分出现冲突时,情感成分起主要作用。比如某旅游者不太喜欢 A 国家,可能受种种因素影响,其认知、情感和行为意向之间会表现出很复杂的关系。也就是说,旅游者对目的地有正面的认知和情感不一定导致实际的旅游行为,对目的地有负面的认知和情感也不一定不会前往该地。

知识链接
▼

言行不一

第二节　旅游者态度形成与改变的基础理论

了解旅游者的态度对旅游经营者有着重要意义,本节将介绍有关旅游者态度形成与改变的基础理论。

一、旅游者态度的形成

（一）凯尔曼的阶段论

20世纪50年代,美国心理学家凯尔曼(Kelman)提出态度形成有三个阶段,即服从阶段、同化阶段、内化阶段。

1. 服从阶段

在服从阶段，人们为了获得物质与精神的报酬和免于惩罚而采取的表面服从行为，不是个体真心愿意的行为，态度也不是个体内在的心理特征，而是个体一时地顺应环境要求的行为。其目的在于获得奖赏、赞扬和被他人认可，或者为了避免被惩罚、受到精神伤害、造成物质的损失等。当旅游者的行为不再受到管制，或者可以有其他选择时，服从行为就很容易改变。例如，旅游者喝百事可乐可能仅因为酒店客房内只提供了百事可乐。

2. 同化阶段

这个阶段个体不是被迫而是自愿地接受他人的观点，使自己的态度与他人的要求相一致。与服从阶段的态度不同，同化阶段的态度不是在环境压力下形成或转变的，而是出于个体的自觉或自愿。

3. 内化阶段

内化是指人们从内心深处真正相信并接受他人的观点，进而改变自己的态度，并自觉地指导自己的思想和行动。在内化阶段，人们把新的观念与思想纳入自己的价值体系，以新态度取代旧态度，使新态度成为自己态度体系的一部分，只有到了内化阶段，态度才是稳固的，才真正成为个人的内在心理特征。

从服从阶段到同化阶段，再到内化阶段，态度的形成是一个复杂的社会心理过程，但并不是所有人对所有事物的态度都要经历这个过程。人们对一些事物的态度的形成可能经历了整个过程，但对其他事物的态度可能只停留在某个阶段。

（二）期望-效价理论

期望-效价理论是美国心理学家和行为科学家维克托·弗鲁姆（Victor H. Vroom）于1964年提出的关于态度形成的假说。该理论假定，个体采取某种态度，取决于个体对于这种态度结果利弊的评价。维克托·弗鲁姆认为，所谓期望，是指个体感知到的某种行为将导致特定结果的可能性；而效价则是指对行为结果积极性或消极性的评估。面对多种行为选择时，最可能成功且包含最大价值的行为才是最优先的选择。

态度学习理论认为个体态度是在外界信息、群体等因素影响下被动接受形成的；而期望-效价理论认为人们会主观地决定各种行动所期望的结果的价值，从个人追求目标的角度来研究个体态度。

二、旅游者态度的改变

（一）认知平衡理论

美国社会心理学家弗里茨·海德（Fritz Heider）在1958年提出认知平衡理论，该理论提出：个体在人际关系和事物态度中通过改变自身最少的情感关系来获得认知上的平衡。海德认为认知平衡状态是一种理想的、令人满意的状态，一旦人们在认知上有了不平衡或不和谐性，就会在心理上产生紧张、焦虑等情绪，从而促使他们的认知结构向平衡、和谐的方向转化。

这种理论通常用"P-O-X"模型说明其原理。P代表认知主体，O为与P发生联系的另一个体；X则为P与O发生联系的态度对象。P、O、X这三者具有情感或态度上的联系，态度可以是肯定的，也可以是否定的。反映P的认知结构中三者关系既可以是平衡的，也可以是不平衡的。如图5-1所示，当三方关系均为肯定，或两方为否定、一方为肯定时，主体P是处于平衡状态，否则主体将处于不平衡状态。认知平衡理论强调人际关系对态度的影响力，运用在旅游者态度上，可以发现旅游者身边的人际交往群体对其态度改变具有很大的影响，旅游者对某一旅游产品的态度很有可能与其身边关系亲密的人态度相一致。

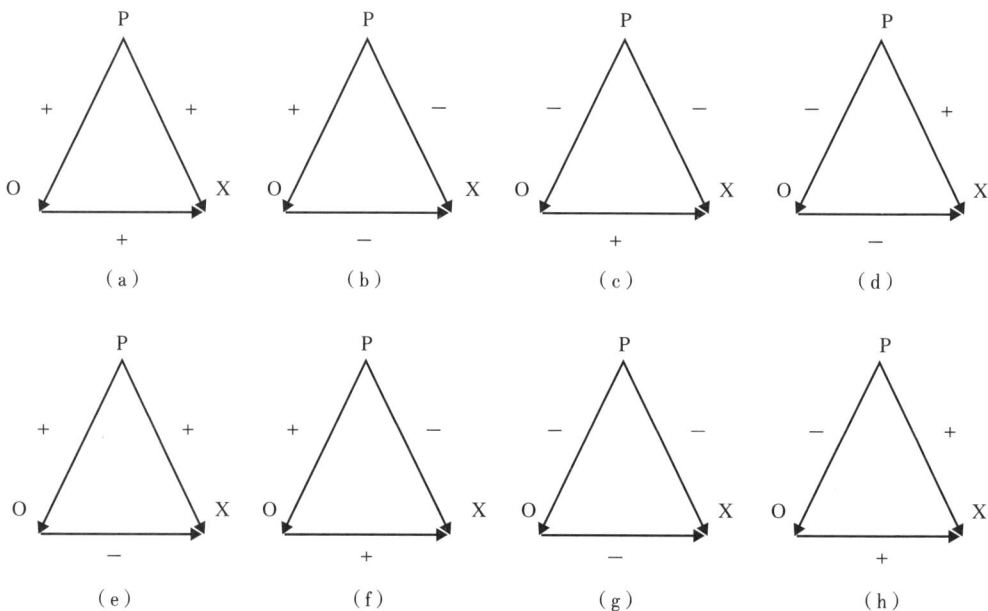

图5-1　"P-O-X"模型

（二）认知失调理论

认知失调理论是美国社会心理学家费斯汀格（Festinger）提出的，这是另一个关于态度改变的重要理论。这一理论的基本出发点是，个体在观点、态度、行为等之间具有一种一致或平衡的取向，即两个认知元素之间要达到一致的趋向。当这些认知因素存在相互冲突的情况，就会出现认知失调状态，这种状态是令人不愉快的。例如，一个人意识到熬夜是对健康有害的，但每天晚上又迟迟不肯入睡，他的这种想努力早睡的态度和熬夜的行为就产生了矛盾，引起了认知失调。对此，个体为了改变这种失调，就必须采取一些方法使认知相一致。改变这种失调的方法通常包括：①改变态度。改变自己对此事（熬夜）的态度，使其与以前的行为认知一致（如熬夜是当代人无法避免的，我也不需要改变）。②增加新认知。两种认知出现不一致时，可以通过增加新的认知来减少认知失调（如新的研究表明，采用四小时高效睡眠法，睡得少也可以精力旺盛）。③提高认知的重要性。提高其中一个认知的重要性（如在深夜思路更清晰，有助于写作和思考）。④改变行为。使自己的行为不再与态度有冲突（如不熬夜了，尽早入睡）。

（三）学习理论

20世纪50年代由卡尔·霍夫兰（Carl Hovland）等人提出的学习理论指出，态度由学习得来，态度改变与学习是同一过程。霍夫兰还提出，当接收者认为传递信息的人在刻意影响其原定思维及行为方式时，其态度不易改变；但是如果接收者不认为传递者在试图操控他们，这样在心理上就没有了阻抗的影响，其态度易于改变。霍夫兰关于态度改变的研究，对传播理论做出了重大贡献。

对旅游者来说，个体将某一态度对象的情感迁移到与之相关的对象上，引起相应的情感体验，从而就会产生说服效果。学习理论强调情境和反应之间的联结作用，认为态度改变是一种情感迁移机制。研究者认为，当人们的情绪状态与信息的情绪框架相匹配时，他们更容易被说服（De Steno、Petty、Rucker 等，2004）。在许多景区和酒店宣传片中，我们都可以看到温馨的家庭、身心愉悦的旅游者，这使得观看者喜爱和认同宣传片中的角色，产生近乎真实的临场感，从而唤起强烈的情绪反应。

第三节　旅游者态度改变的因素与策略

当旅游吸引物受旅游者偏爱时，经营者应保护和强化旅游者态度；当旅游吸引物处于不利地位和状态时，经营者要设法改变旅游者对于旅游吸引物的态度。了解旅游者的态度是为了对其施加影响，从而最终影响旅游者的行为，因此，本节将探讨影响旅游者态度改变的因素，以及旅游者态度改变的策略。

一、影响旅游者态度改变的因素

（一）旅游者本身的因素

旅游者的需要、性格、智力水平、自尊心等，对态度的改变都会产生影响。

1. 需要

态度的改变与旅游者当时的需要密切相关，如果能最大限度地满足旅游者当时的需要，则容易使其改变态度。

2. 性格

从旅游者性格特点来看，依赖性较强或比较随和的人更容易相信权威、崇拜他人，因而态度容易发生改变;反之,独立性较强、自信心强的人不容易被他人说服,因而态度不容易发生改变。

3.智力水平

一般而言,智力水平高的人,通常具有更强的判断能力,准确分析各种观点,因而态度不容易受他人左右;反之,智力水平低的人,难以判断是非,容易受他人观点影响,因而态度改变比较容易。

4.自尊心

自尊心强的人,心理防卫能力更强,不会轻易接受他人的劝告,因而态度改变比较难;反之,自尊心较弱的人则更容易发生态度改变。

(二)态度的特征

态度的强弱、态度形成因素的复杂程度和态度形成后的持续时间等都能对旅游者态度的改变产生影响。

其一,旅游者对不同程度的刺激会产生不同的心理反应。旅游者受到的刺激越强烈,态度的强度就越大,因而形成的态度就越难以改变。例如,旅游者在某地旅游时遇到宰客行为,旅游商品价格较高,且质量没有期望值高,就会导致旅游者对该店铺乃至整个旅游目的地产生强烈的不满。这种态度一经形成就很难改变。

其二,态度形成的因素越复杂,态度的改变就越困难。例如,一个人对某地的否定态度如果只依据一个事实,那么只要证明这个事实是纯偶然因素造成的,这个人的态度就容易改变过来;而如果态度是建立在许多事实的基础上,则态度的改变就十分困难。

其三,态度一经形成后,持续的时间越长越容易根深蒂固。很多旅游企业非常注重对旅游者态度的调查,了解旅游产品在旅游者心目中的形象,一旦发现问题立刻着手解决,以防旅游者消极或否定态度的固化。

二、旅游者态度改变的策略

(一)改变认知成分

一种常用且有效的改变态度的方法是改变态度中的认知成分。具体可以通过改变已有认知、改变权重、增加新认知和调整预期等策略来改变旅游者态度中的认知结构。

1.改变已有认知

通过提供事实或者说明,旅游经营者可以改变一个现有的、根深蒂固的认知评价,改变人们对某景区、旅游目的地属性的态度。这就要求旅游经营者将一个更积极、更高层次的结果与该认知相结合。例如,当前由于各种新媒体平台的带动,到世界遗产地去"打卡"成为某种文化品位或消费能力的标签,这些认知的改变使遗产旅游爆火。

2. 改变权重

人们会认为旅游目的地的某些属性比其他一些属性更重要,旅游经营者可以通过改变已存在的认知权重来试着改变旅游者态度,可以提高有关积极认知的权重,或降低消极认知的权重。例如,一部分旅游者认为民宿的装饰风格和配备的生活设施,比现代化装修风格和专业周到的服务更为重要。旅游经营者应根据旅游目的地现状,有针对性地刺激旅游者的消费欲望。

3. 增加新认知

增加新认知是另一种改变态度中认知成分的方法,目的是使旅游者在现有信念的基础上,增加对旅游产品或服务的新认知。这是一种较常见的态度改变策略,旅游目的地和旅游企业可以通过更新旅游产品与服务,使旅游目的地保持吸引力和生命力,并借助沟通与营销策略,将这些信息传递给潜在旅游者。

4. 调整预期

旅游经营者还可以通过调整旅游者预期的方式改变旅游者对于旅游目的地的认知。从某种意义上讲,就是旅游经营者需要使旅游者的实际体验高于预期。

（二）改变情感成分

旅游目的地和旅游企业可以试图提升旅游者对某景点或景区的好感度,一旦旅游者产生旅游需要,这些积极的认知就会引导潜在旅游者前往该地旅游。具体可以通过经典性条件反射、激发对相关事物的情感共鸣和增加接触等方式来改变情感成分。

1. 经典性条件反射

运用经典性条件反射是一种直接影响情感成分的方法。旅游目的地可以选择人们喜欢的某种刺激,如某种食物,并将其不断地与旅游目的地相联系。过了一段时间后,与之相联系的正面情感就会转移到该旅游目的地。

2. 激发对相关事物的情感共鸣

如果旅游目的地的宣传大使或形象代言人能产生积极效果(被喜欢),那就能够改变旅游者对旅游目的地态度的情感成分。例如,请深受大众喜爱的名人代言可以提升人们对旅游目的地的喜爱度。

3. 增加接触

尽管这种方式与态度之间的关系存在争议,但有证据表明,增加接触、反复传递信息能够促使情感的产生。这意味着,向人们不断地、大量地展示某旅游目的地能够使其对该旅游目的地产生积极的态度。例如,可以通过大量、反复播放旅游宣传片提升人们对某地的喜爱度。

（三）改变行为意向成分

旅游者的行为意向主要受个人态度、主观规范、知觉行为控制三种相关因素的影响。

1.个人态度

旅游者在决策时,通常更容易将从直接经验中获得的标准作为参考依据。态度的可接近性是指个体获得直接经验的容易程度。态度的可接近性越大,所对应的信念强度就越高,相应地对行为意向的影响也越大。例如,在日常生活中关注动物保护、认可动物友好型旅游的理念的旅游者在进行旅游方式、旅游产品的选择时,就会考虑到与动物的互动方式、接触距离。

2.主观规范

主观规范是指个体在决定是否做出某一特定行为时所感知到的社会压力,它较多受到周围社会环境和他人因素的影响。主观规范包含两层含义:一是规范信念,即旅游者预期到重要他人认为一种行为是否应该发生的强度,这些"重要他人"可能是某网络平台的KOL,以及身边的亲人、朋友、同学、有旅游经验的熟人等;二是旅游者对信念的遵从动机,即旅游者在进行旅游决策时,顾及他人预期的可能性。

主观规范是个体在特定社会环境中,由于感知到重要他人或集体的期望而产生的行为决策的影响因素。它是旅游者个体行为决策过程中的一个重要组成部分,有助于解释和预测旅游者的行为选择。

3.知觉行为控制

知觉行为控制是指个体感知到做出某一特定行为的难易程度,它反映的是个体对促进或阻碍特定行为的因素的知觉。当个人认为自己所掌握的资源与机会越多、所预期的阻碍越少,则知觉行为控制就越强。影响知觉行为控制的方式有两种:一是使行为意向具有动机上的含义;二是能直接预测行为。旅游者知觉行为控制不仅涉及个体在做出该行为时的知识、技能等内部控制因素,还与个体感知到的外部因素有关,如资源、时间的限制及他人的合作程度等。

翻转课堂

"网约导游"叫好不叫座?

"网约导游",自问世起就被视为解决宰客、甩团、强制购物等"导游之痛"的市场利器。2016年5月,国家旅游局出台了相关政策,广东、吉林、湖南等多地陆续启动线上线下导游自由执业试点工作,携程、同程旅行、途牛等在线旅游企业也已加入。《羊城晚报》记者调查发现,试点运行几个月来,"网约导游"遭遇呼声高、现实冷的窘境。业内专家建议,要想让"导游自由执业"更好地发挥作用,还应尊重市场规律。

所谓导游自由执业,简单地讲,就是导游可以更自由地提供导游服务并获得相应收入,游客则可以通过"网约导游"或者线下预约的方式选择更符合需求的导游服务。

长期以来,我国导游分为签约导游和社会导游两种。前者归旅行社管理,有底薪和保险,劳动权益相对有保障;后者属兼职人员,无固定收入,无社会保险,工作稳定性差。相关数据显示,社会导游人员数量占全国导游人员总数的70%左右。推行导游自由执业拓宽了导游收入渠道,可以让优秀导游脱颖而出。社会导游有了更多的接单机会,不再单纯地依赖旅行社;而游客在选择导游时,也可以像网购其他商品一样,以"口碑"为导向,获得更符合需求的服务。

作为桂林的一名社会导游,小李国庆节前从携程获得了第一单网约导游工作。小李告诉《羊城晚报》记者,网约导游不受线路制约,导游与游客之间更像朋友,她很看好这种方式。很多游客也表示,能够自主选择导游可以有效避免"黑导游""导游变导购"等情况发生。

另据国内多家在线旅游平台和大型旅行社提供的数据,近几年全国散客自由行与跟团游的比例大致为7:3,因此,自由行市场让人们对导游自由执业发展持乐观态度,甚至有人预测"网约导游"会像"网约车"一样火爆。

距各地上线导游自由执业试点已过去一段时间,《羊城晚报》记者调查发现,不少试点生意冷清,并未出现预期效果。广东是全国旅游大省。2016年7月份,广东首家线上导游自由执业试点单位正式落户广之旅。记者登录广之旅的官网了解该社导游自由执业情况。虽然平台没有公布每位导游具体订单数,但从公布的对导游的评价内容来看,有的导游一条评价信息也没有,大部分导游也只有一两条评价。面对如此少的点评数,广之旅坦言目前自由执业导游获得的订单数量并不多,原因主要是平台尚未对此项目进行大规模的宣传推广。

携程是国内知名在线旅游企业,也是较早上线导游自由执业试点的线上平台之一。记者查看发现,"导游自由执业"在这里"藏得有点深"。有游客就表示,如果不提前详细告知游客则很难找得到。记者进一步查看发现,当旅游地点选定"广州"后,该平台仅显示有9位导游可以接受预订。从携程公布的导游订单数看,有的导游还未接到第一单。供职于广州某大型旅行社的专职导游赵林告诉记者,如果按照自由行的需求量,无论是自由执业导游数量还是订单数,试点的数据都有待进一步提升。随后,记者还查看了其他线上试点情况,订单量偏少、参与自由执业导游数量不多的情况普遍存在。

导游服务费是推行导游自由执业后的关注焦点。平台方公开的费用显示,最低为200元/天,高的可以达到800元/天。广之旅介绍说,平台上自由执业导游定价标准主要依据内部标准。"根据国家旅游局的相关规定,结合广之旅多年旅游经营、导游管理的经验,制定了一系列合同及管理制度。导游服务费主要由基本服务费、语种补贴、级别补贴构成,而导游级别主要依据该导游的带团天数、服务接受者评价以及培训考试等情况评定。"

另一位桂林自由执业导游小张告诉记者,她在几个平台注册了自由执业导游。"不同平台给出的标准不同,有一些平台给导游制定的是固定标准200元/天。如果带团5人以下,这个价格还可以接受。如果超过10人,我觉得有点低。"小张说,如何让导游服务费用更灵活,是吸引导游自由执业的关键因素。

"全国优秀导游员"林哲表示,制约导游自由执业推广的现实门槛还有保险问题。根据《国家旅游局关于开展导游自由执业试点工作的通知》,参与自由执业的导游应具有导游自由执业责任保险,每次事故每人责任险不低于50万元,用于导游自由执业过程中对旅游者和第三人人身财产及其他损失的赔偿。"导游自由执业责任保险相当于旅行社责任保险,参照旅行社责任保险,保费为8000元左右。"林哲说,导游未来一年带团数量和人数处于未知状态。如果保费由导游承担,导游带团收入又不抵保费的话,就会影响导游参与的积极性。不同平台对于导游责任险的交纳主要采取模糊处理:一是保费由平台方出,但平台仅对平台所在旅行社内部导游开放;二是暂时未收取保费,未来会研究具体收取方案。

调查还发现,导游自由执业遇冷,还与游客态度密切相关。"200元一天的价格,感觉还是高了。如果只是两个人出游,去云南玩一个星期,仅导游费就要1000多元,整体开销偏高。"一位准备出发去云南的广州大学生说。还有游客称,如果只是一日游,报团更划算。"当地一日游的团费,一个人只要百来元既包交通又包餐,还有导游讲解。"还有人认为,如果选择自由行,更喜欢自己做攻略,不需要另请导游。

对于自由执业导游的投诉索赔问题也让游客产生顾虑。"从旅行社报团,导游有问题可以找旅行社。现在自由选导游,一旦出了问题,只能赔偿几百元导游费。"一位计划出行的游客告诉记者,他从平台方了解到的情况是,导游服务费会先打到第三方账户,如果游客不满意,经平台核实后,费用会退给游客,至于其他赔偿就非常难争取了。

(资料来源:吴珊《"网约导游"叫好不叫座?》,《羊城晚报》,2016-11-02。)

问题:

旅游者态度是否可以改变?请分析使旅游者态度发生改变的方式及策略。

本章小结

· 在现代心理学中,态度是指人们对事物所持有的肯定或否定、接近或回避、支持或反对的心理或行为意向。

· 旅游者的态度是指旅游者在了解、接触、享用旅游产品和旅游服务的过程中,对旅游体验本身、旅游产品和旅游服务、旅游企业及旅游目的地较为稳定和持久的心理反应与倾向。

· 态度主要由认知成分、情感成分和行为意向成分构成。

· 旅游者的态度具有对象性、习得性、稳定性、内隐性等特征。

· 态度与行为之间既存在一致性,又存在不一致性。

· 旅游者本身的因素和态度的特征都影响旅游者态度改变。

单元训练

在线答题
▼
第五章

一、选择题

请扫描边栏二维码答题。

二、简答题

1. 简述旅游者态度的定义与构成。

2. 简述旅游者态度的特性。

3. 什么是主观规范? 它如何影响旅游者的态度?

4. 改变认知成分的策略有哪些?

三、讨论题

1. 如何通过改变情感成分来触动旅游者?

2. 试用"P-O-X"模型解释旅游者态度改变的认知平衡理论。旅游者可以通过哪些方式恢复平衡状态?

3. 旅游者游览某地后,有时会改变对该旅游目的地的态度,如何使用认知失调理论解释这种变化?

第六章
旅游者的个性

知识目标:掌握个性、个性心理特征、个性心理倾向性的概念;掌握影响个性形成和发展的因素;了解个性倾向与旅游行为;了解生活方式与旅游行为;了解自我状态的三副不同面孔;了解自我状态与旅游决策。

能力目标:提升发现问题、分析问题和解决问题的能力;提升团队合作能力与人际交往能力;提升语言表达能力和创新思维能力。

素养目标:培养良好的服务意识和团队精神;培养良好的旅游职业认同感、责任感、荣誉感。

个性　个性心理特征　个性心理倾向性

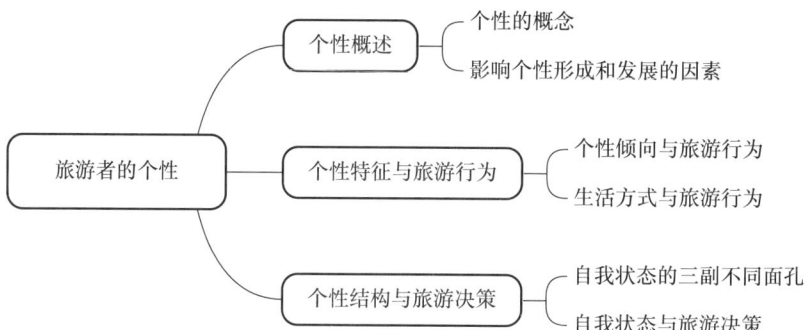

人生是一场旅行,旅行是很多人钟爱的休闲方式,观察一个人的出行方

式,也许就能推测其潜在性格。

有的人旅行时会选择跟旅行团,方便省事。这样的人通常比较理性,喜欢将事情计划得井井有条,不期待什么惊喜,也不希望有任何纰漏,跟他们在一起会让人有安全感。还有一部分人喜欢背包自助游,这样的人个性独立,富有创造性,很少被传统思想所束缚,与他们在一起会获得惊险、刺激。

有的人非常喜欢去海边玩,他们性格略显保守,喜欢安静,渴望远离喧嚣,享受孤独,但做起事情来一心一意、认真投入;还有人特别喜欢爬山、攀岩,这样的人通常精力充沛、活力四射,喜欢挑战自我,为人谨慎,责任心强。

有的人喜欢借用旅行的机会,前往各处探亲访友,这种人往往性格开朗、热情,擅长与不同的人打交道,内心较为充实,他们为人诚实可靠,对朋友关怀备至;还有一些人喜欢出国旅行,这样的人往往富于幻想、追求潮流,懂得调节自己的情绪,向往逍遥自在的生活。

心理学家研究发现,一个人潜在的性格可以通过一个人的旅游方式推测出来。很多现代人都喜欢旅游,从一个人的旅游偏好可以看出一个人的个性特点与内心活动倾向,了解一个人喜爱的旅游方式,可以推测出一个人的潜在的性格与心理活动特点。

第一节 个性概述

一、个性的概念

个性又称人格,在心理学领域里用个性表示个体的差异。个性是每个人所特有的心理和生理特征的有机结合,包括遗传和后天获得的成分。个性使一个人区别于他人,并可以通过一个人与环境和社会群体的关系表现出来。很多学者将"个性"定义为,个体在先天素质基础上,在一定的社会环境中,通过一定的社会实践活动,形成和发展起来比较稳定的心理特征。

个性心理包括个性心理特征和个性心理倾向性。个性心理特征是指区别于他人,在不同环境中经常表现出来的本质的、稳定的心理特点,主要包括气质、性格和能力。个性心理特征是多种心理特征的独特组合,它可以集中反映出人的心理面貌的差异。个性心理倾向性是指人在与客观现实交互作用的过程中,对事物所持有的看法、态度和意识倾向,具体包括需要、动机、兴趣、态度、理想、信念和价值观念等。个性心理特征和个性心理倾向性这两个因素彼此联系、错综复杂地交织在一起,从而构成了人与人之间千差万别的个性。

在旅游领域中,研究个性的目的是了解旅游者行为的差异,从而可以预测旅游者的行为,并采取相应的措施有的放矢地调节旅游者的行为。对个性理论的研究还可以帮助旅游企业根据旅游者的不同个性特征制定有针对性的营销策略。

二、影响个性形成和发展的因素

个性的形成主要受先天遗传因素、社会因素和社会实践三个方面的影响。

(一)先天遗传因素是个性形成和发展的基础

人们的基因总是各不相同的,婴儿一出生就已从父母那里继承了一些遗传特征。这些先天遗传的特征,如个体的神经活动类型、感官特点、智力潜能、身体状况、体貌特征等,都对个性的形成起基础性的作用,直接影响人们形成不同的个性。遗传因素是个性形成和发展的前提条件,但对个性的形成并不独立起作用,也不能起决定性作用。现代心理学的研究成果认为,社会文化因素和社会实践活动在个性的形成过程中更为重要。

(二)社会因素是个性形成和发展的重要条件

人是具有社会性的,人都是社会的人。社会发展过程中所形成的文化对个体个性的形成产生重大的影响。在诸多影响个性形成的社会因素中,家庭环境、学校教育和社会文化是较直接、较重要的影响因素。

1. 家庭环境对个性的影响

家庭是儿童生活的主要场所,在人们个性形成的关键时期——儿童期和青少年期,家庭生活的时间约占全部生活时间的三分之二。家庭成员中的成年人尤其是父母,其生活经验、价值观念、行为方式等都可以通过言传身教或其他潜移默化的方式影响儿童的个性。父母是儿童模仿的对象,因此,父母本身的个性特征也能通过言传身教直接对子女的个性产生影响。子女的个性与父母相似,不仅仅因为遗传,家庭环境和家庭教育也对子女的个性产生深刻影响。

2. 学校教育对个性的影响

学校是人们接受系统教育的场所。学校教育通过教学活动,有目的、有计划地对未来社会成员施加规范性的影响。学校不仅教授文化知识,还引导学生理解并遵守社会规范和道德标准,促使学生的个性向适应社会规范和价值观念的方向发展。

3. 社会文化对个性的影响

社会文化时时刻刻都在约束着个体的言行,塑造着适应社会文化要求的个性。为了更好地在社会中生存,个体在成长过程中必须以各自的方式对社会的要求做出反应,这就导致个性与社会文化的高度一致性。

（三）社会实践是个性形成和发展的主要途径

个性是在不断认识客观世界的社会实践中形成的。在社会实践中，个体扮演着不同的社会角色，承担着相应的社会责任，这就促使个体在社会实践中逐渐形成符合社会要求的态度体系、行为方式等个性特征。家庭环境、学校教育和社会文化对个体的影响，为个性的形成和发展指明了方向、奠定了基础，但个体最终能形成什么样的个性，还要经历社会实践。个体在社会实践中获得的各种经验都在塑造着其独特的人格。

第二节　个性特征与旅游行为

目前学术界虽然对个性特征没有统一的定义，但个性作为人的复杂心理现象，对人的行为产生着极其深刻的影响。在旅游领域，旅游者和潜在旅游者的个性特征也同样与其旅游行为之间存在着十分复杂又非常紧密的联系。本节从实际应用的角度，借鉴国内外心理学者的研究成果，从个性倾向、生活方式等几个方面讨论各种个性特征与旅游行为之间的关系。

一、个性倾向与旅游行为

瑞士心理学家卡尔·容主张按照态度类型将人分为内倾型和外倾型两类。

内倾型的人感到自身具有绝对价值，在正常情况下重视自己和自己的主观世界，看待事物通常以自己的观点为准则，不善于表达情绪。他们喜欢自我思考，喜欢独处，沉静，畏缩，多疑，对他人存有戒心。这种人通常要经过反复斟酌才会下结论，不愿意发表自己的意见，愿意服从领导和他人的安排，在压力面前常常会退缩。

外倾型的人与内倾型的人相反，其性格外向，感到身外具有绝对价值，身外主要指他人和外在的客观世界。其特征为注意力及兴趣一般指向外部，用客观标准评价事物，易对外界刺激产生反应。这种人善于交际，愿意发表自己的意见，适应能力强，喜欢活动，乐观开朗，易冲动。

在实际生活中，内倾型和外倾型并不是各自独立的两个极端。大多数人介于卡尔·容所描述的外倾型和内倾型之间的某一位置，兼有内倾型和外倾型的特征，只不过有的人偏向内倾型，有的人偏向外倾型而已，没有一个人是完全的内倾型或完全的外倾型。此理论为人们提供了一种观察个性的方法。

美国心理学家普洛格将个性心理特征分为心理中心型、接近心理中心型、中间型、接近他人中心型、他人中心型（见图6-1）。普洛格发现，在总人口中，人们的个性心理特征几乎呈正态分布，极端的心理中心型和他人中心型为少数，大多数人的个性心理特

Note

征都在某种程度上介乎于两者之间。心理中心型的人以自我为中心,计较小事,患得患失,不敢冒险;而他人中心型的人以他人为中心,喜欢冒险,性格外向,喜欢接触外界事物,乐于在生活中尝试和体验新奇。

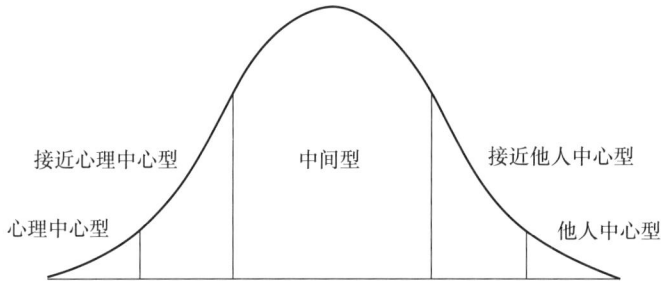

接近心理中心型　中间型　接近他人中心型

心理中心型　　　　　　　　　　　　　他人中心型

图 6-1　普洛格的个性心理模型

在旅游活动中,不同个性类型的旅游者在旅游行为方面也存在较大的差异。心理中心型旅游者往往对旅游活动持不确定性和不安全感,他们喜欢选择与他们居住环境相似的旅游目的地;他人中心型旅游者喜欢单独旅行,进行文化探索,在旅游活动中寻求冒险经历;占总人口大多数的中间型旅游者喜欢去知名的旅游景区、景点,而不是参加探险或冒险活动。普洛格对不同类型旅游者的旅游行为做了大量的调查,发现心理中心型与他人中心型旅游者的行为特征在许多方面都存在明显的差异(见表 6-1)。

表 6-1　心理中心型与他人中心型旅游者的行为特征

心理中心型	他人中心型
选择熟悉的旅游目的地	选择非旅游目的地
喜欢旅游目的地的一般活动	喜欢在别人来到此地前享受新鲜的体验和发现的喜悦
选择日光浴和游乐场所,要能无拘无束地休息	喜欢新奇的、不寻常的旅游场所
活动量小	活动量大
喜欢驱车前往的旅游目的地	喜欢坐飞机前往旅游目的地
喜欢设施设备完善的旅馆,以及正规的旅游商店	对旅馆的设施设备和伙食没有过高要求,不一定要现代化的大型旅馆,不喜欢专门针对旅游者的商店
喜欢温馨的家庭气氛、熟悉的娱乐活动,不太喜欢国外的氛围	愿意接触他们所不熟悉的文化或国外的居民
要将旅游行装准备齐全,所有日程都要事先安排妥当	旅游的安排只包括最基本的项目,留有较大的余地,灵活性较大

Note

　　根据内倾型与外倾型旅游者、心理中心型或与他人中心型旅游者的行为特征,可以做出这样的推断:他人中心型或外倾型旅游者往往成为新旅游目的地的第一批拓荒者和宣传者;而心理中心型或内倾型旅游者往往是他人中心型或外倾型旅游者的追随者,成为新旅游目的地的后续旅游者。

　　此外,从表6-1还可以看出,他人中心型旅游者的行为特征与成熟旅游者的特征很相似。长期不断的旅游活动可以磨炼人的意志,也可以对人的个性产生影响,使心理中心型或内倾型旅游者增强信心和胆略,使其个性向他人中心型或外倾型发展,逐渐成为比较成熟的旅游者。这也是社会实践对个性产生影响的一个方面。

二、生活方式与旅游行为

　　生活方式的主要方面包括一个人的兴趣爱好、生活习惯、价值取向、行为规范、社会态度等因素。人们的生活方式的特点能反映出其个性特征,同时,生活方式作为一种综合性的个性特征,也与人的日常生活中的各种行为密切相关,旅游行为也不例外。具有不同生活方式的人在进行旅游决策时的表现是不相同的,例如,他们在决定是否出游、到什么地方旅游、采取什么样的旅游方式等方面的表现是不相同的。分析生活方式的特点,有助于理解和解释具有不同生活方式的旅游者的不同旅游行为。

　　例如,美国运通公司根据旅游者对旅游产品的反应,将旅游者分为五种基本类型。

　　一是享乐型旅游者。这类旅游者富裕并且自信,愿意花钱买舒适。他们喜欢乘邮轮出行,喜欢设有水疗设施的度假酒店。

　　二是梦想型旅游者。这类旅游者经常阅读和谈论旅游,但他们对自己的旅游技能不够自信。他们愿意到旅游指南推荐的地方旅游,愿意购买经过实践检验的包价旅游项目。

　　三是经济型旅游者。这类旅游者把旅游当作释放压力的渠道和放松的机会。即使能够支付得起,他们在服务和环境设施上的花销仍会精打细算。经济型旅游者比较注意价格和价值。

　　四是探险型旅游者。这类旅游者年轻、自信、有独立性。他们愿意体验新事物,接触不同的文化和人。他们愿意到遥远、陌生的地方旅游。

　　五是担心型旅游者。这类旅游者害怕乘坐飞机,在旅途中做决策时缺乏自信。他们的年龄普遍较大,需要有丰富经验的旅游代理商帮助他们选择旅游目的地,并告诉他们如何到达那里。

　　根据不同类型旅游者表现出的开放程度,我们可以将生活方式与旅游行为划分为封闭型、开放型和半开放半封闭型。

　　(1)封闭型生活方式与旅游行为。

　　这类人重视家庭,注重传统,渴望井然有序、舒适安宁的生活,非常注意自己的身体健康。他们不愿意参与带有任何风险的活动,喜欢空气清新、环境优美的地方,不喜欢喧闹、拥挤、紧张的城市生活。这类人通常不愿意外出远游,如果旅游的话,他们一般会全家一起出游,愿意比较多地待在个人或家庭的小天地里,他们即使在旅游过程中也不愿意与家庭成员以外的人有过多的交往。这类人喜欢安全、不受打扰的环境,因此选择的旅游目的地大都是环境宜人且幽静的湖滨、山庄等度假地,通过野营、垂钓、散步或其他户外休闲活动,在"静"中享受度假的乐趣。

针对这类人的旅游促销宣传应该突出旅游目的地的清洁与宁静,体现大自然的原始性,强调身心健康和放松性,尤其要强调有利于孩子的教育和身心成长,提供可供全家一起度假的机会和场所。

(2)开放型生活方式与旅游行为。

这类人活跃开放、自信、外向、追新猎奇。他们乐于主动接受和尝试新鲜事物,追求时髦和潮流;希望能以各种方式更多且更深入地介入社会生活中的各个层面;热衷于社交活动,渴望能结交更多的新朋友,联络老朋友,扩大交往的范围;富有冒险精神,愿意到遥远、陌生的旅游目的地去体验全新的生活方式和经历;他们最感兴趣的不是旅游工作者推荐他们去的地方,而是旅游工作者不让他们去的地方;他们乐于寻求有刺激性的旅游项目,希望在"动"中获得享受,得到满足。

针对这类人的旅游促销宣传应该突出新奇和刺激,体现神秘和独创性,强调经历和体验,显示时髦和新潮。

(3)半开放半封闭型生活方式与旅游行为。

这类人兼具封闭型和开放型生活方式的特征,只不过有些人偏向封闭型,有些人则偏向开放型。这类人大部分既希望生活安定有序,又不满足于年复一年单调的生活;既想修身养性,又想丰富自己的见闻;既希望能在新鲜感方面得到满足,又希望能在安宁和幽静中获得休闲的乐趣,得到身心的放松。他们希望在一定时期内能有机会外出旅游一次,追求"动"与"静"的结合,希望能在"动"与"静"间中找到平衡。

随着生活水平的不断提高,现代人的生活方式也在逐渐发生变化,其趋势是从封闭型向开放型转变。同时,日常生活节奏的加快使人们普遍感到身心疲惫,这就使人们在旅游中倾向于求"静",期望以"静"来平衡日常生活中过多的"动"。另外,随着个人经济实力的增长和社会整体物质条件的改善,人们的旅游观念也在改变,人们变得更活跃、更自信,对未来充满信心,加之移动支付的普及,这些生活方式的变化必然会影响人们的旅游决策和行为。旅游企业和旅游工作者一定要充分认识到生活方式的变化对旅游行为的影响,做好准备,有的放矢地开发新的旅游产品,制定旅游促销策略。

第三节　个性结构与旅游决策

加拿大心理学家埃里克·伯恩提出,人的个性由三个部分组成,即"儿童自我"状态、"家长自我"状态和"成人自我"状态。人的行为是由这三种自我状态的组成体或其中之一部分支配和控制的。

一、自我状态的三副不同面孔

（一）感情用事的"儿童自我"

"儿童自我"是一个人最初形成的自我状态。"儿童自我"用感情来支配人的行为,因此又称为"感情自我"。"儿童自我"就好像是人们内心世界中的一个永远都长不大的孩子。在"儿童自我"状态的支配下,人总是感情用事的。"儿童自我"不懂得什么叫"合理"、什么叫"应该",只懂得什么能让我高兴。作为"行为决策者","儿童自我"只有一条"原则",即"高兴就干,不高兴就不干",所以我们说它是一位感情用事的行为决策者。

随着年龄的增长,人会变得越来越"懂事",但是人的"儿童自我"却永远是那样感情用事。一个人不管年龄有多大,当他表现出"儿童自我"时,他就仿佛又回到了他的童年时期,或者说他又变成了那个"童年时期的他"。那个"童年时期的他"并没有消失,他的"儿童自我"就是仍然活在他的心中而又永远都长不大的那个"童年时期的他"。

（二）自以为是的"家长自我"

"家长自我"是人们通过模仿自己的父母或其他相当父母的人的态度和行为所形成的一种状态。"家长自我"不是用感情,而是用权威来支配人的行为,通常以居高临下的方式表现出来,因此又称为"权威自我"。"家长自我"是一个人的偏见、是与非等方面信息的主要来源。对"儿童自我"来说,"家长自我"就好像是一位起管教和约束作用的家长。作为内心世界的另一位行为决策者,"家长自我"的特点是"照章办事",而这个"章"就是被记录在头脑里的那些权威人士(如家长)的言教和身教。"家长自我"总是以"权威"自居,觉得自己"什么都对",所以我们也可以说它是一位自以为是的行为决策者。

（三）面对现实的"成人自我"

"成人自我"是用理智,而不是用感情和权威来支配人的行为的一种状态。"成人自我"是个性中支配理性思维和信息客观处理的部分,因此又称为"理智自我"。客观和理智是"成人自我"状态的主要标志。"成人自我"不像"儿童自我"那样,是一个永远都长不大的孩子,也不像"家长自我"那样是这个孩子的"长辈",它是一个已经"懂事"的成年人。

"成人自我"是一种能用理智来支配人的行为的"自我",而能够用理智来支配自己的行为,这正是成年人与未成年人的不同之处。"成人自我"不像"儿童自我"和"家长自我"那样只有"记录"和"重播"的功能,它最重要的功能是从现实生活中收集资料和进行独立思考。"成人自我"并不是只有成年人才有的,它的形成和发展有一个过程,而这个过程从人的童年时期就开始了。独立思考的开始就是"成人自我"形成和发展的开始。

与"儿童自我"和"家长自我"不同,"成人自我"是一位面对现实、认真思考的行为决策者。一事当前,是感情用事还是照章办事,是面对现实、认真思考还是自以为是,这要看是哪一种"自我"在个人的行为决策中起主导作用。无论是处理生活中的其他问题还是与人交往,能让"成人自我"在行为决策中起主导作用都是个人心理成熟的重要标志。

二、自我状态与旅游决策

人的个性中的三种自我状态相互独立,相互制约,共同参与决策。这三个"自我"分别用感情、权威和理智来支配人的行为,它们是人们内心世界中的三个不同的"行为决策者"。这就为分析旅游者的各种旅游决策提供了富有启发性的依据。一个人去不去旅游、选择什么样的旅游目的地、采取什么旅游方式,他内心中的三个"自我"都会有不同的观点,如果这三种自我状态的观点不一致,旅游决策就不能形成。因为这三个"自我"在旅游决策中所占的优势不同,所以即便是同一个人,对同一件事也完全有可能做出不同的反应。不同的"自我"占上风,就会产生不同的旅游决策结果。

人们内心中的"儿童自我"用感情支配行为,因此,在通常情况下,许多主要的旅游动机较明显地存在于"儿童自我"状态之中。由于儿童富有好奇心,"儿童自我"最易于受到旅游的吸引。不管一个人的年龄有多大,往往只要一想到阳光、沙滩、森林、公园、风景区等,心情就激动不已,内心中的"儿童自我"就会跃跃欲试,自然而然地流露出旅游动机。

然而"家长自我"往往采取保留态度,因为它按规矩行事,记录了许多道德规范和行为准则,做任何旅游决策都要按此标准来衡量。"家长自我"对于"儿童自我"本能地受到旅游乐趣的吸引,通常持批评和保留态度,反对"儿童自我"的旅游要求,认为旅游是贪图享乐、浪费时间和金钱的行为。人们内心中的"儿童自我"和"家长自我"往往处于相互对峙的冲突之中。

"成人自我"用理智来支配人的行为,它在"儿童自我"和"家长自我"之间进行调节和仲裁。它面对现实,理智地看问题,在"儿童自我"和"家长自我"之间摆事实、讲道理,力争做出合理、公正、客观的旅游决策。当一个人的"儿童自我"和"家长自我"为是否外出旅游而争论不休时,"成人自我"扮演着仲裁者的角色,发挥着关键性的调和作用,并努力设法使旅游决策合理化。"成人自我"一方面说服"家长自我"同意"儿童自我"的旅游要求,另一方面则说服"儿童自我"听从"家长自我"的劝告和建议。

　　旅游工作者了解个性结构中的三个"自我"是十分必要的。从旅游促销的角度讲,旅游促销广告宣传表面上针对的是旅游者或潜在旅游者个人,但实际上应该同时针对人的三个"自我"。要想让人们去旅游,就要使旅游者或潜在旅游者内心中的"儿童自我"动心,"家长自我"放心,"成人自我"省心。

　　让"儿童自我"动心,就是设法吸引"儿童自我"。用形象生动的广告宣传,展示旅游目的地的迷人风采,以激发旅游动机。"儿童自我"动心之后,旅游者并不一定能立即下决心做出旅游决策,因为照章办事的"家长自我"常常对新鲜事物、新奇事物抱怀疑态度。这就要求旅游促销广告或人员有针对性地设法对旅游者的"家长自我"进行理性说服,使其明白旅游的现实意义和从中可以获得的益处,进而劝说其放弃自己的固有偏见,使其同意"儿童自我"的旅游要求。如果"家长自我"接受了旅游促销广告或人员的观点,它就会放心了,就不会去阻拦"儿童自我"的旅游欲望和要求了。"儿童自我"和"家长自我"都表示同意做出旅游决策之后,作为仲裁者的"成人自我"要面对现实,要了解吃、住、行、游、购、娱等方面的各种具体问题,因此需要收集和处理与旅游决策相关的各种信息和资料,这是一件很费时劳神的工作。如果旅游宣传广告和促销人员能有针对性地向"成人自我"灌输有关旅游产品的各种细节,使其在收集信息方面不至于太费时劳神,"成人自我"就会觉得省心,就可以理智地做出相应的旅游决策。旅游者内心中的三个"自我"都投了赞成票之后,旅游者就可以信心十足地购买旅游产品和服务,使旅游成为现实。

知识活页

▼

观光客与
旅行者

本章小结

　　·个性是指个体在先天素质基础上,在一定的社会环境中,通过一定的社会实践活动,形成和发展起来比较稳定的心理特征。

　　·个性心理包括个性心理特征和个性心理倾向性。

　　·个性的形成主要受先天遗传因素、社会因素和社会实践三方面的交互作用和影响。

　　·先天遗传因素是个性形成和发展的基础,社会因素是个性形成和发展的重要条件,社会实践是个性形成和发展的主要途径。

　　·瑞士心理学家卡尔·容主张按照态度类型将人分为外倾型和内倾型两类。美国心理学家普洛格将个性心理特征分为心理中心型、接近心理中心型、中间型、接近他人中心型、他人中心型。

· 在旅游活动中，不同个性类型的旅游者在旅游行为方面也存在较大的差异。心理中心型旅游者往往对旅游活动怀有不确定和不安全感，喜欢选择与他们居住环境相似的旅游目的地；他人中心型旅游者喜欢单独旅行，进行文化探索，在旅游活动中寻求冒险经历；占总人口大多数的中间型旅游者喜欢去知名的旅游景区、景点，而不是参加探险或冒险活动。

· 他人中心型或外倾型旅游者往往成为新旅游目的地的第一批拓荒者和宣传者；而心理中心型或内倾型旅游者往往是他人中心型或外倾型旅游者的追随者，成为新旅游目的地的后续旅游者。

· 生活方式主要包括一个人的兴趣爱好、生活习惯、价值取向、行为规范、社会态度等因素。具有不同生活方式的人在进行旅游决策时的表现是不相同的。

· 美国运通公司根据旅游者对旅游产品的反应，将旅游者分为享乐型、梦想型、经济型、探险型、担心型五种基本类型。

· 根据不同类型旅游者在生活方式方面表现出的开放程度，生活方式可以进一步划分为封闭型、开放型和半开放半封闭型。

· 加拿大心理学家埃里克·伯恩提出，人的个性由三个部分组成，即"儿童自我"状态、"家长自我"状态和"成人自我"状态。"儿童自我"是一个人最初形成的自我状态，它用感情来支配人的行为，因此又称为"感情自我"。"家长自我"是人们通过模仿自己的父母或其他相当父母的人的态度和行为所形成的一种状态，通常以居高临下的方式表现出来，因此又称为"权威自我"。"成人自我"是用理智来支配人的行为的一种状态，是个性中支配理性思维和信息客观处理的部分，因此又称为"理智自我"。

· 从旅游促销的角度讲，旅游广告宣传应该同时针对人的三个"自我"进行。要想让人们去旅游，就要使旅游者或潜在旅游者内心中的"儿童自我"动心，"家长自我"放心，"成人自我"省心。

单元训练

在线答题 ▼

第六章

一、选择题

请扫描边栏二维码答题。

二、简答题

1. 简述影响个性形成和发展的诸因素。

2. 简述心理中心型与他人中心型旅游者的行为特点。

3. 简述个性结构的三个"自我"对行为决策的影响及应采取的旅游营销策略。

第七章
社会因素与旅游行为

学习目标

知识目标:了解社会群体、家庭、文化等概念、种类与特征;了解家庭生命周期不同阶段的特点,不同家庭成员在家庭旅游决策中扮演的不同角色,参照群体对旅游者消费心理的影响;了解中国社会文化对旅游者行为的影响。

能力目标:更好地适应和理解不同社会因素对旅游行为的影响,培养跨文化环境下的沟通能力和适应能力。

素养目标:加强个人与他人、个人与家庭、个人与社会和谐共处的社会道德意识;增进对中华民族文化的认识,树立文化自信,拓宽国际视野。

核心概念

社会群体　参照群体　家庭生命周期　家庭旅游决策

思维导图

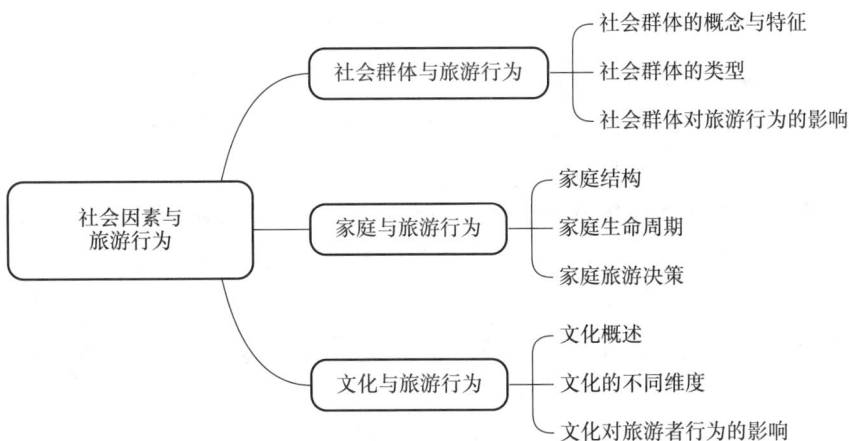

本章
导入

亲子游旅游者的行为特征与消费趋势

亲子游作为提升家庭生活品质与进行家庭教育的重要方式,成为2023年旅游活动的主要方式之一,亲子游市场迎来强势复苏。在需求的爆发式增长下,旅游者也表现出新的行为特征和消费趋势。2024年1月11日,携程发布的《2023年度亲子游出行报告》显示:亲子游消费在2023年表现出高速增长态势,"80后""90后"父母成亲子游消费主力。

在亲子游出行的所有目的地中,景区成为亲子出行的热门目的地之一。携程数据显示,2023年较受亲子家庭喜爱的top10景区中,主要类型集中在主题乐园、人文景区、自然景区。较受亲子喜爱的top5景区中,上海占据了3个名额,分别为上海迪士尼度假区、东方明珠、上海海昌海洋公园。

亲子游出行内容呈现出多样化趋势,其中滑雪、潜水、徒步等主题游成为亲子家庭首选。数据显示,订购这些主题游的用户中,男女比例为1:1.14,表明主题游的吸引力在男女用户之间相对均衡。

从亲子游受众的客源地来看,主要集中在一线及新一线城市的高净值人群聚集地。2023年亲子游客源地排名前十分别为上海、北京、成都、广州、深圳、杭州、重庆、西安、南京、天津。高净值人群往往对亲子旅行表现出重视,并且愿意在旅途中与子女进行更多亲子互动,因此倾向于选择更丰富多样、灵活度更高的亲子游产品。

在交通工具的选择上,自驾或租车因其安全、私密、灵活、舒适的特点开始成为更多高净值家庭的首选,在旅途中也可为其创造更多亲子互动空间及场景。全家出行是家庭关系的黏合剂,每一次共同出行,都是家庭关系深化的契机。

在亲子出行相关维度的考量上,携程报告显示,亲子游表现出更重品质的消费趋势。数据显示,2023年订购高星酒店的用户中,亲子客户占比为38%;亲子客户高星酒店订单量也同比2022年增长121%;携程口碑榜奢华酒店榜的月均浏览量同比增长148%。在享受家庭集体旅行的同时,亲子客户也更关注出行体验的质量和品质。

而对于更注重私密性和安全性的私家团,其需求也表现出了显著的增长。2023年亲子客户私家团订单量也同比增长4倍,在订购私家团的所有客户群体中,亲子客户占比达55%。这除了表现出亲子客户更注重品质的消费趋势,也说明在家庭出行带来的多维度体验中,亲子家庭更加注重私密性及安全性。

亲子游之所以呈现出有别于个人游的旅游行为特征与消费趋势,是因为它受到各位家庭成员的需求、态度和行为的影响。除此之外,家庭结构、家庭生命周期及家庭决策模式的不同,也都对旅游行为产生着独特的影响。

（资料来源：《携程发布2023年度亲子游报告：亲子私家团订单同比增长超400%》,环球旅讯,2024-01-11,有改动。）

第一节　社会群体与旅游行为

一、社会群体的概念与特征

（一）社会群体的概念

旅游活动的主体是处于一定社会环境下的旅游者,每个旅游者的心理与行为不但受其个体性格特征和自身状况影响,也受该个体所处的社会群体的影响。社会群体（social group）,简称"社群",是构成社会的基本单位之一。社会群体是个体通过一定的社会关系结合起来进行活动的共同体。每个社群都体现出个体与个体之间、个体与整个社群之间的某些特定的相互关系。人的一生都会与其他社会成员进行互动,建立起各种关系,比如亲密关系、合作关系等。

社会群体有广义和狭义之分。广义的社会群体,指一切通过持续的社会互动或社会关系结合起来进行共同活动并有着共同利益的人类集合体,如不同的民族群体、职业群体等。狭义的社会群体,指由持续的社会交往联系起来的具有共同利益的人群,这些人在特定的社会环境中相互交流、合作,并追求共同的目标或利益,如学生社团、兴趣小组等[1]。

（二）社会群体的特征

社会群体是彼此相互产生联系的一群人,但并不是任何一群人都可以被称为社会群体。相较于一般人群,社会群体具有以下特征。

1.社会群体的成员保持经常性的社会互动

社会群体中的人际关系以彼此的了解为纽带,并以一定的利益和感情关系为基础。转瞬即逝的互动不能形成社会群体,群体互动关系的形成与发展需要一定时间的交往。

---

①邓伟志.社会学辞典[M].上海:上海辞书出版社,2009.

2. 社会群体的成员有相对稳定的关系

社群一旦形成,各个成员便有着相应的身份,不同身份之间的关联构成特定的社会关系。社群中的社会关系有的较为明确,比如家庭中各个成员的关系就相当明确;有的则相对模糊,比如同一个旅游团中成员之间的联系较为松散并结成较为临时的伙伴关系,这样的关系在旅游期间相对稳定,表现为团队成员之间彼此接受并共同参加游览活动,但不接受非团队成员参加团队活动。

3. 社会群体的成员有共同的行为规范

在社群形成初期,成员之间可能只有简单的相互认同关系。随着社群的发展,成员之间逐渐形成较为稳定的交往方式,进而形成一定的公认的规范,用来协调成员的行为,以保证群体的功能得以实现。社群的行为规范可以是较为明确、正规的规章制度,也可以是较为简单、非明文规定但被信任并遵从的行为方式。在群体规范的作用下,社群行动趋于一致。

4. 社会群体的成员有一致的群体意识

社群成员将本群体视为一个整体,并认为自己属于该群体,这种对群体的归属感即群体意识。群体意识一旦形成,社群成员对群体外的人会产生区别感,对本社群的成员则会产生相应的期望和归属意识。对本社群的期待,指群体成员彼此期待某种有益于群体的活动产生,并且在这种活动中做出自己的努力。

二、社会群体的类型

(一)依据社群成员间的关系划分

依据社群成员之间关系的亲密程度不同,社会群体可以划分为初级群体(primary group)与次级群体(secondary group)[①]。美国社会学家查尔斯·霍顿·库利(Charles Horton Cooley)在1909年出版的著作《社会组织》中率先区分了"初级群体"与"次级群体"的概念。

初级群体,又称首属群体、基本群体或直接群体,具有密切、个人化和亲密性等特点,其持续的时间较长,有些初级群体的关系可以持续终生。初级群体之间的关系较为深入、个人化且具有浓厚的感情色彩。初级群体成员之间经常进行面对面的语言交流,拥有共同的文化,频繁共同参与活动。典型的初级群体成员有家庭成员、儿时伙伴、宗教团体伙伴等,反映着个体间最简单、最初步的社会关系,即初级社会关系。

维系初级群体成员之间关系的纽带由关爱、忠诚、照顾和支持构成,这种关系影响着群体中个体的价值观、世界观、信仰、道德感、行为规范及日常活动,因此对个体的自我认同和社会化的形成具有重要影响。

---

①郑杭生.社会学概论新修[M].5版.北京:中国人民大学出版社,2019.

次级群体，又叫次属群体或间接群体，成员之间的关系较为生硬、短暂，通常是为了特定的任务或目标而组成的一个群体。在次级群体中，往往有一位或多位权威人士对群体规则等进行监管。

次级群体常见于工作和教育等环境，比如企业中的各个部门、政府机构、学校班级等。次级群体的规模可大可小。例如，一个企业中的所有成员或一个学校的所有师生可被看作一个次级群体；同时，企业中的一个部门或一个工作小组，又或者学校某个班级的学习小组，也可被看作一个次级群体。较大的次级群体中通常会出现一些较小的次级群体，如军队中不同籍贯军人所组成的老乡群、学校中不同的学生团体等。

相较于初级群体之间亲密、个人化和长久的情感联系，次级群体成员之间的关系主要依靠共同利益、目标，或明确的规章制度来维系，若非如此，次级群体将无法存在，因此，次级群体对各个成员的影响较之初级群体更弱，缺乏初级群体的人情味和情感色彩。

初级群体和次级群体有时会出现重合。比如，次级群体的某些个体成员之间有时会建立起亲密的私人关系，从而形成初级群体。

（二）依据社群组织的正规化程度

依据社群组织的正规化程度，社会群体可划分为正式群体（formal group）和非正式群体（informal group）。这种划分方法最早由美国的管理学家乔治·埃尔顿·梅奥（George Elton Mayo）提出。

正式群体具有较高的组织化和正规化程度，群体成员间的互动采取制度化、规范化的方式，为群体成员协同工作以达到既定目标而服务。正式群体具有明确的层级结构，群体成员的地位、角色、行为规范，以及权利、责任和义务都具有较为明确与固定的划分。为达到既定目标，正式群体通常由具有不同的技能的成员构成。典型的正式群体包括企业、机关、学校等，不同的群体由于其所要达成的目标不同，拥有各自不同的规章制度。

非正式群体是指社会组织内部的成员在日常互动中出于共同的兴趣、友谊、情感等自发组织而成的群体。与正式群体不同，非正式群体很少因实现特定目标而存在，而更多关注对群体氛围和对群体成员归属感的营造。非正式群体相较于正式群体的规模更小，更看重成员之间的个人关系，也更加自由。正式群体更看重每个成员各自的职能、角色与专业能力，而非正式群体则将群体成员之间的个人交往作为组织的重心。相较于正式群体成员之间较为明确的层级结构和制度化的交流规范，非正式群体成员之间的关系较为平等，交流更加自由、顺畅。

正式群体中通常会出现一些小的非正式群体。例如，一个企业从整体来看，是一个正式群体，而企业员工为了交流各自的感受、想法和经历等，或出于共同的兴趣、文化背景等，会自发形成不同的非正式群体。

（三）依据社群成员的心理归属

依据成员对群体的心理归属不同,社会群体可分为内群体(in-group)与外群体(out-group),这一划分源自美国社会学家威廉·格雷厄姆·萨姆纳(William Graham Sumner)于1906年出版的《民俗论》。

在内群体中,成员在心理上自觉认同并归属于该群体,因此,内群体的成员之间的关系具有团结、忠诚、亲密、合作等特征,成员之间相互爱护、关心,相互照顾,彼此之间具有强烈的同情心。

对个体来说,任何不属于内群体的成员都被归为外群体之列。内群体成员对外群体不存在心理上的归属感,对外群体成员也通常缺乏同理心,而是持冷漠、怀疑甚至蔑视、仇视等敌对态度。

个体对内群体和外群体成员通常抱有相反的态度。例如,一个人的不良行为通常会受到内群体成员的包容与理解,但同样的行为则会受到外群体成员更加严厉的对待。

人们在社会交往中会无意间将他人归为内群体成员或外群体成员,人们应该警惕这种并未经过客观思考就下意识将他人归为外群体的情况,以避免对他人做出缺乏同理心的敌对行为。

（四）依据社群成员的身份归属

社会群体还可依据成员的身份归属不同,划分为所属群体与参照群体(reference group)。顾名思义,所属群体指某一成员所归属的群体,也称为隶属群体;参照群体与所属群体相对,指并非某一成员所属的群体,而是被该群体成员用作其所属群体的参照对象的群体,这些群体成员通过其对该参照群体的认知、评价、比较,从而影响自身的情感倾向与行为方式。参照群体的概念由美国学者赫伯特·海曼(Herbert Hyman)于1942年首次提出,相关理论被广泛应用于心理学、社会学和市场营销等各个领域。在研究旅游旅游者心理与行为方面,参照群体相关理论具有重要意义。

参照群体具有规范和比较两大功能。对旅游者来说,参照群体的规范功能体现在,旅游者会将自己的行为和某一参照群体的规范进行对照,从而改变自己的行为。比如,一些人信奉在旅游时要"像当地人一样去生活",这些人将当地人视为参照群体,因而更倾向于参加贴近当地人生活原貌的旅游活动。比较功能,是指个体把参照群体作为评价自己或别人的比较标准和出发点。比如旅游者在选择旅游目的地和计划旅游活动时,可能以亲友或喜爱的某位明星在社交媒体上发布的游记或旅游攻略为参照和效仿对象。

具体来说,根据个体与参照群体的关系以及参照群体对该个体的影响方式,参照群体可细分为渴望群体、回避群体、喜爱群体、拒绝群体。

渴望群体:不属于但渴望加入的群体。比如,从未外出旅游的人渴望外出旅游,旅游者对其来说就是渴望群体。

回避群体:不属于同时也想保持距离的群体。比如,自助旅游者想避开较为吵闹的旅游团,对自助旅游者来说,旅游团就是回避群体。

喜爱群体:属于同时也为之自豪的群体。比如,报团出游的旅游者喜爱自己的团队并为自己是团队一员而自豪,该旅游团对其来说就是喜爱群体。

拒绝群体:属于但却内心排斥的群体。比如,报团出游的旅游者内心并不喜欢团队出游,或该旅游者在旅游团中格格不入,该旅游团对其来说就是拒绝群体。

翻转课堂

腓特烈大帝是怎么让德国人爱上土豆的?

18世纪中叶,各种瘟疫和灾害导致普鲁士王国(现代的德国)农业歉收,灾荒日益严重。国王腓特烈大帝希望引进南美洲的一种叫土豆的植物,这种植物产量高、营养丰富且易于种植,对解决当时的灾荒问题具有重要意义。

然而,最初在农民中推广种植土豆却遇到了重重困难,保守的农民无法接受将土豆作为食物,认为土豆的果实不像小麦那样伸向天空,而是生长在地下,是不吉利的食品。有些人认为,土豆属于茄科植物,可能有毒;还有人提出,高贵的欧洲人从来不吃块茎,因此拒绝种植土豆。

于是,腓特烈大帝换了一种方式,在贵族的私家庄园种植土豆,土豆开花结果后就派重兵把守,并颁布法令:这是国家引进的新型农作物,只有贵族才可享受。农民对此十分好奇,觉得贵族专属的食物一定不寻常,纷纷打听这种农作物。于是,国王让士兵放松看守,对溜进庄园中偷土豆的农民假装没有看见。

后来,农民发现土豆种植简单,味道可口,接着,国王取消了"贵族才能种植土豆"的法令,让本来难以推广种植的土豆瞬间受到农民的追捧,土豆的种植与食用从此在欧洲普及开来。

如今,土豆已经成为德国人餐桌上必备的食物,德国人已经无法想象没有土豆的一日三餐。把土豆推广到德国是腓特烈大帝的伟大贡献之一,人们来腓特烈大帝的墓前祭奠时,常会摆放几颗土豆。

(资料来源:张邵峰《腓特烈大帝是怎么让德国人爱上土豆的?》,搜狐网,2015-10-12,有改动。)

问题:

(1)本案例中,贵族对农民来说属于哪类参照群体?

(2)腓特烈大帝如何利用参照群体的影响力来改变农民的意识与行为?

三、社会群体对旅游行为的影响

社会群体的类型多种多样,特点也各有不同。旅游者往往同时处于多种社会群体之中,受到多方面的影响。概括来说,社会群体对旅游行为的影响体现在以下几个方面。

(一)认同性影响

认同性影响的产生以个体对群体价值观和群体规范的内化为前提。认同性影响的直接体现是,群体成员采取共同的、一致的行为。例如,全家出游是家庭成员的一致行为,每位成员都遵照彼此约定的计划参与旅游活动,而非各行其是。

认同性影响的另一个典型结果是促使群体成员产生从众行为,即成员个体在群体压力下改变个人意见而与多数人达成一致。例如,某班级同学在讨论毕业旅行的目的地时,大多数同学的意愿是去北京旅行,因此,少数希望去其他地方旅行的同学往往选择放弃自己的想法,最终服从大多数同学的意愿去北京旅行。

(二)信息性影响

信息性影响指从他人那里获得事实性的证据,从而显著影响群体成员的行为、态度、认知等。例如,旅游团中的某位团员本来就对过山车项目有点害怕,当听到团友讨论过近期发生过的一些过山车安全事故时,更加坚定了"玩过山车很危险"这一想法,于是决定不参加这一项目。

社会群体的信息性影响有时会产生群体极化,即群体讨论会强化群体成员最初的意向,从而使群体决策更加冒险、激进。在群体讨论中,每位成员都从各自的角度对某一观点进行阐述,这一观点在不断地重复中反复强化,加深了群体成员对该观点的认同,促使该群体产生较为激进的行为。

(三)懈怠性影响

当个体身处社会群体之中时,可能产生社会懈怠效应。也就是说,当群体成员共同为完成某一目标而努力时,相比由特定成员单独完成这一目标,团队共同行动时个体所付出的努力往往比单独时少,即人多未必力量大。俗语中的"三个和尚没水吃",也表达了相同的含义。

结伴旅行时,通常会有一位主导者负责行程计划、交通及门票预订等工作,而其他旅游者则从一开始的配合主导者完成工作,到后来索性变成"甩手掌柜",等待该主导者安排好所有行程后"坐享其成"。当这位主导者意识到自己不知不觉中承担了所有的工作时,他很容易产生不公平感,于是不再积极主动地为大家服务,就形成了"三个和尚没水吃"的局面。

（四）促进性影响

与懈怠性影响相对的是社会群体的促进性影响,体现在结伴效应和观众效应两方面。结伴效应,是指两个人或多个人（他们并不是竞争关系）结伴从事相同的活动时,相互之间会产生刺激作用,从而提高活动效率。观众效应,是指一个人从事某项活动时,是否有其他人（观众）在场,以及观众的多少和观众的表现对其活动效率有明显影响。通常来说,观众越多、观众的表现越积极,该个体的活动效率越高。

促进和懈怠,是社会群体对个人影响的一体两面。这意味着个人身处群体中时,并不一定只产生懈怠,或只提高其活动效率。当个体觉得自己的行为会受到有针对性的评价时,则不会出现懈怠,反而会激发个体的积极性,产生促进性影响。在分配群体努力的成果时,如果一味平均划分,而不论个人对群体做出的贡献,则容易出现懈怠;如果群体成果的分配是按照个人的贡献程度进行相应比例的区分,则更容易提高个人的积极性。另外,群体目标的挑战性和吸引力越强,在共同行动中个人会越努力,反之则会产生集体懈怠。

第二节　家庭与旅游行为

一、家庭结构

家庭是对个体的价值观、信念、态度和行为的影响最为深远与广泛的社会群体。家庭还是一个购买决策单位,不同于每位家庭成员单独做出旅游决策,家庭结构、家庭生命周期及家庭决策模式的不同,都会对旅游行为产生独特的影响。

家庭成员的组合方式或构成有不同的形式,就形成了不同的家庭结构（family structure）。具体来说,家庭结构包括家庭成员的属性、成员之间的相互关系,以及家庭的类型。家庭结构随着社会经济发展而变化,在不同的社会中,家庭的结构是不同的。

依据不同的划分标准,家庭结构可被划分为不同的类型。常见的家庭分类方法是按照家庭的代际数量和亲属关系的特征,分为以下三种家庭类型。

第一类为夫妻家庭,也叫配偶家庭,指只有夫妻两人组成的家庭。这类家庭不仅包括尚未生育的夫妻家庭,还包括夫妻自愿不育的丁克家庭,以及子女已长大成人,不在身边的空巢家庭。

夫妻家庭由于没有子女教育方面的消费,通常家庭可支配收入较高。这类家庭是旅游的主要消费人群,在消费决策上不受子女旅游偏好的影响,消费能力较强,注重享受,并且具有较强的个性化消费倾向。

第二类为核心家庭,指由父母和未成年或成年但未婚子女组成的家庭。这种家庭结构由夫妻、父子(女)和母子(女)组成的三角关系支撑,是众多家庭类型中最稳定的一种结构,也是现代社会中最常见的家庭结构类型。

在核心家庭中,父母是家庭收入贡献者和家庭消费的决策者,他们在消费上更关注子女的身体健康和成长教育。在旅游决策方面,他们也更倾向于满足子女的偏好,更看重旅游对子女成长的帮助。

第三类为联合家庭,指家庭中有任何一代含有两对或两对以上夫妻的家庭,如父母和两对以上已婚子女组成的家庭或兄弟姐妹结婚后不分家的家庭。它可理解为包括父母、已婚子女、未婚子女、孙子或孙女、曾孙子或曾孙女等几代居住在一起的家庭。

联合家庭是核心家庭同代横向扩展的结果,较之核心家庭,具有成员较多、结构更为复杂的特点,各家庭成员虽各有不同的消费需求,但通常难以通过家庭消费满足个性化的需求。另外,联合家庭在老人医疗和子女教育方面的开支较大,在旅游方面的消费能力相对有限。

随着社会经济的发展,家庭结构也呈现出多元化的趋势,除了以上三种主要家庭结构类型,还有很多其他形式的家庭,如单亲家庭、重组家庭、隔代家庭、同居家庭等。

二、家庭生命周期

家庭如同人体一样,从形成、发展直至消亡,表现出有规律地变化着的生命循环过程。在家庭生命周期的整个变化过程中,家庭成员的年龄、婚姻状况、子女状况均不断发生变化,家庭的结构也相应发生改变。由于个人和家庭的需要以及可支配的收入在家庭生命周期中逐渐变化,其对旅游的需求和偏好也随之变化。另外,在家庭生命周期的不同阶段,家庭中的决策形式也有所不同,因此,家庭生命周期成为旅游心理和行为研究中的重要概念。

家庭生命周期目前尚无统一的划分方式。在旅游研究中,韦弗(Weaver)和劳顿(Lawton)提出了家庭生命周期模型(the family life cycle model),用来描述家庭结构随着人的年龄增长而不断发展的历程。韦弗和劳顿的家庭生命周期模型将家庭生命周期划分为八个阶段(见图7-1)。

(一)单身阶段

对于尚未进入婚姻阶段的青年人,其经济负担较少,观念也较为开放、前卫。这一阶段是青年人旅游活动的活跃期,他们愿意尝试新奇、刺激的旅游产品,也更容易受到广告和社交媒体的影响,更注重旅游过程中的独特体验并愿意为此付费。

(二)青年夫妻阶段(无子女)

青年夫妻新婚后无子女的时期也被称为"蜜月期",这段时期通常持续的时间较短。但近年来,随着人们婚育观念的变化,很多青年夫妻往往选择推迟生育计划,因此

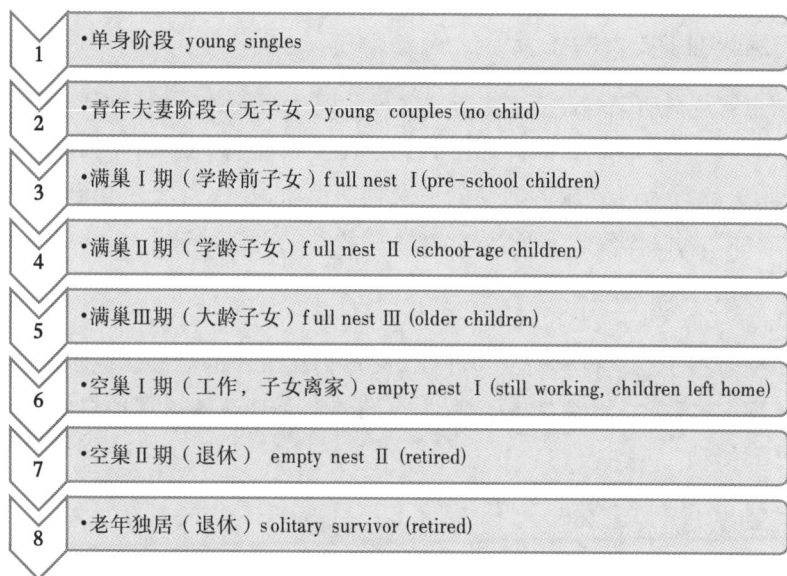

1	·单身阶段 young singles
2	·青年夫妻阶段（无子女）young couples (no child)
3	·满巢Ⅰ期（学龄前子女）full nest Ⅰ(pre-school children)
4	·满巢Ⅱ期（学龄子女）full nest Ⅱ (school-age children)
5	·满巢Ⅲ期（大龄子女）full nest Ⅲ (older children)
6	·空巢Ⅰ期（工作，子女离家）empty nest Ⅰ (still working, children left home)
7	·空巢Ⅱ期（退休）empty nest Ⅱ (retired)
8	·老年独居（退休）solitary survivor (retired)

图7-1　韦弗和劳顿的家庭生命周期模型[1]

这一"蜜月期"持续的时间呈加长的趋势。

很多青年夫妻出于延长"二人世界"时间的考虑而推迟生育时间。他们意识到有了子女之后将大幅减少个人的自由时间，家庭收入也将更多用于子女的成长和教育，因此会在此阶段积极参与旅游活动，在旅游活动上也更注重个性化需求的满足。

（三）满巢Ⅰ期（学龄前子女）

青年夫妻在生育之后，家庭结构和整体的生活方式会发生很大变化，家庭生命周期进入已婚有子女阶段。根据子女年龄，这一阶段可进一步细分。子女在学龄前这一阶段被称为"满巢Ⅰ期"。

在这一阶段，家庭的精力和财力投入重心转移至孩子的抚养，加之孩子在年幼时外出旅游需要额外的照顾，因此，此阶段的家庭旅游活动相对较少。但随着社会经济的发展，近年来也涌现出很多青年夫妻带着学龄前子女游山玩水、认识世界的例子。

（四）满巢Ⅱ期（学龄子女）

当孩子开始上学，家庭进入满巢Ⅱ期，孩子进入学校接受教育，父母也重新获得了更多时间。此阶段用于孩子成长与教育的消费仍占据家庭支出的重要部分，加之孩子上学之后的作息时间往往围绕学校的安排，此阶段旅游活动相对较少。此阶段若选择家庭出游，时间往往安排在寒暑假，这时孩子有充裕的闲暇时间，旅游活动也更注重让孩子开阔眼界和增长见识。

[1]Weaver D, Lawton L.Tourism Management[M].4th edition.Milton：Wiley，2010.

（五）满巢Ⅲ期（大龄子女）

子女结束了受教育阶段之后,继续与父母共同生活的这一阶段叫作满巢Ⅲ期。此阶段家庭不再需要投入精力、时间和金钱用于子女的教育,父母有相对较多的可支配的自由时间,家庭重新进入旅游活动的活跃期。此阶段,父母大多在事业上取得了一定成就,家庭可支配收入较为充裕,因此在旅游活动上更注重享乐。

（六）空巢Ⅰ期（工作,子女离家）

空巢Ⅰ期是指子女离开父母独立生活,父母仍在工作的阶段。此阶段仍然是旅游活动的活跃期,加之子女不参与旅游活动,父母进行消费决策时更加自由,个性化需求可得到充分满足。

（七）空巢Ⅱ期（退休）

当父母退休且子女已离开父母独立生活时,家庭进入空巢Ⅱ期。这一阶段父母有充裕的闲暇时间,家庭储蓄较为丰厚且父母退休后有稳定的退休金,此时外出旅行具有充足的经济和实践基础。若此时父母健康状况良好,通常倾向于通过旅游等方式积极享受退休生活。若情况允许,他们会积极选择更加远的旅游目的地和更豪华的旅游度假产品。数据显示,邮轮旅游的主力人群就是有钱又有闲暇时间的"银发族"。

随着我国人口老龄化程度的加深,健康状况良好、有经济实力出游的老年人数不断增长。老年旅游者更加注重旅游过程中的保健和安全因素,旅游企业纷纷致力于合理设计线路,研发特色游产品,满足老年人多样化、个性化的需求。国家也于2016年出台《旅行社老年旅游服务规范》,对旅行社面向老年人群的包机、包船、旅游专列等服务进行规范,以保障老年人旅游过程中的安全与舒适。

（八）老年独居（退休）

老年独居指老年夫妇一方去世后留下另一方独自生活,意味着家庭生命周期进入最后一个阶段。随着老人年龄的增长,维持良好的身心健康状况成为生活重心。处于这一阶段的人群对医疗产品的消费支出增加,而出游意愿大幅降低。

需要注意的是,韦弗和劳顿的家庭生命周期模型中并未包含所有的家庭结构状况,比如终身未婚的人群和终生未育的家庭,以及单亲家庭等。另外,这一模型假设家庭成员一直保持良好的健康状态直到最后的老年独居阶段,并未将在家庭生命周期的前几个阶段有家庭成员患严重疾病的情况纳入其中。

尽管如此,旅游研究者和旅游工作者一致认可旅游者所处的家庭生命周期的阶段会对旅游者的需求、动机及行为产生重要影响。人们对旅游者所处家庭生命周期阶段的深刻理解,被认为是进行旅游心理与行为研究的重要基础。在分析和研究旅游者心理与行为时,人们需要因时因地去理解旅游者所处的家庭生命周期的实际情况,不可固守一个模型,一概而论。

三、家庭旅游决策

家庭中不同成员所扮演的角色和作用不尽相同,对家庭旅游决策产生的影响也各不相同。核心家庭是现代社会最常见的家庭类型,由父母和未成年或成年但未婚子女组成,本节对家庭旅游决策的分析也主要从丈夫、妻子和孩子这三方在家庭旅游决策中扮演的不同角色入手。

我国旅游心理学界借鉴国外的研究成果,通常将家庭旅游决策的方式归纳为四种主要类型:丈夫主导型;妻子主导型;共同影响,一方决策型;共同影响,共同决策型。20世纪50年代以前,国内外研究普遍认为家庭决策一般由作为一家之主的丈夫独立做出。随着社会的进步,女性知识水平的提高和经济能力的提升,妻子在旅游决策中的参与程度不断提升,在一些决策中的影响已经超过了丈夫。整体来讲,现代社会中,家庭成员的地位趋于平等,决策方式也较为民主,往往倾向于家庭成员协商讨论做出旅游决策,在新婚或结婚时间较短的年轻夫妻中,这种情况更为普遍。一些研究表明,随着婚姻时间的推移,妻子对家庭旅游决策的影响随之增大,而丈夫的影响则有所减小。

丈夫和妻子是家庭收入的主要贡献者,孩子的认知水平相对有限,因此,父母往往被认为是家庭旅游的主要决策者,但孩子对家庭旅游决策的重要作用不应被忽视。随着网络化、信息化、科技化的推进,人类社会已进入"后喻时代"。青少年通过电子信息设备或其他手段,往往可以比家长更早获得更多的信息,在家庭交流中也更倾向于挑战父母的权威,大胆表达自己的看法。尤其在信息技术和文化娱乐等方面,孩子对父母的影响日趋增大。在旅游决策中,孩子直接与父母协商而参与旅游决策的情况逐渐成为趋势。对于年龄较小、没有协商能力的孩子,他们在饮食、起居等方面的特殊要求也会影响父母在度假时间、目的地和旅游项目方面的选择。

中国家庭往往对孩子的教育和健康成长十分重视,即使很多情况下孩子并不直接参与决策过程,但父母在制订旅游计划和做出旅游决策时通常会将孩子的兴趣和需要放在重要位置。另外,为了让孩子开阔眼界和提升综合素质而旅游,也是很多家庭出游的主要动机,父母在选择旅游项目时会更加关注"游"与"学"的结合。

翻转课堂

女性成为家庭出游决策主导者

在国内家庭休闲旅游活动中,女性决策成为主导力量。同程旅行数据显示,2023年,在同行人超过三人的家庭旅游度假活动中,超过七成的预订者为女性用户,她们更擅长整合不同家庭成员的旅行需求,查找攻略,并制订旅行计划。

在女性用户进行旅游决策时,她们最关注的因素是安全,其次是舒适度。

相比男性用户，女性在预订旅游度假产品时更倾向于安排宽松、舒适的行程，也愿意为了安全和舒适的旅行付出较高的价格。此外，社交媒体上流行的旅行方式和旅途中的出片率，也是女性用户关注的重点。

在目的地选择方面，同程旅行数据显示，2023年春季较受女性用户关注的国内旅游目的地为三亚、大理、成都、长沙和苏州。三亚的海岛度假、免税店和各类水上项目吸引了较多女性用户。热播剧《去有风的地方》则为云南大理赚足了眼球。成都、长沙、苏州的热门街区和景点，也在春暖花开的季节迎来人潮。

2023年，国内休闲度假市场迅速恢复，也涌现了众多新兴旅行方式。同程旅行市场调研发现，在旅途中学习一项新技能的"学习型旅游"，如帆船、皮划艇、桨板、野外生存技能、潜水考证、非遗技艺学习等，成为女性群体青睐的新玩法。在社交媒体上，七天在草原上学会骑马，或者去海边考潜水证书等旅游线路，受到大量女性关注。

另外，相比男性旅游者，女性旅游者更愿意尝试新鲜小众的产品和玩法，她们愿意"打飞的"去沙漠看一场流星雨，也愿意在熟悉的城市里来一次city walk，发现不一样的风景。同程旅行发现，在搜索旅游度假产品时，男性更多直接搜索目的地名称，女性则更多搜索出游主题和产品特征。例如，在搜索"小众"关键词的用户中，女性占比达到72%，搜索"深度""非遗"等主题性旅游关键词的用户中，女性占比均超过60%。

（资料来源：《同程旅行：七成家庭出游由女性预订》，品橙旅游，2023-03-08，有改动。）

问题：

（1）女性在旅游活动中的主导作用体现在哪些方面？

（2）结合案例中的描述和你的观察，说说女性在旅游活动中有哪些特点。如何更有针对性、更好地满足女性的旅游需求？

（3）结合自己家庭的实际情况，说说家中的不同成员（包括你自己）分别如何影响旅游决策。

第三节　文化与旅游行为

一、文化概述

（一）文化的定义

文化是一个非常宽泛的概念，不同学科从不同角度对文化均做出了不同的定义，但尚未形成一个公认的精确定义。《周易》中提道:"观乎天文,以察时变;观乎人文,以化成天下。"由此而产生的"人文化成"应该是汉语言中"文化"一词最早的形态,指用人的标准和尺度去改变对象的行为过程及其结果。人类学家爱德华·伯内特·泰勒(Edward Burnett Tylor)在19世纪末首次提出现代文化的概念:"包括知识、信仰、艺术、道德、法律、习惯以及作为社会成员的人所获得的任何其他才能和习性的复合体。"可见文化的内涵非常丰富,涉及人类在社会历史发展过程中,不断继承、总结、改造、创新,逐渐积累起来的物质和精神财富的总和。

因此,文化是影响旅游者心理与行为的最广泛的因素。文化反映了一个社会共有的理念和价值观,影响着一个人理解和解释世界的方式以及相应的行为方式等。对旅游者来说,文化对其旅游偏好、旅游行为和对旅游体验的感知与评价等方面都产生着影响。

(二)文化的共性

不同国家、地区,不同时期的文化各有其特点,但不同的文化具有一些基本的共同特征,主要体现在以下几方面。

1. 地域性

人类学家朱利安·斯图尔德(Julian Steward)认为,文化的基本特征取决于自然环境,因此,文化形态与自然环境之间具有非常复杂而紧密的关系,而社会文化是对周围自然环境适应的产物。不同地域的自然环境差异造就了当地人民不同的生活和生产方式,形成了不同的社会环境,从而孕育了具有不同地域特征的文化。

2. 民族性

世界上不同的民族因其生存与发展的具体条件(包括自然条件、经济条件、政治条件等)不同,而具有各自独特的文化。各民族在生产和生活方式、价值理念,以及民族节日、民族服饰、民族风俗习惯等各个方面都表现出该民族的独特文化传统,使其与其他民族区别开来。对一个民族来说,文化起着维系社会生活、维持社会稳定、激发民族创造力和凝聚力的重要作用,是一个民族生存与发展的精神根基。

3. 时代性

在不同的社会历史发展阶段,特定地域文化及其对当地人群的社会生活和个人发展所产生的功用和效能是不同的,这反映出不同时代的价值标准和文化特征,而随着人类社会的不断发展,文化也将随着时间推移不断演化。

4. 承袭性

虽然文化会随着时代发展不断演化,但一个阶段文化的形成都是前一个阶段文化发展的产物,同时也成为未来文化发展变化的基石。文化中的核心特征在演化中代代相传,表现为文化的承袭性,这使得文化具有一定的稳定性。

翻转课堂

如何服务好中国游客？中国驻俄使馆给俄机场支招

伴随着越来越多中国游客到访俄罗斯，中国驻俄罗斯大使馆的外交官走进位于俄罗斯首都莫斯科的谢列梅捷沃国际机场，为机场地勤服务人员带来一堂内容丰富的中国文化礼仪讲座，受到学员们的欢迎。

协助组织培训的谢列梅捷沃国际机场的工作人员塔基扬娜·弗拉索娃说，在谢列梅捷沃国际机场，每天都有大量往返于中国多地的航班抵达或离港，这促使机场不断推出各种便民措施，努力为中国旅客创造更加便利、舒适的环境，加强相互理解，避免摩擦。

塔基扬娜·弗拉索娃说："在我们的日常工作中，机场服务人员与中国旅客沟通不畅的情况时有发生，除了语言不通，文化差异也是造成误解重要原因。这样的培训可以帮助服务人员特别是新员工了解中国人的文化习俗和行为习惯，避免在交流中发生冲突。"

亚历山大是谢列梅捷沃国际机场负责办理登机手续的地勤人员。他说，如何与既不懂俄文又不懂英文的中国旅客沟通，着实让他很伤脑筋，一些啼笑皆非的事情经常发生。有的乘客办理登机手续时，行李已经放在传送带上，却迟迟不拿出护照，此刻他就不得不连说带比画去描述护照的样子。事实上，对身处陌生环境的中国旅客来说，机场服务人员的耐心显得尤为重要。

塔基扬娜·斯米尔诺娃在谢列梅捷沃国际机场工作多年，她说，中国人普遍很客气、有礼貌，这给她留下了深刻的印象。这次讲座让她对如何为中国游客做好服务又有了新的认识，以后面对问题时，她能更容易地找到解决的办法。

塔基扬娜·斯米尔诺娃表示："我们之间很明显的区别是，俄罗斯人表达情绪的方式很直接，而中国人通常会表现得很克制，所以要正确理解中国人的性格，并且中国人很在意每一个细节，这同我以往的经验差别很大。"

（资料来源：孙娟《如何服务好中国游客？中国驻俄使馆给俄机场支招》，国际在线，2018-02-03。）

问题：

（1）在接待国际游客时，了解该客源国的文化对促进旅游发展有何重要意义？

（2）中国文化对我国游客行为的影响体现在哪些方面？根据这些影响，如何服务好我国游客？

（3）俄罗斯为服务好我国游客，专门通过讲座学习中国文化礼仪，这对我国发展国际旅游、服务好外国游客，有何启示？

二、文化的不同维度

由于文化的地域性和民族性，以及文化本身的广泛内涵，并不存在一个特定的标准去衡量和比较不同地域与民族的文化。荷兰心理学家盖尔特·霍夫斯泰德（Geert Hofstede）的文化维度理论（cultural dimensions theory），提出文化的六个基本维度，为我们理解不同国家之间的文化差异提供了可供参考的框架。这六个基本维度是权力距离（power distance）、不确定性规避（uncertainty avoidance）、个人主义与集体主义（individualism versus collectivism）、男性度与女性度（masculinity versus femininity）、长期导向与短期导向（long-term orientation versus short-term orientation），以及放纵与约束（indulgence versus restraint）。

（一）权力距离

权力距离指某一社会中权利的集中程度和领导的独裁程度，以及一个社会对这种权利不平等分配的接受程度。各个国家由于对权力的理解不同，以及社会制度的不同，对权力差距的接受程度也有所不同。亚洲、非洲和南美洲的部分国家的权利差距较大，由于体制的关系，这些国家普遍认可权力的约束力，对社会不同阶层的权力差距的接受程度更高。欧洲和北美洲国家对权力差距的接受程度较低，不会过分看重权力，更倾向于个人能力的提升和超越自我。

霍夫斯泰德提出，在权利差距较大的文化中，个体更倾向于明确标记自己的社会地位和等级，因此更注重通过品牌商品的消费以彰显自己的身份与地位。

权力差距图示见图7-2。

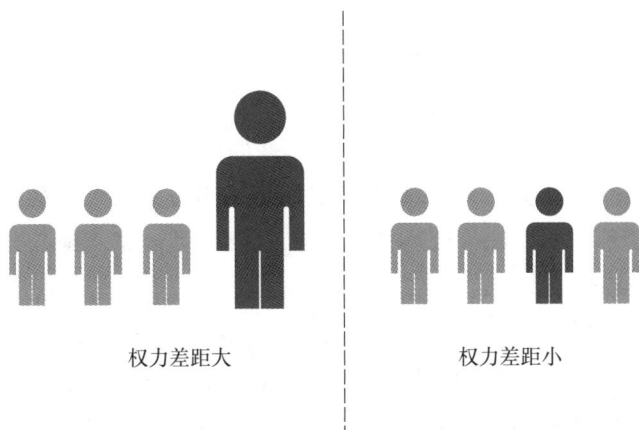

| 权力差距大 | 权力差距小 |

图7-2　权力差距图示

（二）不确定性规避

不确定性规避指一个社会在应对不确定性和含糊的情况时感到担忧和感到受威胁的程度。不同民族、国家或地区，防止不确定性的迫切程度各不相同。相较而言，不确定性规避指数高的国家较难接受偏激观点和行为,倾向于通过树立权威、制定规章制度等正式渠道来避免和控制不确定性。不确定性规避指数低的国家对于反常的行为和观念较为宽容,更鼓励冒险,普遍具有较为放松的生活态度。中国的不确定性规避指数较低,体现在可以根据实际情况来灵活调整规则,中文的语义内涵宽泛,中国文化博大精深,中国人对不同环境的适应性较强,因此,世界各地都能看到中国人的面孔。

在旅游行为上,不确定性规避指数高的文化中的旅游者更为保守,比较看重产品和品牌的口碑,以确保物有所值。不确定性规避指数低的文化中的旅游者则更愿意尝试新产品,更接受可能产生的预期之外的体验。

(三)个人主义与集体主义

个人主义与集体主义反映了一个社会中成员的独立性,以及社会集体更关注个人的利益还是集体的利益。个人主义指数高的社会中个体更为独立,更注重每个人自身的价值、成就和需要,人与人之间的关系较为松散,交流更加直接。与个人主义相对的是集体主义,集体主义社会的成员之间的情感联系更为紧密,倾向于区分"内群体"(in-group)和"外群体"(out-group)成员,它认为"内群体"中各成员有义务相互照顾且应保持忠诚。中国是崇尚集体主义的社会,个体对集体具有感情依赖,更容易构建社会成员之间、成员与国家之间的和谐关系。

霍夫斯泰德指出,在集体主义的文化下,企业的品牌公关应该更加关注与旅游者建立信任关系、加深情感联系,而不是生硬地直接劝导旅游者进行购买。

(四)男性度与女性度

男性度与女性度反映了一个社会中居于主导地位的价值标准。在男性度较高的社会,居于主导地位的是男性气概,认为社会发展的驱动力在于竞争,人们更崇尚自信果断、进取好胜、执着坦荡等特质;而女性度较高的社会则与之相反,人们更注重生活质量的提升而非竞争,社会成员之间相互照顾,更乐于考虑他人感受。研究表明,男性度越高的社会,男性与女性的价值观差异越大;而在女性度越高的社会,男女两性在情感上有更多的共通点。

在旅游行为方面,霍夫斯泰德认为在女性度较高的国家,男性会更多地参与家务并且享受购物。在现代社会,各个国家普遍呈现出男女平等的趋势,在产品设计和营销推广上不应单纯以目标旅游者的性别作为决策标准,要避免陷入对性别的刻板印象。

(五)长期导向与短期导向

长期导向与短期导向反映出一个社会应对变化的不同态度。长期导向的社会将世界视为流动的,乐于迎接变革并主动改变,并认为需要为长远的未来时刻准备,因此,长期导向的社会成员崇尚实用主义,鼓励节俭和勤奋,有更强的毅力和韧性;而短期导向的社会更加追求稳定,在应对变革时更倾向于保持传统,追求及时行乐,专注于实现短期目标。我国是长期导向程度较高的国家,人们乐于改进传统以适应新的情况与环境,更为节俭且热衷于储蓄、投资,为实现长远目标而坚持不懈。学者们认为,长期导向程度与各国经济增长有着密切的关系,并认为长期导向是促进20世纪后期东亚国家的经济发展的主要原因之一。

(六)放纵与约束

放纵与约束指人们在何种程度上放纵自己的原始欲望和本性,即对人的基本需求和享乐欲望的允许程度,按照这种允许程度的高低可分为放纵型文化和克制型文化。放纵型文化下的人们更重视自己的健康和主观幸福感,倾向于在自己的喜好与冲动下行动,较少在意他人的眼光,也不易被社会道德约束,而克制型文化下的人则恰恰与之相反,更追求承担责任而非享受自由,社会群体会对个体有较强的约束力。我国的这一指数较低,人们更倾向于努力、奋斗,更能控制自己的情绪和原始欲望,更愿意遵守约定俗成的行为规范而不看重享受和娱乐。

在旅游行为方面,放纵型文化下的人们更乐于为休闲、娱乐及奢侈品付费,追求及时行乐,愿意为精美的包装和额外的服务而付出更多的金钱,而克制型文化的旅游者则更关注性价比,关注产品本身的实用性,在付费时更倾向于精打细算。

三、文化对旅游者行为的影响

旅游者的旅游动机、对旅游产品和旅游活动的偏好,以及具体的旅游行为归根结底都受到其所在社会的文化的影响。这种影响源远流长、潜移默化,我们可以通过霍夫斯泰德关于文化的六个维度来理解中国社会文化对旅游者旅游行为的影响。

(一)权力距离对中国旅游者行为的影响

中国的权力距离指数较高,较为看重面子,崇尚通过财富、社会地位等成就来赢得社会承认与尊重,这也影响着旅游者的消费行为。旅游,尤其是长距离出境旅游通常体现出旅游者一定的经济实力,同时,旅游者也更倾向于选择更能彰显其面子的产品和服务。例如,旅游者更愿意选择品牌价值高、声誉佳的国际知名的酒店品牌和高档餐厅,不仅是被其可能提供的优质产品和服务所吸引,还考虑到通过入住知名酒店、光顾知名餐厅来彰显自己的经济实力与社会声望。在旅游购物方面,中国旅游者更倾向于购买名牌产品赠送亲友让自己更有面子,在出境旅游时还会购买奢侈品。目前,中国旅游者越来越多地转向体验式高档消费,豪华酒店或度假村、豪华邮轮、豪华水疗等越来越受欢迎,他们以此来彰显自己的审美品位,从而获得社会认同。

（二）不确定性规避对中国旅游者行为的影响

中国的不确定性规避指数较低，中国人民锐意进取、勇于开拓，对新环境的适应能力较强，善于根据实际情况来灵活调整规则。我国人民具有较强的探索精神，中国旅游者的脚步几乎遍布世界各地。在旅游行为方面，我国旅游者乐于尝试新的旅游目的地，希望尽可能在有限的外出时间内到访多个地方、体验不同的文化。中国西南八日多地游、欧洲十日多国游等能让人在有限时间内尽可能体验多个目的地的旅游行程，因此受到中国旅游者的欢迎。不确定性规避指数较低还体现在，我国旅游者对目的地具有特色的食物、游乐项目、旅游纪念品等抱有强烈的兴趣，乐于尝试新产品，也更能接受旅游过程中的多样化体验。

（三）集体主义对中国旅游者行为的影响

中国人受以儒家思想为代表的文化影响，普遍具有较强的集体主义意识。受此影响，中国旅游者相比于欧美旅游者更倾向于团队旅游的方式，尤其在出境旅游时，中国旅游者选择团队旅游的人数高于自助旅游的人数。一方面，出境旅游时的语言隔阂和文化差异带来的不确定性，使得中国旅游者更倾向于选择团队出游。另一方面，中国旅游者更注重与亲人朋友亲密相处、互相照应并随时分享旅行见闻与感受，因此更偏向与亲人或朋友结伴出行。

在旅游行为方面，受集体主义影响，中国旅游者十分看重人与人之间的关系，更为珍视与他人结识的机会。在旅游时，他们更愿意参加集体活动，从而获得与其他团队成员彼此熟悉、拉近距离的机会。另外，在集体主义文化的影响下，中国旅游者外出旅游时通常喜欢购买旅游纪念品、目的地特产等作为礼物带回家中赠予亲朋好友，以期增进彼此的情感。

（四）男性度对中国旅游者行为的影响

霍夫斯泰德将男性度国家和女性度国家之间的巨大差异，解释为"活着就是为了工作"和"工作是为了活着"之间的差异。中国在男性度这一维度处于中等偏上的位置，中国人在传统上更乐于辛勤工作，为了理想的生活而不懈奋斗。特别是生活在大城市的人们，为了工作投入大量时间与精力。在旅游时，他们更倾向于选择能让其远离城市喧嚣和日常琐事的目的地。浪漫原始的海滨、清新自然的乡村逐渐成为都市旅游者的首选。中国旅游者不再热衷于走马观花式的旅游，以及尽可能多地去一些景点，而更喜欢在风景优美、生活淳朴的乡村过一种"闲看庭前花开花落，漫随天外云卷云舒"的慢生活。

（五）长期导向对中国旅游者行为的影响

中国文化具有较为强烈的长期导向倾向，愿意为了实现长远目标而不懈努力、奋斗。"千里之行，始于足下"，正是体现了从点滴小事做起，逐步实现自己的长远目标的心志。

同时,中国旅游者更看重旅游对个人开阔视野、增长见闻所带来的好处,所谓"读万卷书,行万里路"。旅游不仅是一项放松身体、获得享受的活动,人们还希望通过旅游多接触不同的文化,学习书本上看不到的知识,从而促进个人能力的提升。这种倾向在家庭旅游时尤为凸显,家长往往愿意选择能够对孩子成长有所帮助的科普游、文化游,并在旅游过程中注重孩子知识的提升与能力的培养,而将自己的放松与享受放在次要地位。

(六)克制型文化对中国旅游者行为的影响

在放纵与约束这一维度,中国处于比较低的水平,属于克制型文化,更崇尚努力坚韧而非放纵享乐。中国自古有"父母在,不远游"的观念,认为相比外出远游追求自由,履行照料双亲的职责更为重要。随着中国经济的发展,人民生活水平有了显著提高,中国已经进入"大众旅游"时代。外出旅游不再是一项奢侈的、需要花费大量金钱的活动,而逐渐成为人们生活中不可缺少的一部分。

翻转课堂

东西方旅游者价值、行为取向差异比较

我国学者梁雪松等于2006年在《旅游学刊》发表的一篇论文中,对以中、日、韩旅游者为代表的东方旅游者和以欧美旅游者为代表的西方旅游者进行市场调查后,对东西方旅游者对价值和行为取向的差异进行了分析,总结如表7-1所示。

表7-1　东西方旅游者价值、行为取向差异比较

项目	东方旅游者	西方旅游者
价值取向	集体主义,保守,团体出游	个人主义,积极,自助出游
旅游者特征	旗子＋团队＋相机＋遮阳帽	自由＋休闲＋牛仔服
旅游影响因素	价格,景点和文化吸引	目的地居民好客程度,景点,距离
旅游逗留时间	较短,7—12天	较长,10—20天
出境旅游目的	观光游览,增加见识	休闲度假,追求新奇
获得咨询渠道	旅游商,亲友介绍,广告	导游书籍,亲友介绍,互联网
旅游景点偏好	人工景点,自然景点	自然景点,历史文物
目的地饮食偏好	倾向母国风味	品尝当地特色食品

Note

续表

项目	东方旅游者	西方旅游者
购物、摄影	兴趣大,留影多,购物纪念	兴趣较小,留影较少
与目的地居民交往	不太渴望,交往较少	非常渴望,交往较多

（资料来源：梁雪松、马耀峰、李天顺《"文化边际域"中东西方旅游者行为比较研究》。）

问题：

（1）表7-1中对东西方旅游者的价值和行为取向的总结,体现出文化对旅游者哪些方面的影响？

（2）以上论点发表自2006年,当今东西方旅游者的价值取向和行为模式,相比表中总结的内容有何变化？反映出东西方社会文化的哪些变化？

本章小结

· 旅游者的行为不仅仅是个体内在的性格、动机与态度的体现,也受到外界的社会因素的影响,如社会群体、家庭及社会文化等。

· 旅游者往往同时处于多种社会群体之中,受到认同性、信息性、懈怠性和促进性等多方面的影响。

· 在家庭生命周期的整个变化过程中,家庭的结构随之变化,从而影响着整个家庭的旅游需求和偏好以及相应的旅游决策。

· 文化是影响旅游者心理与行为的最广泛的因素,对旅游者的消费行为产生深远的影响。

单元训练

在线答题

▼

[二维码]

第七章

一、选择题

请扫描边栏二维码答题。

二、简答题

1.简述社会群体对旅游行为的影响。

2.简述在家庭生命周期的不同阶段,家庭旅游活动呈现出的特点。

3.霍夫斯泰德将文化划分为哪六个维度？请对各维度进行简要介绍。

三、思考题

1.回忆自己最近的一次消费行为,分析自己的决策受到了哪些人的影响。这些人对你来说属于哪类参照群体？他们如何影响你的消费决策？

Note

2.霍夫斯泰德关于文化的六个基本维度中,对旅游者行为影响最大的是哪个维度? 具体体现在什么方面?

四、实操训练

设想你将与家人进行一场家庭旅行,与家中各成员就这场"想象中的旅行"进行讨论,重点了解:

1.家庭不同成员(包括你自己)对旅游目的地的选择有何不同偏好?

2.家庭不同成员(包括你自己)对旅游目的地的具体活动有何不同偏好?

3.家庭各成员对旅游目的地和具体旅游活动的偏好不同,是因为受到哪些因素的影响?

4.最终能够决定此次旅行的目的地和具体行程安排的是哪位家庭成员?为什么?

5.其他家庭成员如何最终对旅行目的地的选择和具体行程安排产生影响?

第八章
旅游服务与旅游体验

学习目标

知识目标：了解服务、旅游服务、旅游体验的概念和特点；了解衡量服务质量的SERVQUAL模型；了解价值共创理论，以及旅游体验价值共创的主体和表现形式。

能力目标：掌握价值共创的理念，能运用旅游服务相关理念并从价值共创视角提出有针对性的旅游体验提升策略。

素养目标：培养旅游服务综合素质与职业责任感，能高效、正确处理旅游服务工作中的各种情况；在旅游体验中积极参与自我价值创造，树立在工作与生活中的自发学习、自我负责的观念。

核心概念

旅游服务　服务质量　旅游体验　价值共创

思维导图

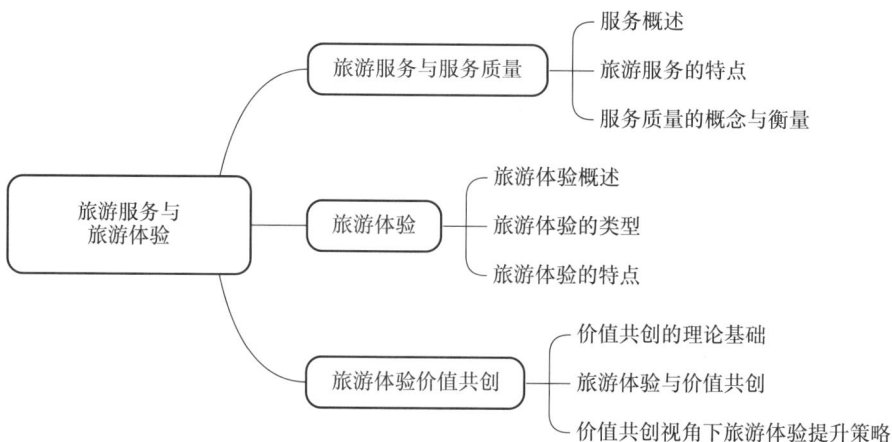

一颗纽扣的惊喜

周先生因为工作经常出差,因此经常使用酒店的洗衣服务。一次出差入住某酒店,周先生又一次将西装委托酒店干洗。这一次,他被酒店无微不至、超出预期的服务深深感动。

在清洗好周先生的西装后,酒店服务员细心地将衣服熨烫平整。熨烫过程中,发现有一粒纽扣掉了。这是一件名牌西装,所有的纽扣都有精美的图案并与衣服的颜色相匹配,酒店洗衣房中并没有配备此类纽扣。服务员当即与周先生取得联系,说明了这一情况,周先生表示他送洗这件西服时已经发现少了一粒纽扣,但由于工作太忙没有处理,并不碍事。

虽然客人没有提出其他的要求,但是酒店服务员还是将此事放在心上。在工作之余,服务员专门去到这件西装品牌的专卖店,买到了同样的纽扣。当清洗好的西装被送还给周先生时,他惊喜地发现除了衣服被熨烫得整整齐齐,纽扣也被缝了上去。

超出预期的优质服务感动了周先生,他向酒店服务员连声道谢,并致电酒店客房部,再次表达自己的赞许与感谢。

洗衣服务是酒店的常规服务项目之一,案例中的服务员不仅圆满完成了清洗干净客人的西装的工作,还善于注意细微之处,真正站在客人的立场上为其解决了问题,提供了超出客人预期的惊喜服务。

旅游行业涉及对客服务的方方面面,需要从业人员深刻理解旅游服务与体验的内涵,在客我交往中将服务做精、做细,带给客人惊喜的服务体验。

第一节　旅游服务与服务质量

一、服务概述

(一)服务的概念

"服务"是我们日常生活中经常提到的一个词语,它与我们的生活息息相关。早上买一份早餐,出门乘坐地铁,中午点一份外卖,晚上看一场电影,这些都涉及"服务"。我们可以将"服务"理解为"为满足顾客的需要,供方与顾客接触的活动和供方内部活动所产生的结果"。

对服务的概念,可以从以下几个方面去理解。首先,服务涉及一定的社会交往。这类交往通常是人与人之间的交往,即服务者与被服务者之间的人际交往。近年来,随着科技的发展,人工智能被越来越普遍地被应用于一些往常需要由人来完成的服务,而服务过程中人与人之间的交往,也逐渐变为人与机器之间的互动。比如,人们现在只需要在自动售票机上操作即可办理基本的购票、取票、退票事宜。

其次,"服务"这种交往方式带有明确的目的性。无论是人与人的交往,还是人与机器的互动,都以满足顾客的需求为目的。这就要求服务者精准把握顾客的心理,了解顾客真正的需求,从而有效提供能够满足顾客需求的产品或服务。

最后,服务是过程与结果的统一。服务的过程既包括供方与顾客的接触活动(即与顾客的社会交往),也包括供方内部为了满足顾客需求而展开的活动。比如顾客在餐厅用餐时,服务员引导其入座是服务的一部分;同时,服务员将顾客的点餐信息准确传递到后厨,后厨为了完成这道菜品所展开的活动,也是服务的一部分;而最后服务员将菜品送到顾客面前,更是服务不可或缺的一部分。此时,若服务员经过引座、点菜、下单等一系列的过程,最后却将菜送错到另外一桌客人,尽管服务员和后厨为此都展开了一系列的活动,也不论服务员送餐的流程有多么标准,对真正点了这份菜品的客人来说,这很难被称为"服务"。

(二)服务的特点

1. 无形性(intangibility)

相对于有形的物质产品,服务是无形的。在一些情境下,服务的结果体现为有形的产品(如餐饮服务的结果是有形的菜品,售票服务的结果是有形的票据),但服务的过程往往是无形的。服务的无形性使其既看不到也摸不着,因此,顾客在购买之产品前很难对服务有直观的感受,也很难预期服务的结果。

2. 不可分割性(inseparability)

服务的无形性造成了服务的不可分割性。这一方面体现在,服务的过程一定需要服务者在场,不管这项服务是由人还是由机器设备来提供;另一方面体现在,服务人员提供服务的过程和顾客接受服务的过程同时进行,不可分离。例如,一项心理咨询服务一定需要心理咨询师当场参与,并且咨询师提供咨询的过程即顾客接受咨询的过程,这两个过程是同时进行的。相对地,一项实体产品的生产过程和使用过程往往是独立的。

3. 不确定性(uncertainty)

因为服务的过程与服务人员不可分离,且涉及与顾客的社会交往,所以即使是同一项服务,若服务人员不同,或同一位服务人员在不同情境下的工作状态不同,顾客所感受到的服务体验也会不同。由于服务具有不确定性,服务人员的标准化培训和服务质量管理对保障顾客的服务体验而言尤为重要。相对于人工服务,机器设备的应用也可以减少服务的不确定性,但同时也存在灵活性较差等弊端。

4. 不可储存性(perishability)

服务的提供与顾客接受服务的过程同时发生,因此,服务无法储存。比如某日酒店的房间仍有空房,那么这一日的亏损将永远无法从日后该房间的收益中补足。同理,有明确使用时效的机票、演唱会门票等,都是无法储存至下一日的服务,因此,企业需要通过扩大销售网络、灵活使用多种营销方式等来保证它及时出售。

二、旅游服务的特点

旅游业作为服务业的代表性行业,在理解旅游服务时,应充分结合旅游活动本身的特点。

(一)旅游服务内容的广泛性

现代旅游业是一个综合性极强的服务型行业,涉及的领域十分广泛。以旅游者的旅游活动的过程为主线,旅游服务贯穿其中,旅游服务内容包括:旅游前的营销与推广;旅游准备阶段的签证办理、交通与住宿的预订、旅游用品的提供;旅游途中所涉及的餐饮、住宿、交通、游览、娱乐、购物等服务;旅游结束后,为旅游者提供分享旅游经历、交流旅游经验的平台等。可以说,旅游者的各个阶段的旅游活动都离不开旅游服务。

同时,特定环节的旅游服务的内容也十分广泛。例如,在餐饮环节,顾客的喜好千变万化,可供选择的菜式也五花八门,而不同的餐饮种类(如中餐与西餐、正餐与小吃、堂食与外带等)所需要的餐饮服务的内容与特点均有不同,对服务人员的能力需求也随之变化。

在旅游活动的不同阶段与不同环节中,多种多样的旅游服务既满足了旅游者当下的特定需求,同时,它们又相互联系、相互依存,共同构成了旅游者的整体旅游体验。

(二)旅游服务对象的多样性

当今社会已经进入"大众旅游"时代,越来越多的人成为旅游者,也成为旅游服务的对象。那些尚未参与旅游活动,但有旅游需求的人群,也被作为潜在旅游者,成为旅游服务的对象。

由于每位旅游者(及潜在旅游者)具有不同的个性特征和行为偏好,加之受到不同的社会群体、家庭和民族文化的影响,他们对旅游的需求各不相同,并且会随着其年龄阶段、家庭状况等的变化而不断改变。例如,受东方文化影响的旅游者通常较为内敛,对自然风光情有独钟,喜欢寄情于山水;而受西方文化影响的旅游者个性较为开放,喜爱追求刺激,对突出体验性的旅游活动,如极限游戏等更感兴趣。即使来自同一文化背景,家庭出行的旅游者对旅途的舒适性、便捷性更为在意,愿意通过购买各类服务来避免旅游途中的劳顿,留出时间增进家人之间的感情,共享欢乐时光;而独自出行的单身旅游者则更愿意选择自助旅行的方式,他们能够从亲自完成旅途中的各项工作中获得成就感与满足感。相较于享乐类的旅游服务,他们更愿意消费体验型的旅游项目。

同时,由于制约着旅游者(及潜在旅游者)消费能力的社会阶层、经济条件、收入结构等各有不同,我们需要针对不同消费能力的旅游者设计相应的旅游服务,让不同预算条件下的旅游者都能获得物有所值的旅游服务。以交通出行为例,旅游者可以选择经济型的公共交通或选择自驾出游,火车有普通列车、快速列车及高铁之别,同一列车有不同等级的座位之分,等等。这些都丰富了旅游者的选择,让每一位旅游者都可以依据自己的经济状况和消费预算选择适宜的出行方式。

(三)旅游服务情境的变化性

旅游服务涉及旅游活动的各个阶段,包含餐饮、住宿、交通、游览、购物、娱乐、文化、体育等各个领域,其发展和整个社会的政治、文化与经济的发展息息相关,因此,社会中的任何变化都有可能引起旅游服务情境的变化,这也就要求旅游业对社会发展有灵敏的观察,并提升及时应对各种变化的能力。比如,2020年疫情给旅游业带来突如其来的冲击,跨境旅游首当其冲受到影响,国内旅游也经历了短暂停滞,但随着疫情情况的好转,人们旺盛的旅游需求首先通过国内短途旅游得到了释放,为国内旅游发展注入了活力。旅游服务业纷纷采取各项措施应对疫情的影响,如餐饮业在食品安全、用餐距离、餐厅卫生环境等方面做出改进,交通和住宿业也大力推行无接触购票或无接触入住服务以保障从业人员和顾客的健康。

长期来看,旅游服务情境的变化性还体现在旅游的观念的发展与进步之上。旅游曾经被视为一项"奢侈"的活动,仅限于少数经济实力雄厚且闲暇时间充裕的群体参与,彼时的旅游服务带有普通人服务于上层人士的阶层差距感。如今,随着人们生活质量的普遍提升,旅游已经逐渐融入了普罗大众的日常生活,人们对旅游服务的观念也相应发生了变化,旅游服务作为一项经济活动,供需双方关系平等。

(四)旅游服务交往的流动性

前面提到服务涉及供方与顾客的社会交往,旅游服务中的社会交往则体现为从业人员与旅游者的交往,而旅游的流动性又决定了旅游服务中社会交往的流动性。一般来说,除了极少数量的旅居客人,旅游者在旅游目的地只能停留短暂的几天时间,流动性较强。旅游者往往有探索新的旅游目的地的心理需求,旅游服务中"回头客"的比率并不高,因此,从业人员面对的是来自旅游目的地之外的、只停留短暂时间且很少"回购"的顾客。

旅游服务交往的流动性,对从业人员了解顾客的文化背景、心理特点及行为偏好带来了挑战。首先,旅游者往往来自旅游目的地之外,这就需要从业人员掌握客源地的文化和社会背景,尤其是客源地的风俗、礼仪及人际交往的偏好与禁忌,从而为来自不同地方的旅游者提供舒心、妥帖的服务打好基础。其次,旅游者在旅游目的地停留的时间较短,从业人员了解旅游者的心理特点和需求的时间有限,因此,从业人员需要把握好每次与旅游者交流的机会,设身处地了解其旅游过程中的需求。最后,旅游者虽然很少重游旅游地,但并不意味着旅游服务是"一锤子买卖"。他们虽然不会亲身重游,但会将旅游目的地的见闻、对旅游服务的感受分享给亲人朋友,甚至会通过旅游网站、社交媒体等渠道发布旅游感受。相较于旅游企业的营销推广,旅游者的亲身体会通常是更为可信的参考依据,不仅影响着身边亲友的旅游选择,也有可能通过网络影响众多潜在旅游者。

三、服务质量的概念与衡量

(一)服务质量的概念

旅游服务对于旅游活动的开展发挥着关键作用,而服务质量直接影响着旅游者的旅游体验,它对旅游企业的生存发展来说至关重要。

服务质量是服务满足规定或潜在需求的特征和特性的总和。前面提到,服务人员提供服务的过程和顾客接受服务的过程同时进行、不可分离,所以对服务提供者来说,最重要的是了解消费者对服务的过程以及结果的感受和评价。从这一角度出发,克里斯琴·格罗路斯(Christian Grönroos)于1982年率先提出了顾客感知服务质量(perceived service quality, PSQ)的概念[1],把消费者放在了衡量服务质量的核心位置,并区别了"期待服务"(expected service)与"感知服务"(perceived service)的概念。顾客感知服务质量,是指顾客对所接受的服务与其对服务的期待进行比较的结果。对服务提供者来说,顾客对其服务的满意程度是他们衡量自身服务质量的标准。

(二)服务质量的衡量

1.顾客感知服务质量的决定因素模型

在格罗路斯关于顾客感知服务质量的研究基础上,Parasuraman、Zeithaml和Berry(1985)提出了顾客感知服务质量的决定因素模型[2],该模型成为学者们研究服务质量的重要基础。

服务质量取决于顾客实际感知的服务水平与服务期待的差距。若顾客所感知的服务水平超出了所期待的服务水平,则顾客对该服务的评价为惊喜;若顾客所感知的服务水平与所期待的服务水平相符,顾客对该服务评价为满意;当顾客所感知的服务水平达不到期待时,则会产生不满。

如前所述,服务是过程与结果的统一,因此,顾客对服务质量的评价,不只关注服

---

①Grönroos C. An applied service marketing theory [J]. European Journal of Marketing. 1982,16(7):30-41.

②Parasuraman A, Zeithaml V A, Berry L L. A conceptual model of service quality and its implications for future research [J]. Journal of Marketing,1985,49(4):41-50.

务的结果,也会在意服务的过程。图8-1中列出了十个服务质量决定因素,既涵盖服务过程,也涉及服务的结果。

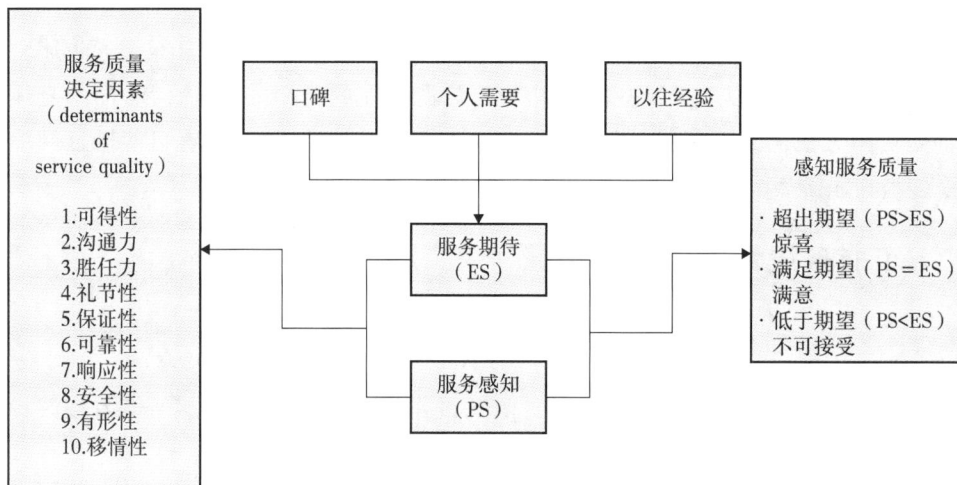

图8-1 服务质量的决定因素模型

（1）可得性。

可得性包括可到达性与服务接触的简易性,具体涉及四个方面:等待接受服务的时间不会过长;服务开放的时间对顾客来说是适宜的、方便的;服务设施所在的位置对顾客来说是便利的;若是通过电话或网络进行远程服务,线路应保持通畅,不应让顾客一直等待。

（2）沟通力。

沟通力指能够让顾客知情,并且所用语言便于顾客理解和愿意倾听的能力。这意味着服务商应针对不同的顾客使用相适宜的语言,比如与经验丰富的顾客沟通时应提高语言的精准度,而对新顾客则使用较为浅显易懂的语言。沟通力包含四个方面:对服务本身进行解释;对服务的收费情况进行说明;解释顾客的消费与所得的服务之间的权衡关系;向顾客确保若有问题会妥善处理。

（3）胜任力。

胜任力指执行服务所应具备的知识和技术,包括服务执行者的知识和技术,对服务执行者进行支持的人员的知识和技术,以及服务组织的研发能力。

（4）礼节性。

礼节性指服务人员的礼貌、尊重、体贴、友好,还包括面向公众的服务人员应保持干净整洁的仪表,等等。

（5）保证性。

保证性体现了顾客在多大程度上可以信赖该企业,这需要企业始终将顾客的利益放在心上。以下四个方面可以提升企业的保证性:企业的名称、企业的声誉、对外接待人员的人格特质,以及与顾客的互动中适度控制对企业的生硬推销。

（6）可靠性。

可靠性指在具体的服务中实际表现与承诺的一致性。这既意味着企业要在第一时间提供相应的服务，又意味着企业遵守其承诺。具体来说，可靠性包括计费准确无误，保持准确记录，在指定的时间进行服务等。

（7）响应性。

响应性涉及服务人员是否愿意并准备好提供服务，具体表现在下列服务的时效性上：及时应答顾客咨询，（未能及时应答时）尽快回复，立即提供或安排好服务。

（8）安全性。

安全性指服务没有风险或争议。它包括生理上的安全性（如使用某些自助服务机器时可能对顾客身体造成的风险）、财务上的安全性（如个人财务信息的安全性），以及个人隐私的安全性。

（9）有形性。

有形性指服务所涉及的有形的物品，如服务硬件设施、服务人员的仪表、提供服务时所使用的工具或设备、服务的实体体现（如服务商的名片），以及服务设施中的其他顾客。

（10）移情性。

移情性指企业应尽可能了解顾客的需求，包括了解顾客的特殊要求，为每位顾客提供有针对性的服务，记住经常光顾的顾客等。

2. SERVQUAL 模型

以服务质量的决定因素模型中的十个因素为基础，Parasuraman、Zeithaml 和 Berry（1988）进一步提出了 SERVQUAL 模型[①]，该模型包含五个维度：有形性（tangibles）、可靠性（reliability）、响应性（responsiveness）、保障性（assurance）、移情性（empathy）。他们还针对每个维度设计了若干陈述句，用来描述服务提供者在此维度上的表现，共涉及二十二个项目，可用于调研顾客对某项服务的评价。

SERVQUAL 模型中五个维度的组成项目如表 8-1 所示。

表 8-1　SERVQUAL 模型中五个维度的组成项目

维度	含义	组成项目
有形性 （tangibles）	实际设施，设备以及服务人员的列表等	有现代化的服务设施； 服务设施具有吸引力； 员工有整洁的服装； 公司的设施与他们所提供的服务相匹配

---

①Parasuraman A，Zeithaml V A，Berry L L. SERVQUAL：A multiple-item scale for measuring consumer perceptions of service quality [J]. Journal of Retailing，1988，64（1）：12-40.

续表

维度	含义	组成项目
可靠性（reliability）	可靠、准确地履行服务承诺的能力	公司向顾客承诺的事情都能及时完成； 顾客遇到困难时，能表现出关心并提供帮助； 公司是可靠的； 能及时地提供所承诺的服务； 准确做好相关记录
响应性（responsiveness）	帮助顾客并迅速地提高服务水平的意愿	不能指望员工告诉顾客提供服务的准确时间（反向设计）； 期望员工提供更及时的服务是不现实的（反向设计）； 员工并不总是愿意帮助顾客（反向设计）； 员工因为太忙一直无法立即提供服务，满足顾客的需求（反向设计）
保障性（assurance）	员工所具有的知识、礼节，以及表达出自信与可信的能力	员工是值得信赖的； 在从事交易时，顾客会感到放心； 员工是礼貌的； 员工可以从公司得到适当的支持，以提供更好的服务
移情性（empathy）	关心并为顾客提供人性化服务	公司不会针对顾客提供个别的服务（反向设计）； 员工不会给予顾客个别的关心（反向设计）； 不能期望员工了解顾客的需求（反向设计）； 公司没有优先考虑顾客的利益（反向设计）； 公司提供的服务时间无法满足所有顾客的需求（反向设计）

通过问卷调查的方式，我们邀请顾客对每项表现的期望值、实际感受值进行评分，随后综合计算得出服务质量分数。值得注意的是，在现实生活中，在不同的行业和不同的服务情境下，顾客对决定服务质量的每个维度的重要性的看法有所不同，因此，完成顾客调查后，我们应确定每个服务质量维度的权重，然后通过加权平均得出更为合理的服务质量分数。

顾客对服务的期待和实际感知均具有很强的主观性，因此衡量服务质量具有较高的难度。SERVQUAL模型为理解顾客服务需求和感知提供了一套易于操作、可量化的衡量方法，被广泛应用于服务行业和相关研究之中。在实际操作中，企业管理者可根据自身行业特点，灵活调整各项目的陈述方式以及对五个维度的权重赋值，以提升调查质量。

翻转课堂

哈尔滨冰雪大世界的真诚值得点赞

"我们深表歉意""我们对服务不周进行深刻反思并连夜整改",2023年12月19日下午,哈尔滨冰雪大世界官方微信公众号发布致广大游客的一封信。据报道,12月18日上午11点,第二十五届哈尔滨冰雪大世界正式开园,有游客称,由于排队时间过长,无法玩到想玩的热门项目,现场有人大喊"退票"。

开园当天,4万名游客纷至沓来,人气爆棚。在这种背景下,部分游客的游玩需求没有得到充分满足,从一定程度来说,确实很正常,但游客乘兴而来,却不能尽兴,心有怨言,调侃一番,也是人之常情。

无论是真的排队时间过长,还是有人"恶意"玩笑,从哈尔滨市文化广电和旅游局领导赶赴现场督导,到哈尔滨冰雪大世界公开致歉,再到园区连夜整改,这番操作充满了"仪式感",也展现了足够诚意。哈尔滨的真诚,我们都看见了,值得点赞。

值得一提的是,在公开信中,哈尔滨冰雪大世界除了致歉,还谈及三项整改措施:一是,即日起,园区内娱乐项目采取现场排队和延时服务方式,设置排队信息提示,对游玩项目分时、分段提醒,满足游客体验需求。二是,园区内增加安保、接待、志愿服务人员,充实游客流量较高点位的服务力量,为游客提供秩序维护、问询导览等暖心服务。三是,增加投诉受理服务台和客服人员,设置投诉服务电话400-639-1999,线下线上同步解决游客的问题,真诚接受广大游客的监督。

仔细琢磨这些措施,游客一定很受用,因为能够深切感受到被尊重、被放在心上。哈尔滨冰雪大世界的做法,让游客如沐春风,暖了顾客的心,也给人以启迪。善待游客,让游客从"头回客"变为"回头客",将"冷资源"变为"热经济",冰天雪地就会成为"金山银山"。

有个细节是,针对游客的退票要求,当天(12月18日),已有部分游客进了退票。对此,有网友表示,哈尔滨冰雪大世界退票事件是哈尔滨给各位临行的"伴手礼",它叫——宽容。"伴手礼",这一比喻令人耳目一新,收到这份"伴手礼",相信相关游客会有别样感受,还可确定会有更多游客前往哈尔滨体验冰天雪地的温情。

(资料来源:秦川《哈尔滨冰雪大世界的真诚值得点赞》,人民网,2023-12-20。)

问题:

以上案例中,哈尔滨冰雪大世界的做法体现出SERVQUAL模型中的哪几个维度?

第二节 旅游体验

一、旅游体验概述

（一）体验的概念

继产品经济、商品经济和服务经济之后，我们迎来了一种新型的经济形态——体验经济。美国著名学者 B. 约瑟夫·派恩（B. Joseph Pine Ⅱ）和詹姆斯·H. 吉尔姆（James H. Gilmore）于 1988 年最早指出了体验经济时代的来临[1]。在服务经济时代，服务作为一种商品，具有规范化、模式化的特点，人们的个性化消费需求难以得到满足，而体验经济注重顾客的感受性满足，重视消费行为发生时的顾客的心理体验。

体验的概念来自心理学，指主体对客体的刺激产生的内在反应。同时，体验也是哲学、美学、现象学及文化学等学科里的重要概念。虽然学者们从不同的角度对体验的内涵进行了解读，但很难对其下一个一般性的定义。在日常用语中，"体验"这一概念容易与"经验"混淆，但二者是有所区别的。经验是表层的、日常性的消息，属于普通心理学可以把握的感官印象，是行为的叠加以及由此获得的知识的积累，而体验是深层次的、高强度的或难以言说的瞬间性生命直觉，是融入过程当中并且与外物达到契合的内心世界的直接感受和顿悟[2]。

（二）旅游体验的概念

对旅游者来说，从产生旅游的需求与动机，到精心制订旅游计划并踏上旅途欣赏一路的风景，直至结束旅程，回到常住地后对旅行的回忆，乃至写游记分享给他人的一整个过程，就是旅游体验的过程。旅游体验（tourism experience）这一概念早在 20 世纪 70 年代末被国外学者提起时，就被广泛、深入地讨论。首先，学者们认为旅游者对本真的追求是旅游体验的核心。例如，Boorstin（1964）[3]将旅游体验定义为一种流行的消费行为，主要表现为旅游者出自追求本真（authenticity）的体验。MacCannell（1973）[4]认为

---

① Pine Ⅱ B J, Gilmore J H. Welcome to the experience economy [J]. Harvard Business Review, 1998, 76(4): 97-105.

② 谢彦君. 基础旅游学[M]. 4 版. 北京: 商务印书馆, 2015.

③ Boorstin D J. The image: a guide to pseudo-events in America [M]. New York: Harper, 1964.

④ MacCannell D. Staged Authenticity: arrangements of social space in tourist settings [J]. American Sociological Review, 1973, 79(3): 589-603.

旅游体验是人们为了面对现代生活的困境而积极追求本真的一种体验,这种对本真的追求,无论对个体还是对整个社会来说,都具有重要意义。Cohen(1979)[①]强调了旅游体验的主观性,他认为,不同的人需要不同的体验,而体验也赋予旅游者和他们的群体以不同的意义,这一意义源自旅游者的世界观。另外,学者们普遍认同旅游体验与日常生活体验有所不同,包含了与旅游目的地相关的复杂的经验、记忆、情绪和情感。例如,Stamboulis 和 Skayannis(2003)[②]将在地旅游体验定义为旅游者与目的地的互动,目的地为旅游体验提供了平台,而旅游者则是旅游体验的创造者与实践者。

国内学者谢彦君也对旅游体验提出了深刻见解,他在综合国内外学者对旅游体验的概念构建的基础上,将其定义为处于旅游世界中的旅游者与当下情境深度融合时所获得的一种身心一体的畅爽感受。谢彦君还提出了以下需要特别强调的四点:

(1)旅游体验是一种心理现象,是体验个体集中地以情感或情绪表现出来的快感(愉悦)经验;

(2)旅游体验与当下的旅游情景有关,通常不包括脱离了旅游世界的预期和回忆等范畴;

(3)旅游体验过程中,当旅游者与外部世界取得暂时性联系时,会产生改变其心理状态并调整其心理结构的效果,这通常是旅游体验更为积极的人生意义之所在;

(4)旅游体验是一个互动过程,体验深度与旅游者的融入程度相关,从而会形成深层体验和浅层体验的差异。

(三)旅游体验的影响因素

旅游者、旅游产品和当地人群,是影响旅游体验的三大因素。

与旅游者有关的因素,包括旅游者出行前对旅游过程中可能产生的体验的期待和想象,以及旅游者在旅游目的地的活动。旅游者的个体特征不同,对旅游体验的想象与期待也不同。这些想法也会受到媒体报道、旅游目的地形象、旅游者的知识储备、期待和以往旅游经验的影响。另外,旅游者在不同的旅游情境下所进行的活动以及与他人的互动也会影响旅游体验。

旅游产品对旅游体验的影响体现在旅游业、公共部门、旅行社和导游等方面。对具体服务(如交通、住宿和饮食)的不佳体验,会导致旅游者对整体旅游体验产生消极感受。

当地人群也会影响旅游者的体验,主要体现在当地人群表现出的对当地旅游业发展的态度,以及由此而形成的人文氛围等方面。当地人群可以享受到的旅游带来的收

---

①Cohen E. A phenomenology of tourist experience [J]. Sociology,1979,13(2):179-201.

②Stamboulis Y, Skayannis P. Innovation strategies and technology for experience-based tourism [J]. Tourism Management,2003,24(1):35-43.

益及其生活质量等,会影响当地人群与旅游者产生接触时的表现。

二、旅游体验的类型

从众多学者对旅游体验的定义中可以看出,旅游体验是一种复杂的、动态的、内容丰富的体验,既包含旅游者的精神享受,又包含物质享受。Clawson 和 Knetsch (1966)[①]认为旅游体验包含五个有所区别但彼此相互影响的阶段,即旅游期待阶段、踏上旅途阶段、在地旅游阶段、返回阶段、回忆阶段。在不同的旅游阶段,旅游者的体验会有所变化,呈现出不同的特点。

根据旅游者的参与程度和对旅游目的地的沉浸或吸收程度,Pine 和 Gilmore (1999)[②]将旅游体验划分为四种类型(见图8-2),即娱乐体验、教育体验、审美体验和遁世体验。这四种类型的体验以综合的形式为旅游者所感知,由于旅游者的参与程度和对旅游目的地的沉浸或吸收程度不同,旅游者所获得的四类旅游体验的比重也有所不同,最佳体验效果是处于四者交会的"甜蜜点"(sweet spot)。

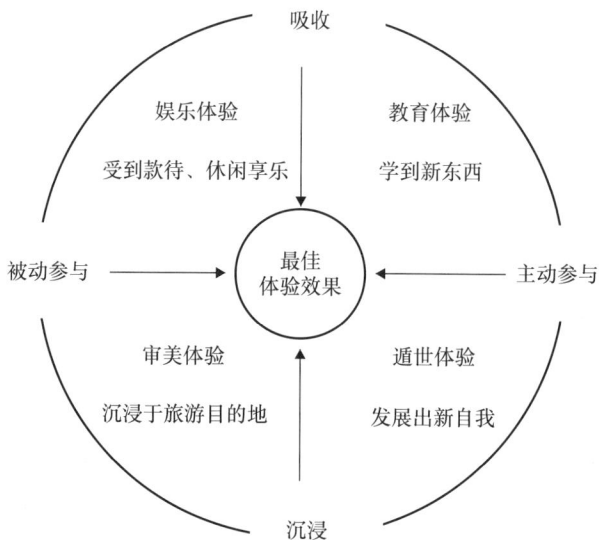

图8-2　旅游体验的四种类型[③]

由图8-2可看出,横轴表示旅游者的参与程度,纵轴表示旅游者对旅游目的地(如环境、风景、旅游服务)的沉浸或吸收程度。娱乐体验是旅游体验中最常见的形态,表现为旅游者接受旅游目的地提供的款待与服务,尽情享受休闲时光。旅游者接受旅游

---

①Clawson M,Knetsch J L. Economics of outdoor recreation [M]. Baltimore:Johns Hopkins Press,1966.

②Pine Ⅱ B J,Gilmore J H. The experience economy:work is theatre & every business a stage[M]. Cambridge:Harvard Business School Press,1999.

③Oh H,Fiore A M,Jeoung M. Measuring Experience Economy Concepts:Tourism Applications [J]. Journal of Travel Research,2007,46(2):119-132.

目的地的跨文化与异域风情的洗涤,则是审美体验。当旅游者主动融入当地文化、积极探索旅游目的地的风情,并拓宽自己的视野、提升自己的体验感,这叫作教育体验。有时,旅游者会完全沉浸在旅游目的地的风景或文化之中,短暂脱离日常生活场景,从而产生一种遁世体验。

我国学者谢彦君则指出,旅游体验是旅游者在旅游过程中通过观赏、交往、模仿和消费等方式所体验到的放松、变化、经验、新奇和实在等心理快感,这些感受可被进一步分为审美体验和世俗体验。旅游审美体验,是指旅游者在欣赏美的自然、艺术品和其他人类产品时所产生的一种心理体验,是一种在没有利害感的观照中所得到的享受,是超功利的。虽然审美愉悦是旅游体验的基本目标,但并非所有的旅游者都能自觉地追求旅游审美体验,也并非每一个旅游者都把这种体验视作旅游体验的唯一内容,即使是以获得审美愉悦为目的的旅游者,其审美效果也要受到其审美能力和认知水平的影响。同时,旅游者对美感以外的愉悦体验并不完全排斥,甚至宁愿把它们当作旅游体验的部分或者主要目标。这就是旅游体验的另一部分内容——旅游世俗愉悦的体验。

翻转课堂

迪士尼打造沉浸式体验的经验

迪士尼被称为全世界最会给顾客创造快乐的公司,它以虚构的人物和故事为基础,打造了一个让全球游客获得最真实最精彩体验的乐园。1955年第一个迪士尼乐园在美国加利福尼亚建成,此后全球建成了6个迪士尼度假区共12个迪士尼乐园,横跨美洲、欧洲、亚洲。2016年6月上海迪士尼度假区开园,为来自中国和全球的上千万游客带来了快乐。

在"2017首届中国休闲度假大会"上,上海迪士尼度假区副总裁王燕以"倾心打造沉浸式体验,为中国游客点亮心中奇梦"为主题,介绍了迪士尼打造沉浸式体验的经验。节选如下:

上海迪士尼度假区是专门为中国游客设计和打造的世界级旅游度假目的地,汲取了迪士尼在主题乐园行业超过60年的先进经验,其精髓就是通过沉浸式体验,把迪士尼故事情景和角色带到乐园变成现实。其实,迪士尼在全球各地都不仅仅是建一个主题乐园,比如在美国奥兰多和加利福尼亚、日本东京、法国巴黎、中国香港都是打造迪士尼旅游目的地。上海迪士尼度假区有一个乐园、两家迪士尼主题酒店、一个大型餐饮娱乐购物区,这些丰富的元素一起组成了上海迪士尼度假区的一站式、多体验、综合性的目的地。这样一个目的地为游客创造沉浸式体验提供了非常必要的硬件条件,从软性的条件来讲,迪士尼如何创造快乐?最关键的就是我们一直致力于创造和游客的情感纽带,要让游客置身在迪士尼旅游目的地当中,情绪随着故事情节变化,其喜怒哀乐受故事情节引导,建造这样一个环境有三大要素:

一是故事讲述,这个其实也是迪士尼多年来原创产品的核心所在,通过迪士尼的一系列的电影、大片,创造出很多IP;二是沉浸式体验;三是卓越的游客服务。

沉浸式体验,其实是一个理念,我们在迪士尼度假区的设计、建造、创造的过程当中,就是想把迪士尼的故事场景建造成一个实景,希望每一位游客能够穿越到迪士尼的故事当中。大家去过迪士尼乐园可能有这样一个感受,包括图片展示,其实在设计的时候,幻想工程师就会以一个游客的感受,充分考虑游客的视觉、嗅觉、味觉等方面的感受,无论从园区的哪一个角度放眼望去,都看不到任何城市喧嚣,周边吸引你的都是迪士尼的故事。上海迪士尼度假区有明日世界、宝藏湾、探险岛等不同主题的园区,每个园区走进去以后所看到的园区建筑的材质、园区布置的植被、装饰、音乐,以及餐饮、商店商品、演职人员的服装都必须符合这个园区的故事主题。在这样的情况下,游客非常容易全身心沉浸在这个环境之中,可以暂时忘记生活和工作当中的烦忧,远离喧嚣,专注于和家人、朋友共度的时光。

为了不断丰富游客的体验,上海迪士尼度假区开园5个月后便宣布新增玩具总动员的主题园区,这也是为了不断丰富游客的体验。同时,也针对中国传统节日开展了很多活动,包括中秋节、新年、端午节等。一个节庆活动不仅仅是简简单单地进行一些节日氛围的装饰,为了庆祝这样的节日,从娱乐演出活动、商店商品、餐饮都完全按照这个主题做了全新、全套的升级和改变。游客在活动期间来上海迪士尼乐园会全身心感受到非常浓厚的节日氛围。

(资料来源:中国旅游协会休闲度假分会微信公众号。)

问题:

(1)你去过迪士尼或类似的主题乐园(如欢乐谷、方特欢乐世界)吗?主题乐园为旅游者提供的主要是哪类旅游体验?

(2)案例中提到了迪士尼打造沉浸式体验的哪些做法?你对此有何思考?

(3)站在旅游者的角度,你认为还可以从哪些方面提升旅游体验?

三、旅游体验的特点

前面我们讲述了学者们从不同的角度对旅游体验的类型的划分,无论是从精神享受与物质享受的角度、参与程度和沉浸或吸收程度的角度,或是从审美体验与世俗体验的角度,旅游体验均呈现以下特点。

（一）主观性

无论是哪种类型的旅游体验,对旅游者来说,其结果都是从中获得综合性的、对自己有意义的内心感受。旅游体验的主体是一个个独特的旅游者,他们的性别、年龄、职业、性格、所属社会群体等方面各有不同,对同一项旅游活动的感受也并不完全相同,具有十分浓厚的主观色彩。古语云,仁者乐山,智者乐水。例如,同样是在海滨度假地,有人充分享受阳光的照耀,在沙滩戏水玩沙;也有人希望保持白皙的皮肤,选择躺在太阳伞下,听着海浪声,沉浸在悠闲的度假氛围中;亲子出行的旅游者,将重心放在看护在沙滩玩水的小孩身上,他们因孩子露出笑容而愉悦。

另外,即使同一位旅游者重游同一个旅游景点或重复参与同一项旅游活动,其所获得的体验也并非完全复制上一次的感受。随着个人阅历的增加、人生境遇的改变,以及同行人群的变化,旅行者在重游一个景点时,所思、所想、所感都会有所变化。

（二）参与性

大众旅游刚刚兴起时,旅游活动大多为游览、观赏式的被动体验。随着旅游产业的发展和人们旅游经验的丰富,越来越多的人对旅游的期待不再停留于简单赏景看展,而有了更多个性化需求,他们希望能更多地参与旅游活动的计划和安排,充分发挥自己的创造性。旅游者越积极参与旅游活动,所获得的感受就越强烈,对旅游活动的评价也会更高。

对旅游策划者和服务营销者来说,若能够充分调动旅游者的积极性,通过积极与旅游者互动去更多地了解旅游者对旅游活动的个性化需求和期待,将有助于为旅游者创造更有吸引力的旅游体验。

旅游体验的参与性还体现在,旅游者不仅仅是旅游活动的参与主体,更应将旅游者视为创造旅游体验的参与者之一,即旅游体验价值的共创者(详见下一节)。旅游企业应思考如何调动旅游者创造旅游体验的积极性,提供良好的平台供旅游者充分表达自己的主观需求,并积极配合旅游者,帮助其完成个人独特的旅游体验。

（三）深刻性

旅游体验是旅游者日常生活经验之外的经历,天然具有超出日常生活体验的独特性。很多旅游者都是第一次探访旅游目的地,往往会对在旅游目的地进行的各项活动印象深刻。比如,人们通常不会特别留意日常生活中的一日三餐,而在外出旅行时,旅游者通常对当地特色食物较为期待,旅途中的每一餐都尤为特别。旅游者会精心计划在旅游目的地的饮食,甚至在出行前就开始了解当地饮食文化。在实地旅行时,旅游者也甘于花时间排队去品尝特色小吃,品尝过程中还不忘拍照留念。饮食这一项在日常生活中十分普通的活动,在旅游体验中则具有了更为深刻的意义。

（四）综合性

前面提到,旅游体验是旅游者的个人主观感受,这既包含旅游者的感性认识,也离不开对旅游活动的理性思考。也就是说,旅游者的主观感受不仅取决于其对旅游服务质量的理性思考,还受旅游者的知识水平、人生阅历、出行方式和旅行动机等方面的综合影响,甚至与其对当时所处的社会环境的感性认识有密切关系。

另外,旅游活动涉及吃、住、行、游、购、娱等各个方面,而旅游者最终的旅游体验也是综合了对旅游目的地的各项活动的感性认识和理性思考之后的内心感受。

（五）文化性

人们外出旅游,主要是为了满足增长见闻、丰富阅历、陶冶情操等高层次的精神性需求,对旅游目的地的文化内涵、旅游服务人员的文化素质等都具有较高要求。旅游者在旅游目的地的活动,从根本上看,就是对当地文化的审美活动,具有强烈的文化性,因此,旅游资源的开发和旅游活动的设计,都需要有深厚的文化底蕴作为基础,这既包括对当地文化的深入挖掘,也包括对旅游者动机与行为文化的深刻理解。

翻转课堂

"超市游"刷新认知,胖东来成新晋旅游打卡地

在超市界,一直流传着关于胖东来的传说,其极高的服务水平和给员工的优厚待遇,隔三岔五便在网上引发一次热议,燃起人们对这一素未谋面的超市的兴趣。但不知从何时起,隔着屏幕的美慕开始转化为实际的行动,四面八方的游客,如朝圣一般聚集在这一新晋旅游打卡地。据当地媒体报道,2024年元旦假期,胖东来门店接待游客近100万人次。

一家超市凭什么具有这么大魅力? 稀缺性当然是最主要的原因。

这里的"稀缺"一方面体现在数量上。虽然胖东来是河南本土超市品牌,但它在河南也并非随处可见,门店集中分布在许昌、新乡两地,据说是为了保障服务质量不降低,因此坚持不扩张。物以稀为贵,对胖东来无限神往的消费者,只能长途跋涉、不远万里前往异地,才能一窥其真面目。

另一方面则是如今在其他超市极难见到的服务水平。门口不光有宠物临时存放处,还有免费直饮水、公共电话和一次性雨衣;商品区,凉拌菜会标注配料,大闸蟹旁边会标注保存方法,以及会标注动物奶油和植物奶油的区分方法、香蕉什么时候吃最美味……逛一趟超市,顾客在买到心仪商品的同时,还能顺便了解生活常识;在号称斥资上百万元的洗手间里,配置了戴森洗手烘干一体机,以及梳子、棉签、护手霜、发卡;母婴室内,放置了婴儿床、温奶器、饮水机、消毒柜等工具。所有能想到的和想不到的细节,都能在一家超市

Note

里见到，不负"天花板级别"服务的美誉。诸如芋泥麻薯大月饼一类的独家产品，也凭借过硬的质量和特色备受消费者青睐，还衍生出了火热的代购生意。

种种唯一性，造就了胖东来的不可取代性，也造就了一家超市变成旅游景点的罕见现象。细细想来，罕见之外其实藏着屡试不爽的熟悉配方，即"购物＋旅游"的常见思路，只不过扫货的场景从高大上的商场，变成了听上去更加接地气的超市，而助推场景发生变化的，正是社交媒体的发展。

（资料来源：李梦馨《"超市游"刷新认知，胖东来成新晋旅游打卡地》，《大众日报》，2024-01-16。）

问题：

（1）胖东来从超市发展为热门旅游目的地，体现了旅游体验的哪些特点？

（2）案例中提到的胖东来的各项服务，体现了服务质量的哪些要素？

（3）结合案例中的描述和你的观察，你认为可以从哪些方面创造良好的顾客体验？

第三节 旅游体验价值共创

旅游服务的过程需要生产者与旅游者的共同合作，同样，旅游者的旅游体验也伴随着其与旅游目的地、旅游工作者、当地居民的大量互动，因此，我们不应简单地将旅游者视为旅游服务与旅游体验的接受者，而应将旅游者放在旅游体验的共同创造者的重要地位。旅游工作者要注重通过与旅游者在旅游前、旅游中和旅游后的各个环节的有效互动，与旅游者一起创造良好的旅游体验。

一、价值共创的理论基础

价值共创理论起源 Vargo 和 Lusch（2004）提出的服务主导逻辑（service-dominant logic）[①]。服务主导逻辑是对商品主导逻辑（goods-dominant logic）的变革。传统的商品主导逻辑注重通过对商品性能、质量的提升，为顾客创造更高的价值，而服务主导逻辑强调顾客购买、使用商品的过程中产生的服务价值对顾客最终的感知价值具有重要影响。在服务主导逻辑下，即使是一件物质产品（而非无形的服务），其价值也不单独由该商品本身构成，而是由顾客、商品及其他要素共同创造而成。例如，顾客通过购买一

[①] Vargo S L, Lusch R F. Evolving to a new dominant logic for marketing [J]. Journal of Marketing, 2004, 68 (1):1-17.

件衬衫所获得的价值,不是由制作该衬衫所花费的物质材料和生产成本所决定的,而是由顾客使用该衬衫的过程中,衬衫为顾客起到的效用所决定的。这意味着顾客如何使用商品,决定了该商品的价值,因此,顾客也是该价值的共同创造者。

价值共创理论认为,价值创造发生在消费者使用和消费产品和服务的过程中,因此,企业应注重与顾客在消费前、消费中和消费后的各个环节的互动,充分了解顾客使用产品与服务时的具体场景,从而为顾客提供更加个性化、更能满足顾客需求的产品与服务。顾客在与服务人员互动和使用产品的过程中也需要投入时间、知识、技能和经验,这些投入与企业为生产产品或提供服务所需的成本共同作用于该产品或服务,以实现其功能价值、情感价值及企业的资产价值,因此,企业与顾客价值共创的过程,也是双方的资源进行整合(resource integration)的过程。对企业来说,应注重在各个环节与顾客产生良性互动,不断学习和了解顾客的个性化需求,从而有效整合双方资源,形成良好的价值共创结果并进一步激发顾客、服务人员以及其他相关要素参与下一次的价值共创活动,从而形成一个企业与顾客的价值共创的良性循环系统。

二、旅游体验与价值共创

(一)价值共创视角下的旅游体验

旅游业作为典型的服务行业,旅游服务与旅游者消费的不可分割性,以及旅游体验中旅游者的高参与性,都强调旅游者在旅游体验创造中的重要作用。这与服务主导逻辑下的价值共创理论不谋而合。

服务主导逻辑下的价值共创理论与当前的旅游产业发展现状都表明,旅游者是旅游体验的主动共创者,而不是体验的被动消费者,因此,无论是旅游研究,还是旅游产业发展,都应注重旅游者在旅游体验中的重要角色。旅游过程中旅游者的性格、情绪情感等个体因素,以及家庭状况、所处群体、文化背景等社会因素,都影响着旅游者的旅游体验共创过程与结果。另外,旅游者在旅游过程中的参与度与沉浸度,也会极大地影响着旅游者的体验。

从旅游者的角度来看,参与价值共创不仅可以满足其需求,还可以提升旅游者的体验价值,即旅游者参与价值共创的程度正向影响着旅游者的体验价值。比如,积极主动地寻求自己感兴趣的游乐项目,并在游乐过程中充分发挥自己的主观能动性的旅游者,更能获得符合自己个性特征和出游动机的体验,因此,他们也对旅游体验的评价更高。另外,在旅游过程中,旅游者通过与服务人员的互动,直接或间接地表达自己的需求、意见和建议,为旅游企业和旅游目的地提升服务品质提供了重要的参考。这要求旅游企业和旅游目的地能够充分重视旅游者在旅游体验价值共创中的重要地位,积极鼓励旅游者参与互动并发表意见,并从中灵活把握旅游者需求并予以满足。

（二）旅游体验价值共创主体

价值共创理论强调了旅游者在旅游体验创造中的重要地位。旅游体验价值共创的主体以旅游者为核心,还包括在旅游过程中任何与旅游者发生直接或间接互动的人员或组织,如旅游企业、旅游服务人员、旅游目的地居民及其他旅游者。其中,旅游企业具体指旅游者在旅游过程中涉及的景区、酒店、旅行社、旅游商贸机构、旅游娱乐企业等,以为旅游者提供服务为主营业务的相关企业。相应的,旅游服务人员指这些企业中在第一线与旅游者直接发生互动的服务者。旅游目的地居民既包括与旅游者发生互动并直接影响旅游者体验的社区居民,也包括未与旅游者直接互动,但被旅游者视为目的地文化中不可或缺的一部分,从而观察到、注意到的当地人民。影响旅游者价值共创的主体还包括其他旅游者。因为在同一个旅游目的地,通常有众多来自不同文化背景、具有不同个体特征的旅游者,旅游者之间不可避免地发生着频繁的直接或间接接触,从而不同程度地影响着旅游者的体验价值。

在旅游体验价值共创的众多主体中,旅游者始终居于核心地位,而非旅游企业。因为旅游者不只参与旅游体验的共创过程,他们还是旅游体验的最终感知和评判者,所以应该从资源的视角去看待旅游者在与其他主体互动的过程中投入的时间、体力、知识、技能、经验等。同样地,对旅游企业来说,旅游产品生产和旅游服务提供过程中所需的有形资源(如原材料、设施设备等)固然重要,服务人员的知识、技能和经验等也同样重要。这是因为服务人员可以将自身的知识与技能应用于设施设备等物质资源中。在服务主导逻辑中,设施设备、原材料、自然资源等有形资源被称为对象性资源(operand resources),而服务人员和顾客的知识、技能、经验等无形资源被称为操作性资源(operant resources)。操作性资源是主导价值创造的更为关键的资源,它们决定着对象性资源如何发挥作用。由于旅游者拥有对目的地的认知、过往的旅行经验、与他人交流所需掌握的语言和社交技能等重要的操作性资源,这进一步论证了他们在价值共创中的关键作用。在价值共创视角下,旅游企业在旅游者体验价值共创过程中扮演着配合、支持旅游者发挥主观能动性去创造个人独特体验的角色,旅游目的地则成为旅游者与旅游企业、旅游服务人员、旅游目的地居民及其他旅游者进行互动从而共创旅游体验的舞台。

（三）旅游体验价值共创表现形式

前面提到,Clawson 和 Knetsch(1966)将旅游体验划分为五个有所区别但彼此相互影响的阶段:旅游期待阶段、踏上旅途阶段、在地旅游阶段、返回阶段、回忆阶段。在不同的旅游阶段,与旅游者的共同创造体验价值的主体有所不同,旅游体验价值共创的表现形式也呈现出不同的特点。

在旅游期待阶段,旅游者在旅游动机驱使下,通过多种渠道收集并了解旅游信息,从而选择旅游目的地、制订出行计划等。这一阶段也是旅游企业和旅游目的地了解旅游者需求、宣传推广旅游资讯、发布促销信息,以及促成旅游者最终采取旅游行动的过程。旅游价值共创表现为旅游者利用旅游企业提供的信息进行再创造和自我服务的过程。同时,其他群体也会与旅游者产生互动,影响旅游者的体验。例如,旅游者往往会向亲朋好友了解他们的旅游经历,亲友们对旅游目的地和旅游服务的评价,往往会成为旅游者制定旅游决策的重要参考依据。旅游者也可能在社交网站、旅游论坛等线上平台与未曾谋面的陌生网友进行互动,从多方面获得对旅游目的地的了解。

当旅游者踏上旅途时,旅游交通服务的价值不仅体现在将旅游者安全便捷地运送到旅游目的地,也在于它提供了一个旅游者与服务人员和其他旅游者交流互动的平台。航空、铁路、公交等交通方面的服务体验,不仅体现在是否在计划的时间内安全到达目的地,还包括旅途是否舒适、服务人员是否提供贴心的服务,以及旅游者在与其他旅游者的互动中是否获得积极的反馈等。例如,在列车上,旅游者与同行的其他旅游者进行交谈能够打发旅途中的无聊时间,获得愉悦体验;反之,其他旅游者若有吸烟、大声喧哗等不文明行为,也会影响旅游者的体验。可以说,交通服务企业、服务人员和其他旅游者,以及旅游者自身,都是旅游者旅游体验的创造者。

在地旅游的过程中,旅游者参与旅游体验价值共创的程度尤为明显,具体表现在旅游者积极欣赏旅游目的地的自然风光,主动学习、了解旅游目的地的人文历史,从而使旅游客体发挥出最大的价值。例如,游览历史名人故居时,旅游者只有积极调用自己的知识、经验等操作性资源,通过游览增进对相关文化背景和历史事件的了解,才能最大限度地获得相应的旅游体验价值。同时,正如旅游途中其他旅游者对旅游者的影响,旅游过程中其他旅游者的行为与态度,以及与旅游者互动时提供的信息与情感价值,也对旅游者价值共创有重要影响。

当旅游者结束旅程,返回常住地,旅游者对旅游经历的回忆、面对面向亲友分享旅游经历或通过网络向他人推荐旅游目的地的美食美景,以及重游等行为,都是旅游者主导价值共创的体现,这涉及旅游者与其他(潜在)旅游者的直接或间接,以及线上或线下的互动。同时,旅游目的地和旅游企业也可在返回阶段和回忆阶段维护好与旅游者的关系,激发旅游者对旅游目的地和旅游服务进行传播与分享的积极性,从而进一步激活旅游者的情感价值,同时也促进旅游目的地形象的提升和旅游企业品牌价值的传播。

三、价值共创视角下旅游体验提升策略

(一)转变对旅游者的角色认知

价值共创理论的核心观点在于将旅游者视为价值的共同创造者,而非被动接受者,因此,要提升旅游者的体验价值,首先要转变对旅游者的角色认知。将旅游者视为旅游体验的共创者,并且认识到旅游者在价值共创中发挥的主导作用,是调动旅游者主观能动性的开始。对旅游企业来说,旅游者作为价值共创者的意义还在于,企业与

旅游者之间的高效互动不仅可以提升旅游者的体验价值,还有助于增加旅游企业的资产价值。

一方面,旅游者由过去单纯消费旅游产品和被动接受服务,转变为主动搜寻旅游信息、积极参与旅游行程设计和旅游决策,有助于旅游者获得对自己更加具有意义的个性化体验。另一方面,旅游者在消费旅游产品和接受服务的过程中,能使企业获得多角度了解旅游者深层次需求,甚至促使企业向其学习,从而设计出更具创意的旅游线路的机会。与企业进行深层次的信息交流,以及个人意见被企业认可并学习,能够为旅游者带来极大的成就感和自我价值实现感,这种心理上的愉悦进一步激发了旅游者参与旅游行程设计、反馈消费体验感受、分享旅游体验的积极性,同时企业继续从中学习和提升,使得旅游者与企业的互动进入良性循环。

另外,旅游者作为体验价值的共同创造者,还体现在旅游者作为产品与服务的实际购买与使用者上。他们对购买渠道、使用方法和消费体验的点评与分享,对其他旅游者来说是值得信赖的参考信息,这有助于其他旅游者做出更加有利于自己的消费决策。从这个角度来看,旅游者通过分享消费体验来获得情感价值,其他旅游者则通过从中获得有价值的信息而受益,同时这些信息被其他旅游者认可并发挥作用,又提升了旅游者的认同感。此外,旅游者之间的信息共享,也在无形中促使旅游企业的产品和服务得以传播和推广。

(二)重视多方主体的影响

之前提到,以旅游者为核心的旅游体验价值共创的主体不仅包括旅游企业和旅游服务人员,还包括旅游目的地居民及其他旅游者。旅游企业往往只关注前面二者与旅游者的互动,而忽视了后面二者对旅游体验的重要影响。

旅游目的地居民虽然不是旅游业的直接从业者,但他们的生活方式、精神面貌反映着当地的风土人情,对很多旅游者具有吸引力。旅游者一方面通过与旅游目的地居民直接交谈,了解他们的生活;另一方面,也通过观察旅游目的地居民的生活来增进对当地的了解。这些直接和间接的互动,都构成旅游者对旅游目的地的认知,影响着旅游体验。旅游企业应认识到旅游目的地居民对旅游者体验的影响,鼓励旅游目的地居民与旅游者进行友好互动,树立良好的旅游目的地形象。同时,旅游目的地居民作为旅游体验的共创主体之一,也应获得当地旅游发展带来的红利。他们参与互动,与旅游者共同创造良好的旅游体验,从而促进目的地旅游发展并从中获益,进而形成持续参与互动的良性循环。

与旅游者和旅游目的地居民之间的互动一样,旅游者之间的互动也包括直接互动和间接互动。直接互动表现为旅游者之间的相互交谈、肢体碰触等。这些互动既可能是价值"共创",如旅游者之间友好交流、建立友谊、分享信息、相互帮助等;也有可能是价值"共损",如旅游者之间因观念不同而发生争执甚至肢体冲突。有时,尽管旅游者之间没有直接的交流,也仍然会对旅游者的体验产生影响。比如,一些旅游者大声喧哗,干扰了其他旅游者的休息,或旅游者随地乱扔垃圾的不文明行为令其他旅游者感到不悦等。旅游企业应充分认识到旅游者之间的相互影响,通过积极引导来促进积极的交流互动,同时避免负面的互动,以保障旅游者的体验。例如,可以设计旅游者间的交流活动,营造轻松、友好的氛围,令旅游者感到愉悦、舒适;在安排集体活动时,有意识地将有共同话题的旅游者安排在同一组,避免旅游者间发生冲突。

(三)激发旅游者的参与意愿

明确了旅游者作为价值共创者的重要角色,接下来就需要采取有效手段来激发旅游者的参与意愿,促成旅游者与其他群体的良性互动,从而提高各方的价值。

前面提到价值共创需要旅游者运用个人的知识、技能、经验等操作性资源,由于不同旅游者所拥有的操作性资源的丰富程度不同,旅游企业在激发旅游者的参与意愿时,可以在消费群体中选择对个性化服务的需求较为强烈,且拥有丰富的操作性资源的旅游者作为重点激发对象。对操作性资源较为丰富的旅游者来说,他们更有能力与旅游企业、旅游目的地居民及其他旅游者进行互动并从中获得积极反馈。旅游企业通过积极促成这类旅游者的参与行为,可以让更多旅游者产生好奇并效仿。对于操作性资源稍欠缺的旅游者,旅游企业在激发其参与意愿之前,首先要培养其参与价值共创的能力。例如,旅游者都向往与旅游目的地居民进行友好的交流,但由于语言障碍,往往只有掌握了目的地语言或社交能力较强的旅游者才能够主动与居民交流互动,并获得难得的体验。对于尚不了解当地语言的旅游者,我们可以设计轻松简单的语言学习活动,让这些旅游者在娱乐的氛围中学到一些当地的常用语,并在此基础上积极鼓励旅游者与旅游目的地居民互动,这样既有助于旅游者获得"学以致用"的成就感,又能够满足其与旅游目的地居民交流的需求。

在激发旅游者参与价值共创的过程中,与旅游者直接交流的服务人员也需要拥有丰富的对客服务经验、语言沟通能力和社交能力等操作性资源,因此,旅游企业也需要加强对服务人员的培训。只有旅游企业与旅游者双方都具有丰富的操作性资源,旅游价值共创中的资源整合才有意义。

(四)强化旅游者的价值感知

虽然价值共创理论得到越来越多企业的广泛重视,但对旅游者来说,他们主动搜寻旅游信息、积极参与旅游活动等行为,都是出于个人需求的满足,很少为其赋予特别的意义。很多时候,旅游者收集旅游信息和制定旅游决策通常要花费大量的时间和精力,若得到的结果不理想,则很容易破坏旅游者的体验。还有一些情况下,旅游者并没有意识到他们的参与会对自身旅游体验的提升带来积极影响,因此将自己的投入视为"付出",而非"创造"。例如,旅游者对服务的评价与反馈虽然有助于企业了解客户需求并有针对性地改进和提升服务,但对旅游者来说,参与服务评价需要花费时间和精力,若不能立刻享受到旅游服务的提升,则会将其视为旅游过程中额外的负担。

因此,旅游企业要敏感地注意到旅游者的价值共创行为,及时向旅游者表明其付出对提升旅游体验的重要意义,与旅游者分享参与价值共创后的成果,从而提升旅游者的体验。在旅游者参与服务评价的例子中,旅游企业可采取的强化旅游者价值感知的方法有:①在征询旅游者评价时肯定旅游者所付出的时间和精力,并向旅游者表示感谢;②对旅游者提出的有价值的意见给予物质激励,如纪念品、折扣卡等;③在参考旅游者的评价对服务进行了改进和提升之后,再次邀请旅游者进行体验等。

知识活页
▼
马蜂窝的旅游体验价值共创项目

本章小结

· 服务贯穿旅游活动的整个过程,服务质量的优劣直接影响着旅游者的体验。

· 消费者在衡量服务质量时,往往将所接受的服务与对服务的期待相比较,因此,服务质量可以理解为服务提供者满足顾客期待的能力。

· 相较于标准化、规范化的旅游服务,体验是旅游者深层次的、高强度的或难以言说的瞬间性生命直觉,旅游者在旅游体验创造中发挥重要作用。

· 在价值共创视角下,旅游者是旅游体验的主动共创者,而不是体验的被动消费者。

单元训练

在线答题
▼
第八章

一、选择题

请扫描边栏二维码答题。

二、简答题

1.简述旅游服务的特点。

2.简述旅游体验的特点。

3.旅游体验价值共创的主体有哪些?

三、思考题

1.结合自己最近的一次外出旅游经历,思考哪些因素影响了你的旅游体验,哪些因素是你提前可以计划到的,哪些是计划之外的。

2.回忆你以往的旅游经历,说说你被动接受旅游行程安排和主动参与旅游行程设计时,从中获得的旅游体验有什么不同。在此基础上,结合相关知识,思考旅游者为什么是旅游体验价值共创的主导者。

3.以自己的旅游经历为例,说说旅游体验价值共创在你的实际旅游过程中有哪些具体表现。

Note

四、实操训练

去迪士尼、欢乐谷、方特欢乐世界或其他主题公园游玩,思考以下几个问题:

1.游玩前,尽量详细了解该主题公园的文化、服务等方面的特点。了解之后,你对此次出行有哪些期待?

2.你在出行前、游玩中、游玩后各有哪些体验?你最终怎么评价此次出行?

3.在整个行程中,哪些场景给你留下较为深刻的印象?它们如何影响你最终对这次游玩的评价?

4.你实际接受的服务与出行前你的期待有何差异?这些差异如何影响你对此次出行整体感受的评价?

5.该主题公园在服务方面有哪些令你不太满意的地方?应该如何改进?

第九章
旅游服务心理

学习目标

知识目标：了解旅游者对餐饮服务、住宿服务、游览服务、购物服务的心理需求特点；掌握餐饮服务、住宿服务、游览服务、购物服务的心理策略；了解引起旅游者投诉的原因、旅游者投诉时的心理需求；掌握旅游工作者处理旅游者投诉的心理策略。

能力目标：提升发现问题、分析问题和解决问题的能力，培养旅游工作者的语言表达能力、人际交往能力和创新思维能力。

素养目标：培养良好的服务意识和团队精神，增强旅游职业认同感、责任感、荣誉感。

核心概念

旅游投诉

思维导图

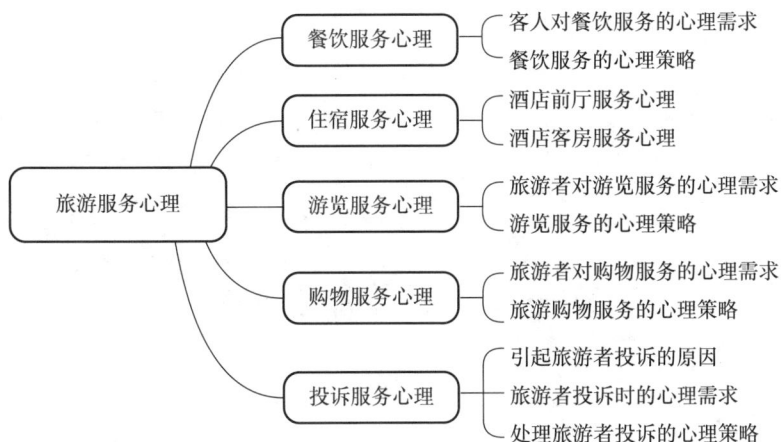

本章导入

当前，旅游市场"热度超标"，为了聚拢人气，各地除了发放各类"硬核"优惠等措施，还用上了各种暖心的"小手段"。比如，有的地方宣布开放政府食堂，向游客提供特色简餐，政府机关和事业单位的内部停车场也向游客敞开大门；有的景区在公共等候区域免费播放露天电影，并发放方便面、月饼、热姜茶、雨衣等暖心物资……人们都说，现在流行"宠游客"。

"宠游客"的方式花样百出，但本质是在做同一件事，那就是拿出东道主的姿态热情待客，强化服务保障，优化消费体验，让游客感受到被尊重、被厚待，在他们心里留下美好印象。被温暖打动过的游客，自然会成为当地旅游形象的宣传者。任何漂亮的文案都抵不过游客口口相传的称赞，正因如此，"宠游客"越来越流行，这背后体现着各地对发展旅游、拉动消费的重视和期待。

"宠游客"可以是繁忙假期的应急之举，更应体现在平时的每一天。不断完善城市的基础设施和公共服务体系，建设更加透明、健康、现代化的商业环境，是"宠游客"；解决好热门目的地、热点景区和文博场馆的预约难、入园难、停车难，以及乡村旅游点的如厕难等现实问题，是"宠游客"；认真对待游客的集体"吐槽"，比如有的景区为了增加二次收入，大门越修越远、商业街越修越长、摆渡车越来越乱，把诸如这些游览中的不便化解掉，真正做到"游客有所盼，我必有所应"，也是"宠游客"。

游客的需求看似纷繁复杂，其实很简单——在珍贵的假期出门走走，无非想玩得开心、顺心、安心。站在游客的角度多想一点，让他们的出游体验更顺畅。事实一再证明，谁对游客好，游客就会说谁好，谁"宠游客"，市场也一定会宠爱谁。

旅游服务是旅游业的灵魂。在旅游活动中，旅游工作者对游客的服务是通过吃、住、行、游、购、娱等各个具体环节实现的，游客通过旅游活动获得美好的经历和体验，往往对服务水平的期望值更高，这就决定了心理因素在旅游活动中起着非常重要的作用，因此，研究游客在旅游活动中各个具体环节的心理特点，以及旅游工作者应采取的相应的心理服务措施，是很有必要的。

第一节　餐饮服务心理

"民以食为天"，"食"是旅游业六要素之首。餐厅的声誉不仅仅依靠菜单、装饰和

Note

餐饮质量,而且更有赖于服务的水准。倘若服务人员反应迟钝、缺乏热情、技能粗糙,那么环境再好、饭菜再香的餐厅也会变得门庭冷落。只有优质服务与美味菜肴的完美结合,才能产生"高朋满座,宾至如归"的效果。由此可见,了解客人的就餐心理,采取有针对性的心理服务策略,更好地满足客人生理和心理的双重需求,是做好餐厅服务工作的重要保证。

一、客人对餐饮服务的心理需求

（一）求尊重心理

俗话说:"宁喝顺心汤,不吃受气饭。"在餐厅这一公开场合中,由于有其他人在场,客人求尊重的心理表现得更为强烈。客人希望点菜时,无论所选菜肴价格高低,服务人员都能热情对待;用餐时,若服务人员怠慢无礼,再好的美味佳肴也会令人食之无味;尤其是少数民族客人,他们更希望自己的宗教信仰、生活习俗得到餐厅服务人员的充分理解和尊重。

（二）求舒适心理

客人在餐厅就餐不仅为了品尝美味佳肴、补充营养,还为了放松身心、消除疲劳,因此,餐厅应拥有安静舒适、美观雅致的环境。客人进入餐厅,会希望餐厅的环境幽静高雅、温度适中、灯光柔和、陈设讲究。他们不仅希望整个餐厅环境好,还希望服务人员仪态端庄、菜肴美味、餐具赏心悦目。客人在这样的氛围中就餐,能产生舒心、惬意的感觉。

（三）求快速心理

客人希望餐厅提供的服务是高效率的。一进入餐厅,客人希望马上能够找到合适的座位;希望服务人员能很快地为其斟上茶水、递上菜单;希望很快能品尝到自己点的饭菜;希望服务人员能有序地上菜;希望有什么要求示意一下,服务人员就能尽快满足自己的需求。然而,客人在不同的餐厅或在同一个餐厅进行不同类型的消费时,对服务的速度要求是不同的,他们并非一味求快,而是希望适时,该快就快,当慢则慢。例如,在快餐厅用餐时,适时指快速服务;在正餐厅叙旧宴请时,适时则指把握适当时间上菜,让客人能在舒适的氛围中悠然地品尝佳肴和美酒。

（四）求卫生心理

就餐客人十分注意饮食卫生,对就餐中的卫生要求非常强烈。客人对餐厅的卫生要求体现在环境、餐具和食品等方面。客人希望餐厅空气清新,地面洁净,墙壁无灰,窗明几净,餐桌餐椅干净整齐,台布口布洁净无瑕,厨房厅内无蚊无蝇。"病从口入"是客人最担心的问题。客人希望在餐厅吃到的食品是新鲜、无污染的,符合卫生标准;饮用的酒水不是假冒伪劣产品,未过期,符合质量标准;使用的餐具、茶具、酒具经过严格的洗刷消毒;为客人服务的人员不带病菌或病毒,符合健康卫生标准。

（五）求公平心理

追求公平是现代社会人们的一种普遍心态。如果客人所享受的服务与其支出的费用相符,或者如果其所享受到的服务与别人所享受到的服务相一致的话,客人就会感到公平合理,心情舒畅;反之,客人就会不满、愤怒,甚至投诉。公平合理是客人对餐厅所提供的服务的基本要求。客人希望餐厅服务人员不要因为身份地位、穿着打扮、长相身材的不同,而区别对待客人。他们希望餐厅在饭菜价格和接待规格上都要客观公正,质价相符。只有当客人在接待服务和价格上都感到公平与合理时,他们才会达到心理上的平衡,感到物有所值。

（六）求知识心理

客人在餐厅用餐的过程也是了解和体验饮食文化的过程。客人来到餐厅,都热衷于品尝当地有名的菜肴,如北京的烤鸭、福州的佛跳墙等。他们希望自己在品尝当地特色风味时,能够了解一些当地菜系的特色,以及每道菜的名字寓意、来历典故、营养价值、用料和烹制方法等。对于色、香、味、形俱佳的拼盘和名菜,客人还会拍照片、录像,以满足自己追求新奇、探索未知的心理需求。

（七）求特色心理

客人光临餐厅的最终目的是享受餐厅的特色,如餐厅的特色菜肴、特色服务,以及整个餐厅的装修设计蕴藏着的文化内涵及特色,等等。

二、餐饮服务的心理策略

为满足客人对餐饮服务的各种心理要求,餐厅的经营管理者及服务人员应该有针对性地采取一系列的服务对策来提升客人的满意度和忠诚度。

（一）营造幽雅舒适的就餐环境

良好的餐厅形象和就餐环境会带给客人一种安全、愉快、舒适的感觉。根据客人在餐厅的各种心理需求,餐厅环境的氛围营造和装饰布置应力求达到宽敞气派、清洁整齐、安静舒适、美观雅致、协调柔和的艺术效果。

一要营造一个清洁的就餐环境。餐厅是客人就餐的场所,应该时时、处处、人人保持整洁干净。要做到空气清新,地面洁净,墙壁无灰,餐桌、餐椅干净整齐,台布、口布洁净无瑕,厨房、餐厅无蚊无蝇,服务人员仪表整洁。客人只有处在清洁卫生的就餐环境中,才能产生安全感和舒适感。

二要营造一个清静的就餐环境。客人到餐厅用餐,要求环境幽静、祥和。所以餐厅的布局应该以闹中取静为佳。为了不影响客人的食欲和情绪,餐厅要尽量消除噪声。餐厅在装修时,要选择那些有吸音和消音功能的材料;加大餐桌之间的距离,减少客人之间的相互影响。此外,餐厅中播放恰当的背景音乐也可以掩盖噪声。服务人员要做到走路轻、说话轻、操作轻,这样不但能降低噪声,而且能使客人产生亲切感。

三要营造一个清新的就餐环境。餐厅的门面要显眼,要有独特的建筑外形和醒目的标志,餐厅内部装饰与陈设布局要整齐、和谐。从窗帘的色彩、地毯的花纹、屏风的图案、华丽的灯饰、柔和的光线到悦耳的音乐,都能体现餐厅清新、典雅的形象,营造出一种舒适、悠闲、幽雅的用餐环境和氛围,使客人产生舒服、惬意的感觉。

(二)供应货真价实的特色美食

美国营销学家韦勒有句名言:"不要卖牛排,要卖烤牛排时的嗞嗞声。"他认为,如果餐厅只是简单地介绍食品或服务,则难以持久地吸引消费者。因为餐饮消费者不仅是购买食品,还要求获得快乐、满足和享受。客人来到餐厅用餐,旨在享受美味佳肴,希望获得品尝特色美食的快感和感受美食文化的魅力。

一是满足客人口味的要求。服务人员要了解各主要客源国客人的生活饮食习惯,以及国内各民族、各地区人民的饮食特点,如"南甜北咸、东辣西酸"为中国人大致的口味特点。餐厅要提供有地方特色的风味食品,让慕名而来的客人大饱口福。在菜肴品种上,坚持"人无我有、人有我新、人新我优、人优我特"的经营方针,以特色和优质取胜。

二是满足客人审美的要求。菜品要做到色、香、味、形、名、器俱佳,给人以嗅觉、味觉、视觉上美的享受和快感。例如,"鸳鸯戏水""二龙戏珠"等菜品,造型雅致、妙趣横生,使客人一见则喜,一食则悦,百吃不厌。此外,菜肴还要辅以精美雅致的菜单和富有寓意的菜名,从而给人以美的回味。服务人员送菜上桌时应报菜名,如果客人有要求,还应简要介绍菜名的含义及烹饪的过程。

三是满足客人养生的要求。随着生活水平的不断提高,人们的保健意识越来越强烈。客人用餐不仅讲究食品的色、香、味、美,更注重膳食的营养搭配,因此,餐厅要多提供有机的、无公害的绿色食品,不以次充好,不提供假冒伪劣食品;要合理搭配食材,科学烹调,提高菜肴的营养价值;在满足客人生理和心理需要的基础上,努力使菜肴有利于身体健康。

(三)提供物超所值的心理服务

一是服务形象要端庄大方。餐厅服务人员对来店用餐的客人应该展现出仪容端庄、仪态大方、仪表整洁、动作优美、举止文雅、精神饱满的良好形象。餐厅服务人员的制服要合身、款式要优雅,着装应与餐厅的装饰、气氛相协调。女性服务人员的制服不能太短,要方便工作;男性服务人员的裤子要熨烫妥帖,衣服要干净。

二是服务态度要热情主动。让客人吃得舒心、喝得顺心、玩得开心,是餐厅服务工作的宗旨。服务人员对待客人应该彬彬有礼、面带微笑、谦虚恭敬,将客人视同家人,为客人提供殷勤周到、耐心细致的服务,努力做到客来我迎、客走我送、客停我问、客动我跟、客急我快、客慢我缓、客选我帮、客忧我排、客疑我释、客躁我静、客难我解、客争我劝、客对我歉、客错我揽。

三是服务技能要娴熟规范。客人进入餐厅时,服务人员应站在门口迎候,并且问候客人;引领客人入座,并征求客人的意见安排座位;"客到一杯茶",迅速为客人送上茶水;点菜时要注意菜单是否是干净的,要根据客人的人数、性别、职业及口音主动向客人推荐菜肴,介绍餐厅供应的特色菜点,耐心回答客人的询问,当好参谋;上菜时,服务人员的动作要优雅且有风度,做到"左边上菜,右边撤下";客人用完餐后,只有客人要求结账时服务人员才可呈递账单;客人离开时,服务人员要像客人到达时一样热情,向客人道谢并告别,留给客人良好的最后印象。

总之,针对客人在餐饮服务方面的各种心理需求,服务人员只有热情主动、技能娴熟、知识充足、礼仪周到、讲究效率,才能服务好来自五湖四海的宾朋。

知识活页

保护好客人的自尊心

第二节　住宿服务心理

一、酒店前厅服务心理

前厅是酒店的"橱窗",是客人与酒店最先接触和最后告别的部门,客人对酒店的第一印象和最后印象都在这里形成。前厅是酒店较繁忙的部门之一,主要提供预订客房服务、入住登记服务、离店结算服务、迎宾送客服务、行李接送服务、信息咨询服务和代购票据服务等。可见,前厅是酒店的"神经中枢",前厅服务贯穿于客人在酒店内活动的全过程,是酒店服务的起点和终点。

(一)客人对前厅服务的心理需求

1.尊重的需求

客人进入酒店前厅,有着一种如入家门的期盼,希望得到一份胜似家的温馨。他们期望看到服务人员绽放的笑脸,听到礼貌的话语,受到热情的接待,享受周到的服务。客人期望服务人员都能尊重他们的人格、习俗和宗教信仰,也期望服务人员尊重与他们一起来的朋友,还期望服务人员能耐心倾听他们的意见、仔细回答他们的问题、认真满足他们的要求。

2.效率的需求

客人无论是办理入住或结账,还是委托代办或兑换外币,都不想在前台停留太长时间,希望前台能够提供高效率的服务。尤其是办理入住和退房结账的客人,对时间的知觉更敏感。办理入住的客人通常经过了长途跋涉,迫切希望服务人员在办理登记手续、验证证件和信用卡等服务环节上越快越好,以便及早进入房间,迅速得到休息。客人离店时的心理需求也是同样的,结账退房的客人由于着急赶赴机场、车站或码头,渴望手续办理环节准确、快捷。

3. 信息的需求

人们外出旅游,就是到别的地方去享受一下和原来不一样的生活。旅游者到了一个陌生的地方后,迫切想知道当地的风土人情、交通状况、旅游景点等各个方面的情况。所以,当客人进入酒店前厅,一方面想了解入住酒店的档次名气、服务项目、房间设施、餐饮特色、娱乐场所等情况;另一方面也想了解旅游目的地的风景名胜、文物古迹、民风民俗、土特产品、购物中心、交通线路等信息。

4. 便利的需求

常言道:"在家千日好,出门一时难。"这说明人们外出旅行时最怕的就是不方便。旅游者在人生地不熟的旅游目的地,通常希望酒店前厅的服务人员能为他们代办自己难以处理或省力的事情,如订票、订餐、兑换外币,以及代冲胶卷、印名片、取包裹,甚至换拉链等。

(二)前厅服务的心理策略

客人在前厅的心理需求被满足的程度,取决于客人通过感觉和知觉对前厅环境、人员和服务的认识所做出的综合判断,因此,树立美好的环境形象和服务形象是做好前厅服务工作,满足客人心理需求的重要条件。

1. 营造幽雅的前厅环境

前厅是酒店的门面,是客人第一次接触酒店的地方。前厅环境是酒店对客人的一种静态服务,会对客人产生一定的心理影响。前厅环境的设计,要以满足客人的心理需求为出发点,既要体现时代感,又要体现民族特色;既要表现整体意境美,又要展示装饰陈设美。一般情况下,前厅的空间要宽敞、光线要柔和、色彩要和谐、温度要适宜。前厅是酒店重要的"交通枢纽",人员往来频繁,客人一般不会久留,因此,前厅的装饰陈设宜采用具有观赏性的大型景物或绘画,客人通过大致浏览,就能产生良好的印象;而不宜摆放技艺精湛、精雕细刻的艺术品,以免致使客人长时间停留,造成前厅拥挤的情况。总之,美化前厅环境,就是要营造一种安静、亲切、整洁、舒适、高雅的氛围,使客人一进入酒店就有一种宾至如归的感觉。

2. 树立良好的员工形象

前厅服务人员的形象是给客人留下良好印象的前提条件,也是为客人创造美好体验的重要保证。其语言美、行为美、仪表美应该与环境美相互呼应、相得益彰。

注重语言表达,讲求语言美。语言美表现为语气要诚恳谦和,语意要简明准确,语调要清晰悦耳。在服务过程中,服务人员要做到"有五声,禁四语",即服务时有"五声"——客人来临有欢迎声,遇到客人有问候声,受到帮助有致谢声,麻烦客人有道歉声,客人离店时有送别声;工作中杜绝"四语"——蔑视语、烦躁语、否定语和斗气语。语言美还体现在要注意讲究语言艺术。比如一位客人在大堂里吸烟,服务人员前去提醒客人,请他换一个地方,不要说"对不起,先生,您不能在这里吸烟",而应该说"先生,您要吸烟可以前往那边"。再比如,服务人员在回答客人的咨询时,不要说"如果您有什么地方没有听清楚,我可以再说一遍",最好说"如果我有什么地方没有说清楚,我可以再说一遍"。

注重礼节礼貌,讲求行为美。行为美要求服务人员在与客人打交道的过程中要行为得体、彬彬有礼。具体应做到站有站姿、坐有坐相、举止端庄、动作规范、自然优美、稳重大方。例如,服务人员的步态要轻盈而稳健,步频和步幅要适中;与客人相遇时,要点头行礼致意并主动让路,有急事可加快步频,但不可跑步,以免客人产生紧张情绪。

注重仪容体态,讲求仪表美。仪表美包括形体美、服饰美、表情美。前厅服务人员的形体条件要求比较高,一般要求五官端正、身材挺拔、面容姣好,给客人以视觉上的愉悦享受,产生"光环效应"。此外,员工的穿着打扮要整洁大方、美观实用、富有特色,体现出一种赏心悦目的整齐美和形态各异的活泼美。在表情方面,服务人员要态度和蔼、面带微笑。当服务人员和颜悦色、满面春风地对客人笑脸相迎的时候,微笑就会向客人传递"我们对您表示欢迎,我们愿意为您效劳"的信息,从而使客人消除陌生感、产生亲切感、增强信任感。

3. 提供优质的接待服务

客人享受的不仅是酒店的设施设备等有形的"硬件"商品,还有服务这种无形的"软件"商品。酒店前厅服务人员的接待服务能体现出一个酒店的管理水平和服务规格,"硬件不行,软件补,软件不行,感情补",优质的服务是酒店的生命线。

日本交通公社社长曾提出旅游服务的新"3S"理念:速度(speed)、老练(sophistication)、特殊服务(special service)。客人在前厅的心理需求主要由服务人员来满足,服务人员除了具备良好的感知形象和热情的服务态度,还要有娴熟的服务技能。只有熟练地掌握各种服务技能,百问不倒,百问不厌,并且行动敏捷,不出差错,才能使客人很快办完手续,得到休息。否则,环境布置得再好,态度再热情有礼,也是无法令客人满意的。此外,服务人员不仅能做好客人认为分内的事,还能主动做好客人认为分外的事,不仅能让客人满意,还能让客人惊喜,向客人提供"无所不能,无微不至"的"金钥匙"服务。例如,北京银龙苑宾馆为了最大限度地方便客人,成立了"一线通"式的客服中心,客人只要拨打"666",宾馆就会在最短的时间内满足客人提出的各种需求。例如:深夜,帮助客人把发高烧的孩子送到儿童医院;客人刚刚吃完饭,就收到了饭前要求洗净熨好的衣服;情人节时,受客人委托,半小时内为客人买到了一束红玫瑰。一位在住店期间偶感风寒的客人送来的表扬信中这样写道:"客服中心的每位工作人员,都对我的要求给予了热情及时的帮助,他们的关心让我感觉到了来自亲人的温暖,第一次入住给我留下了美好的印象。今后来北京,我还要住银龙苑宾馆。"

总之,前厅服务人员必须树立"服务第一,宾客至上"的服务理念,把麻烦留给自己,把方便和温暖献给客人。

二、酒店客房服务心理

客房是酒店的主体部分,是客人在酒店生活的主要场所,是旅游者在旅途中的家。客人住进酒店后,除外出活动和到餐厅用餐,其他时间都是在客房中度过的,有的客人还把客房作为社交和商务的场所。客人在酒店的一切基本需求都希望能在入住客房期间得到充分的满足,并获得热情周到的服务。客房部常常被视为酒店的脊梁,客房服务工作直接关系着酒店的声誉和经济效益。做好客房服务工作的关键是要了解客人,掌握他们入住客房期间的心理特点。这样才能有预见性地、有针对性地采取切实有效的服务措施,使客人住得舒适、愉快,获得物质和精神上的享受。

（一）客人对客房服务的心理需求

1.求整洁卫生

清洁卫生不仅是一个人生理上的基本需求,也是客人对客房服务最普遍的心理需求。根据抽样调查,60％的客人把卫生列为第一需求。首先,客人希望客房的全部设备和用品都是干净的,可以让人放心使用的,特别是对于与口腔和身体直接接触的玻璃杯、洗脸盆、浴缸、马桶、拖鞋、布草等,客人希望它们经过了严格的清洁和消毒处理。其次,客人希望客房服务人员是健康的,不携带传染性的细菌和病毒。最后,客人希望客房能得到及时的整理,时刻保持清洁、整齐和卫生。

2.求理解尊重

对付费购买客房服务的客人来说,客房就是其临时的"家"。他们希望客房服务人员尊重自己对客房的使用权;希望自己是受欢迎的临时主人;希望看到服务人员亲切的笑脸,听到服务人员热情的话语,得到服务人员周到的服务;希望自己的兴趣爱好、宗教信仰、生活习惯都能得到充分的理解和尊重;同时,也希望服务人员尊重自己请来的客人。

3.求宁静舒适

追求舒适、快乐和享受是客人的主要心理需求。客人总是希望入住的酒店能够提供一个宁静舒适的客房,有宽敞的空间、幽雅的环境、清新的空气、适宜的温度、典雅的装饰、柔和的灯光、舒适的卧具、齐全的用品、完好的设施等。客人还希望服务人员有良好的道德修养和服务态度,始终如一地提供优质服务,使他们感到像在家里一样,甚

知识链接
▼

酒店金钥匙的概念

知识活页
▼

记住客人的名字

至感到比家里还要舒适。

4. 求安全放心

安全需要是旅游者的第一需要,所有旅游者都希望自己能够高高兴兴出游,平平安安回家。安全需要包括人身安全和财产安全。客人住进客房以后,希望个人的财物以及人身的安全能得到保障。他们不希望自己的财物丢失、损坏或被盗,不希望自己的隐私被泄露,不希望发生火灾、地震等意外事故。客人还希望当自己突然生病、喝醉酒或出现意外危险情况时,服务人员能及时采取有力措施,保障其人身安全。

5. 求方便快捷

求方便是旅游者外出旅行时较基本、较常见的心理需求。他们十分希望在家外之"家"的客房能够得到服务人员各种便利的服务。他们希望客房里备有常用的生活用品;希望服务人员代为洗衣、缝补、擦鞋;希望自己生病时服务人员代为买药、熬药;当有问题需要打听一下时,希望打电话给总服务台就能解决。总之,客人希望一切如同在家中一样方便。

(二)客房服务的心理策略

客房服务人员应该根据客人的心理特点和活动规律,基于一切为客人着想的服务宗旨,积极采取措施,最大限度地迎合和满足客人的生理和心理方面的需求。

1. 营造舒适的客房环境

客房环境的设计要坚持以体现舒适感为原则,满足客人追求舒适的心理需要。要给客人提供足够的空间以供休息、阅读、书写、梳妆、放衣物和食品等;房间的颜色不要贪多,天花板用白色,墙面应与地面颜色相近,窗帘应与床套颜色相近,多用柔和的颜色,少用促使视觉兴奋的颜色;客房的灯光要柔和并且多采用分散照明的方式,书桌上有台灯,床头设头灯,沙发旁设立灯;房间的壁画一般以山水与花鸟画为宜,不要出现凶猛动物或鬼怪等恐怖形象;床垫、沙发要软硬适度,以确保客人无论是躺卧,还是坐着,都能感受到舒适与惬意。

客房是客人休息的场所,他们非常希望有一个宁静的客房环境。为了保证客房宁静,防止内外部噪声或其他过重的响声干扰客人的休息和活动,其一要依靠必要的设施,如隔音性能良好的门窗、墙壁等来阻止外界噪声的侵入。其二要减少人为因素的影响,如服务员清扫房间应尽量选择客人不在房间的时候进行;工作中要做到走路轻、说话轻、动作轻;对于大声喧哗的客人,要有礼貌地制止等。另外,恰到好处的背景音乐也能给客人带来轻松愉悦的心理感受。

2. 保证客房的安全卫生

酒店要为客人提供一个安全的住宿环境。首先,要加强酒店的安全保卫工作,完善客房的防火、防盗设施。其次,服务员要提高警惕,对在客房区活动的人员严加甄别；主动提醒客人保管好自己随身携带的物品，贵重物品建议放到酒店保险箱，晚上睡觉前提醒客人关好门窗；客人不在时不要随意进入客人的房间；为客人整理房间时，未经客人允许不要乱动客人的物品。

服务员要保证客房的卫生状况良好，严格按照有关程序和规范对客房进行清扫整理。要坚持每天对卫生间的浴缸、浴帘、墙壁、洗脸盆、洗脸台、抽水马桶和地面等进行清理、擦洗，特别是对水杯、洗脸盆、抽水马桶等更要严格消毒，并放上写有"已消毒，请放心使用"字样的杯套和封条。同时，每天要及时更换卫生间的用品，经常检查设备的完好情况，让客人始终生活在干净、整洁、卫生的环境中。

3. 保持优良的服务态度

客房服务人员是酒店服务的主体，不仅要创造安全、卫生、宁静、舒适的客房环境，还要保持热情主动、耐心细致、文明礼貌的服务态度，以及提供微笑服务。

（1）热情主动。

热情是优良服务态度的本质表现，让客人满意的关键。客房服务人员热情的服务可以消除客人初到异地的陌生感、拘谨感、紧张感，使其对服务人员产生亲切感、信任感和依赖感。在客房服务过程中，服务人员要精神饱满、态度和蔼、语言亲切。注重与客人沟通是热情态度的重要表现。例如，客人挂出"请速打扫"牌，说明服务人员整理房间时客人可能会在场。这时，与客人适当地聊几句家常，彬彬有礼地回答客人的提问，就可能避免客人因与服务人员共处一室而产生的紧张感和不安感，增添一些亲切、舒适的感觉。主动就是要预测客人的主导动机和需要，把服务工作做在客人开口之前。服务人员要想客人之所想，主动为客人服务。例如：主动迎客、引路、让路、送客；主动照顾老弱病残，嘘寒问暖；主动介绍本酒店的服务项目；当客人需要休息时，主动把窗帘拉好；等等。主动不仅表现在想客人之所想，还要想客人之未想，如客人索要一份地图时，服务人员还可以主动征询客人想去什么地方，为其标出地点和画出路线。

（2）耐心细致。

服务人员的耐心细致就是要保持良好的服务态度，要始终坚持主动热情的对客服务。服务人员要做到工作繁忙时不急躁，心情不好时不烦躁；客人有服务要求尽可能满足不怕麻烦；对客人的询问要做到百问不厌，有问必答；耐心听取客人的意见，耐心处理服务中出现的问题和投诉，对爱挑剔的客人更要耐心对待。服务人员还要善于细心观察客人的习惯爱好，了解客人的生活规律，了解他们的现实需求和潜在需求，及时提供满意周到的服务。例如：看到病人想吃药，及时地送上温水；客人睡觉前，窗帘已经拉上，拖鞋已经摆好；发现客人的衣服纽扣掉了，要替客人缝上；整理桌面上客人打开的书时，要在打开的书页处夹上一个小纸条；发现客人带婴儿，要及时提供婴儿用品。总之，耐心细致的服务是赢得客人好感和赞赏的有效方式。

（3）文明礼貌。

文明礼貌是人际交往的基本规范，是树立酒店良好形象的基石，是客房服务中最常用的心理策略。客房服务人员讲究礼貌、礼节能够体现出对客人的尊重、理解和善意，可以避免一些不必要的争吵，甚至能够减少客人对酒店的投诉。例如：与客人交谈时，要轻声细语，注意礼貌用语；为客人服务时，要聚精会神、彬彬有礼；为客人送水或整理房间时，要先按门铃或敲门，绝对不能直接闯入房间，并且动作要轻盈、利落，避免打扰客人；如果房门上有"请勿打扰"的牌子，未经客人允许不能擅自入内；当客人不懂如何使用房间设施时，要给客人足够的尊重，耐心讲解。

（4）微笑服务。

旅游服务离不开微笑，微笑要贯穿于服务的始终。微笑是一种世界语言，能够触及人们的心灵，架起友谊的桥梁。微笑是一种情绪语言，可以传递友好的信息，也可以表达歉意和谅解，起到"此时无声胜有声"的作用。微笑赋予服务以强大的生命力，酒店开展微笑服务，能够缩短服务人员与客人之间的距离，使客人如遇亲人，好像回到了自己的家。世界著名的希尔顿酒店就是以微笑服务享誉全球的。希尔顿酒店创始人康拉德·希尔顿认为，如果酒店只拥有第一流的设备而缺少第一流服务人员的美好微笑，就好比花园失去了春天的阳光与和风。他经常问员工的一句话是："今天你微笑了吗？"客房服务人员一定要深刻领会微笑服务的真谛，无论工作中遇到什么样的困难，或工作如何辛苦，要始终保持最佳的精神状态，绝对不能把消极情绪带到工作中，在客人面前要永远满面春风、笑逐颜开。

知识链接
▼

客房个性
化服务

第三节　游览服务心理

一、旅游者对游览服务的心理需求

（一）对主动服务的需求

主动服务指在客人开口之前提供服务，也叫作超前服务。旅游者在景区游览期间，希望景区工作人员能主动关心他们、理解他们，把他们当作有血有肉的人，能主动提供他们所需的服务，因此，景区工作人员要有旅游者至上的态度，充分发挥主观能动性，主动了解旅游者的心理需求，认真观察旅游者的需求变化，把服务做在旅游者开口之前。例如，山东省长岛旅游景区针对旅游者的心理，提出了"嘴巴甜一点、脑筋灵一点、行动快一点、理由少一点、胆量大一点、脾气小一点、说话柔一点、微笑多一点"的"八个一点"主动工作条例，改变了原来的等待、被动、呆板的工作方法。

（二）对热情服务的需求

在游览过程中，旅游者都希望得到景区工作人员热情友好的服务，并且这种热情应该是真诚且发自内心的。热情服务在工作中多表现为精神饱满、热情好客、动作迅速、满面春风。旅游者对景区工作人员服务态度的评价，在很大程度上取决于他们是否热情、微笑和有耐心。景区工作人员在非本职工作范围的"分外"热情服务和帮助，会让旅游者内心感到满足。例如，在迪士尼乐园，当有小朋友问话的时候，所有的工作人员必须蹲下来回答问题，让自己的视线和小朋友的视线在同一高度。乐园里经常会发生小朋友走失的情况，工作人员发现后会马上将小朋友送到附近的服务中心，并根据小朋友的穿着、年龄，以及肤色、口音做出基本判断，随后寻找其父母。当其父母来到服务中心的时候，小家伙正和其他小朋友一起玩得非常开心。

（三）对周到服务的需求

知识链接
▼
迪士尼乐园创始人对细节的关注

所谓周到服务，指旅游景区工作人员在服务内容和项目上，想得细致入微，做得无微不至，处处方便旅游者、体贴旅游者，千方百计地帮助旅游者排忧解难。例如，旅游者希望景区能够专门设立旅游信息咨询中心，使其免去麻烦，节省时间；还希望景区能够针对不同地域、不同文化背景、不同年龄、不同性别及不同人格类型的旅游者，提供个性化服务。例如，旅游景区可以开展为旅游者免费提供晴雨伞、湿纸巾、针线包、饮用水、残疾人轮椅、常用药、纯净水、宣传册等周到细致的亲情化服务。

（四）对知识信息的需求

当旅游者抵达旅游景区进行参观游览时，探新猎奇的心理和激动兴奋的心情会交织在一起。面对各种前所未见的秀丽自然风光、珍贵的文物古迹、壮观的现代建筑与先进的娱乐设施，旅游者会产生强烈的观赏欲望。游览之余，旅游者的求知心理又促使他们想知道其背后的故事，于是旅游者便向景区工作人员提出千奇百怪的问题。景区工作人员应该把握旅游者心理上的变化，最大限度地满足旅游者的好奇心和求知欲。同时，景区工作人员还应该与旅游者进行有效的信息沟通，向旅游者介绍景区正在上演的节目或者正在举行的活动，为旅游者提供准确的游览信息，及时告知景区客流量的真实情况，避开旅游高峰时段。

（五）对审美愉悦的需求

"爱美之心，人皆有之。"虽然每一位旅游者的旅游动机不尽相同，但是审美和愉悦无疑是人们共同的追求。旅游过程就是审美过程，旅游者的游览活动是一种寻求美、发现美、欣赏美、享受美的综合审美实践活动。一般在游览过程中，旅游者的审美需求主要集中于旅游景区的自然美和人文美。旅游者的审美意识是旅游者思想感情和心理状态主动作用于审美对象而形成的，不同的旅游者具有不同的审美观念。景区工作

Note

人员应该了解旅游者在游览过程中的审美心理及其变化规律,有目的地引导和利用旅游者的审美意识,满足他们的审美情趣和审美需求。

翻转课堂

培训从学习扫地开始

迪士尼对新员工的培训并不急于素质和水平的提高,而是将培训作为开展企业精神教育的一种重要手段。迪士尼要求每一名新员工都要接受由迪士尼大学(Disney University)教授的新员工企业文化训练课,以便让他们了解迪士尼的历史传统和成就、经营宗旨与方法、管理理念和风格等。除了这些,迪士尼还专门为新员工制定了一个为期三天的特色培训方案。

第一天上午,学扫地。员工要学习怎样扫树叶不会让树叶飞起来,怎样刮纸屑才能把纸屑刮干净,怎样掸灰才不会让灰尘飘起来。此外,迪士尼还规定员工在开门时、关门时、中午用餐时段以及距离旅游者15米以内的情况下,都不能扫地。

第一天下午,学照相。旅游者有时会让员工帮忙照相,如果员工不会照相,就不能服务好旅游者。培训时,迪士尼会将十几台世界先进的、不同品牌的相机摆在一起,并要求员工学会使用每一台相机。

第二天上午,学换尿布。孩子的妈妈可能会让员工帮忙抱一下孩子,然而,如果员工不会抱孩子,就无法帮助旅游者,因此,员工不仅要会抱孩子,还要会替孩子换尿布。

第二天下午,学辨识方向。有的人要上洗手间,有的人要喝可乐,有的人要买纪念品……因为旅游者会问各种各样的问题,所以每一名员工都要将整个迪士尼乐园的地图牢记于心,清楚知道园内的每一个位置。

第三天上午,学怎样与孩子讲话。迪士尼乐园内有很多孩子,当迪士尼的员工碰到孩子问话时,必须蹲下,蹲下后员工的视线跟孩子的视线要保持在同一高度,不要让孩子抬着头跟员工讲话。

第三天下午,学怎样送货。迪士尼规定在旅游者游玩的区域内是不能送货的,送货统统在乐园围墙之外。乐园的地下像一个隧道网,一切食物、饮料统统从围墙之外送入地道,在地道中搬运,然后再用电梯运送上来。

在迪士尼,旅游者站在最上面,员工在中间面对旅游者,经理站在员工的下方来支持员工,员工比经理重要,旅游者比员工重要。

问题:

(1)迪士尼是如何将企业精神与员工培训紧密结合起来的?

(2)迪士尼从哪些方面培养员工的基本服务技能?

(3)你能否从案例中体会到迪士尼"旅游者至上"的服务理念?

二、游览服务的心理策略

（一）闸口接待服务

闸口接待服务包括旅游者入园售票服务与验票服务，是旅游景区满足旅游者需求的第一步工作，是在旅游者心中奠定美好感知印象的关键一步，因而在整个旅游景区的服务工作中占有非常重要的地位。旅游景区闸口接待服务的关键是做好排队服务。

第一，设立宽敞的售票窗口。一位旅游专家曾经说过："我只要一看到售票窗的高度是方便客人的，窗口是比较大的，这样的景区肯定是一个好景区。"售票点是旅游者认识景区的第一站，为了给他们留下良好的第一印象，体现想旅游者所想的人文关怀精神，景区应该设立宽敞且高度适合的售票窗口。

第二，打造良好的排队环境。良好的排队环境包括舒适的座椅、具有吸引力的视觉画面、优美的音乐、丰富的阅读材料、电视录像等。另外，在等候区提供当天的报纸及景区的宣传册供旅游者阅读，设置定期更换的景区宣传栏，公布旅游者来信，张贴优秀员工的照片和事迹，发布促销活动通知等。这些都可以让旅游者在不知不觉中度过等待的时间。

第三，提供热情的等待服务。在旅游者排队期间，景区工作人员应该做到冬天送热饮，夏天送冷饮，为老人搬椅子，为小孩儿提供简单玩具，为等候的旅游者送上景区宣传册。此外，景区工作人员还可以安排一些小游戏、讲一些小故事，以分散旅游者的注意力，缓解旅游者排队等待的焦虑情绪。

（二）信息咨询服务

信息咨询服务台是旅游景区进行对外沟通的窗口，那些直接与旅游者面对面接触并提供咨询服务的景区工作人员是旅游景区的形象大使。他们在提供咨询服务的过程中应该做到以下几点。

1. 主动问候

当景区工作人员遇到表情迷茫或正准备走向自己的旅游者时，应该主动迎上前去询问，这样会使遇到困难的旅游者产生温暖的感觉，并留下亲切、热情的好印象。当旅游者咨询时，景区工作人员应当持续服务直到旅游者满意为止；当旅游者满意地准备离开时，景区工作人员应该主动向旅游者道别，并祝他们玩得愉快。

2. 专心倾听

景区工作人员在面对旅游者提出的问题时，应该全神贯注地认真倾听，以此展现出对旅游者的尊重与诚意；对旅游者提出的问题应该以点头或者应答的形式有所反馈，让对方知道你听明白了他的阐述。另外，景区工作人员还要有优雅的姿态，在旅游

知识链接
旅游者排队等待心理

者提问时,要始终保持挺拔的站姿、端正的坐姿、优美的步态,并辅以合适的手势。

3.有问必答

对于旅游者的询问,景区工作人员要做到有问必答、用词得当、简洁明了,不能说"也许""大概"之类没有把握、含糊不清的话。自己能回答的问题要随问随答,绝对不能推诿。对于不清楚的事情,不要不懂装懂、随意回答,更不能轻率地说不知道。景区工作人员经过努力但确实无法回答某问题时,要向旅游者表示歉意,并应通过电话或向其他工作人员咨询的方式来解决旅游者提出的问题。景区工作人员如果需要离开现场去别的地方询问,那么问清楚以后应马上回来答复旅游者,不能一去不复返。

(三)娱乐表演服务

使旅游者欢乐应该成为旅游景区始终如一的经营理念和服务承诺。旅游景区工作人员不仅应具备高尚的职业道德、良好的文明素质、娴熟的专业技能和良好的心理素质,还要时刻注意微笑、眼神、语言、动作等与旅游者接触的每一细节,善于营造欢乐的氛围。例如,在迪士尼,工作人员得到的不仅是一项工作,而且是一种角色。工作人员身着的不是制服,而是演出服装。他们仿佛不是为旅游者表演,而是在热情地招待自己家庭的客人。工作人员根据特定角色的要求,扮演真诚友善的家庭主人,他们整齐的装扮和一丝不苟的服务在旅游者的心中留下美好的回忆。在各种游乐活动中,迪士尼还十分注意旅游者的参与性,总是创造机会让旅游者发挥自己的主观能动性。

(四)环境卫生服务

保持游览环境的卫生,不仅能够为旅游者带来美的享受,还能够为旅游者提供健康的保障。旅游景区应该开展总体游览环境规划,重视和加强工作人员的卫生保健工作,预防和控制空气、水、噪声、有害物质等对景区环境的影响,整治景区乱堆、乱放、乱搭、乱建、乱丢、乱刻、乱画、乱吐的"八乱"现象,建立严格的旅游景区卫生保洁制度,确保景区路面、水面、游览步道、栏杆等设施保持干净整洁。旅游景区要严格贯彻星级厕所标准,完善厕所设施,包括铺设防滑地面、设置残疾人厕位、配备婴儿床等。旅游景区应该在厕所入口处修建一条倾斜的残疾人通道,并且坡度不应过大。有条件的旅游景区还可在厕所内配备小型的婴儿床,方便旅游者使用。

(五)安全保卫服务

安全保卫服务是旅游景区为保障娱乐设施设备、旅游者人身财产安全,保证正常游览秩序的重要工作。旅游景区应该建立和完善安全保障网络体系,设计突发事件的处置方案,保证良好的游览秩序,加强员工的安全教育和培训,建立旅游者人身意外保险制度。旅游景区工作人员每天上岗前要认真仔细地检查娱乐设施设备,加强对设施设备的定期维护和保养,使其处于良好的使用状态,保障旅游者安全。景区应该健全防火、防盗、防爆、防拥挤、防踩踏及防地质灾害等危机处理机制,安排专人进行日常游览秩序监控和景区日常防盗、防爆检查。凡是危险地段,景区都应该设置明显的中外文警示标志,提醒旅游者注意安全。防护设施要齐全有效,特殊地段应该有专人值守,提供24小时安保服务。例如,东京迪士尼乐园制定了一条"S·C·S·E"员工基本行动准则,即安全(safety)、礼貌(courtesy)、表演(show)、效率(efficiency)。这四个单词的排列也代表着其价值顺序。首先是保证安全,其次是注意礼貌,再次是贯穿主题秀的表演性,最后在满足以上三项基本准则的前提下提高工作效率。由此可见,安全是旅游景区服务的重要因素。

(六)应急医疗服务

应急医疗服务是旅游景区考虑到旅游者可能因突发疾病、自然灾害、娱乐设施设备事故等受到伤害,而提供的一种保障措施。旅游景区应该建立紧急救援机制,配备紧急救援人员,当旅游者走失时,为其提供救援服务。旅游景区还应该设立备有常用急救药品和医疗设备的医务室,医务人员应取得专业资格证书,制定日常应急医疗的处置方案、重大活动的医疗保障方案和危重病人的处置方案等。例如,医疗服务是陕西乾陵景区人性化服务的一个亮点。医疗室设有专职医护人员,并配备常用药物和医疗器械,对旅游者在乾陵景区参观期间的小伤、小病提供便捷的就诊服务。医疗室还和当地医院保持着密切的联系,以便个别旅游者突发疾病时能够在第一时间得到救治。旅游者在医务室就诊时,医务室应按照药品价格只收取成本费。

(七)特殊亲情服务

伴随着旅游服务的标准化和旅游者需求的个性化,针对特定旅游者提供亲情化服务是旅游景区发展的潜力之所在。标准化服务是使旅游者满意的重要手段,个性化服务会给旅游者带来惊喜。亲情化服务是标准化服务与个性化服务的完美结合,它为旅游者提供既在意料之外又在情理之中的额外服务。旅游景区要以提高旅游者的满意度为出发点,以细节为基础,以急人之所急、换位思考为原则,力求为旅游者提供"满意+惊喜"的服务。旅游景区的特殊亲情服务一般包括:老年人特殊照顾服务,残疾人士特殊照顾服务,婴幼儿轮椅车服务或托幼服务,贵重物品保管服务,代邮、寻人服务,预约、送票、送餐服务,特殊的游乐项目和活动服务,等等。

翻转课堂

以人为本、亲情服务

为了给旅游者提供一个健康、舒适、愉悦的游览环境,四川松潘黄龙景区将"以人为本、亲情服务"的工作理念贯彻到实际服务工作中,让旅游者感到了这种人性化服务带来的温暖。这些人性化服务主要体现在五个方面:一是厕所更加人性化。根据旅游者的消费心理,景区将马桶式厕所更改为蹲便式

知识活页

欢乐谷的
"三先"和
"六心"
服务

知识活页

罗森塔尔
实验

厕所,并在旅游者集中的旅游信息中心修建了五星级旅游厕所。二是栈道更加人性化。景区结合自身游览特点,更换了安全省力的游览栈道,并在栈道上雕刻出纹路,以增强在雨雪天气下的防滑效果。三是标牌更加人性化。随着世界各地旅游者的增多,景区新增了语种多样、指示正确的标识牌。四是索道更加人性化。为方便旅游者乘坐索道,景区新增了索道公交车站和公交车岗亭。五是导游更加人性化。为了给国外旅游者提供便捷的讲解服务,景区还特意配备了精通英语、日语、韩语等语种的导游讲解人员。

问题:

(1)四川松潘黄龙景区如何确保"以人为本、亲情服务"的工作理念在实际服务工作中得到全面而有效的贯彻?他们采取了哪些具体措施来评估这一理念的实施效果,以确保旅游者真正感受到人性化服务带来的温暖?

(2)景区是如何深入分析和理解旅游者的消费心理和需求,从而进行服务创新的?

(3)在提供人性化服务的过程中,景区是如何平衡旅游者的便利性和安全性的?

第四节　购物服务心理

一、旅游者对购物服务的心理需求

旅游者来到商店,不仅仅希望能够买到称心如意的商品,而且希望能够受到热情的接待、获得周到的服务。旅游者对购物服务的心理需求主要表现为以下几点。

(一)求方便

旅游者到一个地方旅游,往往昼行夜归,日程排得满满当当,购物时间非常有限,因此,他们希望在购物时服务人员能够提供方便、快捷的服务,尽量节省其等待的时间;希望旅游商店与入住的酒店距离不远,甚至希望不必走出酒店就可以选购称心如意的旅游商品;希望酒店内的商店有方便客人的种种延伸服务,购物时可以签单统一付账,购买的物品可由服务人员直接送到房间。

(二)求尊重

这种心理是旅游者在购物过程中的共同需求,在购买旅游商品时,他们希望服务人员能够尊重他们的爱好、习俗和生活习惯,满足他们的自尊心。例如,他们希望服务人员能够热情回答询问,百问不烦;希望服务人员能任其挑选商品,百拿不厌;希望服务人员在语言、行为上彬彬有礼;等等。尽管有的旅游者到商店的目的只是闲逛,服务人员也必须以礼相待。

（三）求实惠

不少具有地方特色的商品在旅游目的地的出售价格一般要低于客源地价格。究其原因,一方面,一些土特产品具有"物离乡贵"的特点;另一方面,有些流行性消费存在地域差、品种差和时间差。例如,旅游者在旅游目的地购买了已处于流行末期的商品,其价格必然下跌,而客源地可能正在流行,价格上涨。旅游者非常希望在旅游目的地买到物美价廉的特产。例如,不少日本旅游者都非常喜欢购买我国的人参等。

（四）求放心

旅游者在商场购物时,希望有一个舒适、安全、放心的购物环境,在购物过程中人身和财产安全能够得到保障;希望买到货真价实、物有所值的旅游商品;希望商场开具具有担保性的发票,让旅游者放心购买,无后顾之忧。

（五）求知识

旅游者希望在购物或者闲逛过程中获得有关旅游商品的知识,特别是在购买工艺品时,往往要求服务人员讲解一些有关商品的知识,希望多介绍一些工艺品的艺术功能、审美特征、民族风格、地方特色、历史渊源、制作工序、逸闻趣事,以及鉴别商品真伪、优劣的有关知识,等等。旅游者通常对当场绘制或刻制的旅游商品特别感兴趣。

（六）求新奇

旅游者一般都比较喜欢在异国他乡购买新异物品,追求时髦、新颖、与众不同。旅游者在旅游目的地看到一些以前从未见过的东西时,会产生好奇感和购买欲望。例如,到海南旅游时,许多旅游者都喜欢购买与椰子有关的物品;到福建惠安旅游时,女性旅游者喜欢购买具有当地特色的传统女装。又比如,不少外国人到中国旅游时都喜欢购买传统手工艺品。

二、旅游购物服务的心理策略

（一）把握顾客的购物心理

把握顾客的购物心理是做好旅游购物服务工作的前提条件。旅游者由不同性格、不同阶层、不同性别、不同文化背景的人组成,因此,他们的购物心理也有所不同。服务人员必须了解旅游者的购物心理,有针对性地为旅游者提供个性化的商品销售服务。例如,由于青年旅游者具有追求时尚、展示个性等购物心理与行为特征,服务人员应该多向他们推荐和介绍反映时代潮流、具有高新技术的旅游商品。针对老年旅游者,商店推出的旅游商品必须注重内在质量与外在形象的统一,给老年旅游者以实实在在的感觉;服务人员要提高服务质量,尽量减少老年旅游者购物的等候时间,要耐心地做好售前的介绍工作。由于女性顾客具有自尊和自我意识较强的特点,在其购物过程中,服务人员要不失时机地给予赞扬和肯定,还要适当宣传商品独特的优点,从而激发其购买欲望。

（二）提供优质的旅游商品

俗话说:"巧妇难为无米之炊。"没有优质的旅游商品,旅游购物服务工作就成为无源之水,无本之木。提供特色突出、品种丰富、包装精美、质优价廉、货真价实的旅游商品是做好旅游购物服务工作的基础。

首先,特色要突出。旅游者不是因为购物才去旅游,而是因为旅游才会购物。旅游商品应该区别于其他商品,应该具有纪念性、工艺性、实用性和地方特色的特点。如果没有特色,旅游者就没有必要到千里之外的旅游目的地购买商品;如果没有特色,商品就没有代表性和象征意义,也就失去了馈赠和纪念的价值;如果没有特色,商品就失去了魅力和吸引力,也就不能引起旅游者的关注。

其次,品种要丰富。由于人们个性的差异、需要的不同、经济条件的差别,旅游者对旅游商品的需要也有所不同。有的人需要高档商品,有的人需要低档商品;有的人喜欢珍贵的工艺品,有的人喜欢廉价的纪念品;有的人热衷于实用的商品,有的人热衷于有珍藏价值的商品。商店应提供丰富多样、品种齐全的旅游商品,以满足不同层次旅游者的需要。

最后,包装要精美。常言道:"人靠衣服马靠鞍。"好的包装不但具有保护商品的作用,而且具有美化商品、宣传商品、推销商品的功能。设计精美的旅游商品不仅能给旅游者以美的享受,引起旅游者对商品的好感,还能使旅游者潜在的购买欲望变成现实的购买行动。据调查,60%左右的消费者在选择商品时,受精美包装的吸引而最终做出购买决策。那些轻、巧、小的包装造型,新、奇、美的包装形式,以及包装上新颖别致的图案、简洁明了的文字、和谐悦目的色彩,都能够给消费者带来强烈的视觉冲击,使消费者产生心理上的享受,从而激起消费者强烈的购买欲望。

（三）保持良好的服务态度

虽然旅游者到商店是为了买东西,但是服务人员的服务态度对旅游者的购物心理也有重要的影响,这是做好旅游购物服务工作的保证。俗话说:"微笑招客,和气生财。"旅游购物服务人员要注意自己的言谈举止、动作表情、服务态度。例如,服务人员要以诚挚的微笑和关切的语言向旅游者打招呼;要用通俗易懂的语言向旅游者介绍商品;要不厌其烦地向旅游者展示商品,供其挑选;当旅游者的目光与服务员的目光相遇时,服务人员应该面带微笑地向旅游者打招呼,如"您好""欢迎光临""请慢慢挑选""我能帮您做什么"等。服务人员应当牢记这样一句话:"诚招天下客,客从笑中来;笑脸增友谊,微笑出效益。"

服务人员还要善于通过语言与旅游者进行信息和感情的交流。准确、得体、优美、诚恳的语言对激发旅游者的购买动机起着巨大作用。其一,服务用语要准确、得体,不要说"你买什么"或者"你要什么",而应当说"您想看看什么"。这里虽然是几字之差,但对旅游者的心理作用却是不一样的,因为此时旅游者虽然对某一商品产生了兴趣,但他并没有决定要买这一商品,还要对商品进行分析比较,可能买也可能不买,"看"字显得比较灵活,旅游者即使不买,也不会感到尴尬。其二,服务语言要注意情境性,要把握旅游者的情绪。例如,"我帮你挑吧"这句话可能使自主性强的旅游者不太高兴,此时,服务人员可以及时进行补救,说:"您选的这个也不错,不过……"这样的说法能使旅游者的情绪自然转换过来。

知识活页
▼
"三米微笑"原则

(四) 抓住恰当的销售时机

抓住恰当的销售时机是做好旅游购物服务工作的关键。一般来说,旅游者进商店有三个目的:一是购买商品;二是了解一下商品的行情;三是浏览参观,没有什么明确的需求,看到合适的就购买。服务人员一定要善于观察旅游者的举止神态,判断旅游者的心理状态,抓住有利的时机为旅游者介绍商品。当观察到旅游者想购买商品时,服务人员要热情地上前打招呼,不失时机地为其介绍商品,诱发旅游者的购买行为。接触旅游者的最佳时机是在旅游者对商品产生兴趣和好感的时候。这些时机通常包括:旅游者长时间地仔细观看某件商品时;旅游者拿着几种同样的商品进行对比,不知道应该选哪一种时;旅游者突然停下脚步,用眼睛盯着某件商品时;旅游者用手触摸商品时;旅游者将视线从关注的商品转向服务员时;旅游者到处看,好像在寻找什么东西时。服务人员一旦捕捉到这些时机,应该马上微笑着与旅游者打招呼:"您好! 我能帮您的忙吗?"此外,服务人员对那些看上去只是闲逛的旅游者,可以用一句"请您随意看"的招呼语,任他们去逛,这样他们会感到自在舒心、无拘无束,说不定在不知不觉中就选好了自己满意的商品。

翻转课堂

捕捉肢体语言信息,提升服务效率与质量

在为顾客提供服务的过程中,我们若能及时捕捉到顾客通过肢体语言传递的信息,那么我们的服务将会变得更加容易。

例如,当我们向顾客介绍某种产品时,如果客户的头部转向我们这边,这代表顾客对此产品有一定的兴趣,如果其头部方向没有改变,则表明顾客对该产品无太大的兴趣,如果其头部转向另一方,那顾客购买此产品的概率就微乎其微了。又比如,向上焦急挥动手臂的人,是在强烈地表示"拜托,不要烦我了",而双臂背在身后则有袖手旁观的意思。

Note

为顾客提供服务时，他们同样会通过肢体语言从我们这里获得一定的信息，所以作为服务人员，即使言辞不动听、声音没有顿挫，我们也可以通过肢体的语言来传递信息，为顾客提供服务。

当服务人员向顾客推销家用电器或精美的工艺品时，不能用手敲打，而应谨慎又细心地触摸，使顾客在无形中感受到商品的贵重。

当服务人员向客户推销太阳伞时，可轻松地将伞打开，并旋转一下，充分展示伞的美丽，给顾客留下好的印象。

当服务人员为顾客推荐一款油污清洁剂时，一般会把手弄脏，然后用这种清洁剂洗干净。

问题：

（1）如何精准地捕捉并解读顾客的肢体语言，以判断其兴趣、情绪和需求？面对不同肢体语言的顾客，服务人员应如何调整自己的服务策略，以更好地满足顾客的期望？

（2）如何根据产品的特性和顾客的需求，巧妙地运用肢体语言来展示产品的优点和价值？

知识活页
▼

让旅游购物成为享受

第五节　投诉服务心理

旅游投诉是指旅游者对旅游产品供给表示不满的行为方式，一般包括口头投诉和书面投诉两种类型。旅游者具有投诉的权利。旅游投诉已成为旅游者进行自我保护的一种有效手段。旅游企业提供的服务再完美，也不可能百分之百满足所有旅游者的各种需求，也就是说，旅游企业服务缺陷是客观存在的，旅游者的各种需求是不可能完全得到满足的，其投诉也就是不可避免的。当旅游企业实际提供的服务与旅游者的期望值出现偏差时，如果旅游者无法理解并接受这种差异，他们就会产生不满进而投诉。旅游企业服务人员必须正视客人投诉，并随时做好接受客人投诉的准备，并采取行之有效的方法去处理和解决问题。

一、引起旅游者投诉的原因

引起旅游者投诉的原因有很多，既有主观的原因，又有客观的原因。美国著名的管理学家坦朗认为，对于旅游者的一般投诉，在真正造成投诉的原因中，服务人员的责任往往只占15％，其余85％多是程序、管理或培训方面的原因。换言之，引起旅游者投诉的大部分责任在于旅游企业的管理。

引起客人投诉的主观原因主要包括服务人员不尊重旅游者和工作不负责任。

（一）服务人员不尊重旅游者

旅游者无论在车、船、飞机上，还是在酒店里以及游览途中，都需要得到服务人员的尊重。如果服务人员不尊重旅游者，就会引起旅游者的反感，甚至发生冲突，导致旅游者投诉。服务人员对旅游者的不尊重常常表现为以下几点。

第一，待客不主动、不热情。有的服务人员不主动、礼貌地称呼旅游者，而是用"喂"字来称呼旅游者。在工作时间，有的服务人员与同事聊天、忙私事、打私人电话等。当旅游者到来时，有的服务人员态度冷淡，爱理不理，甚至旅游者多次招呼都没有反应。还有的服务人员接待外国旅游者热情，接待我国旅游者则很冷淡。

第二，不注意语言修养，冲撞旅游者。有的服务人员对旅游者态度生硬，在言语上冲撞旅游者。例如，一位旅游者在某餐厅要了一杯咖啡，10分钟后服务人员却端来了一杯啤酒。这位旅游者告诉服务人员，这杯啤酒不是他要的。服务人员不仅没有核实，还气鼓鼓地说："不是你的是谁的？"

第三，挖苦、辱骂旅游者。有的服务人员对旅游者评头论足，挖苦旅游者。例如，有一位旅游者到商场挑选玉器，当觉得不合适要离开时，服务人员挖苦道："我看你这副穷酸样，早就知道你没钱买了。"

第四，不尊重旅游者的风俗习惯和宗教信仰。例如：信仰基督教的旅游者在祈祷时，服务人员闯进房间打扫卫生；向不吃牛肉的泰国旅游者推荐用牛肉做的菜；给过生日的法国旅游者送黄菊花；在度蜜月的日本旅游者房中摆放荷花；等等。

第五，无根据地乱怀疑旅游者拿走酒店的物品，或误认为旅游者没有付清账目就离开。

翻转课堂

曾先生的怨气

某酒店的值班服务员小王对提着旅行包到楼层服务台交房门钥匙的客人曾先生冷淡地说："先生，请你稍等，等查完你的房间后再走。"说完便给同事打电话。曾先生顿时显得十分尴尬，心里很不高兴。这时另一位服务员小张从工作间出来，走到曾先生面前，将他上下打量了一番，又看了一眼他的旅行包，曾先生觉得受到了侮辱，气得脸色都变了，大声嚷道："你们太不尊重人了！"小张不搭理客人，拿了钥匙径直向客房走去。她进入房间后开始不紧不慢地检查，从床上用品到立柜里的衣架，从冰箱里的食品到卫生间的毛巾，逐一清查，还打开电视机检查屏幕。然后她离开房间到服务台前，对曾先生说："先生，你现在可以走了。"曾先生早就等得不耐烦了，正要发火，又想到要去赶火车,只得作罢。最后,他带着一肚子怨气离开了酒店。

案例中的服务员无端怀疑客人拿走酒店的东西,是极不尊重客人的行为。这种做法大大伤害了客人的自尊心,极易引起客人投诉。除了案例中的行为,不尊重客人的行为还包括:未经客人同意擅自进入客人房间;拿物品给客人不是"递",而是"扔"或"丢";在客人休息时大声喧哗、高声谈笑、打电话等,影响客人休息。

问题:

(1)案例中服务员小王和小张的行为反映出了什么样的服务意识和态度?这种态度如何影响曾先生的顾客体验?一个优秀的服务员应该如何处理类似的情况?

(2)服务员在与曾先生交流时,表现出怎样的沟通技巧?如何有效地处理曾先生的不满和抱怨?在面对顾客情绪化的反应时,服务员应如何保持冷静并妥善处理?

(3)案例中反映出的服务问题是否暴露了酒店在员工培训方面的不足?酒店应如何加强员工的服务意识、沟通技巧和情绪管理能力等方面的培训?此外,如何建立有效的反馈机制,及时发现并改进服务中存在的问题,以提升顾客满意度和忠诚度?

翻转课堂

三声问好缘何反遭投诉

某大型酒店的服务员,早晨向一位客人问候了三声"先生,您好",没想到却被这位客人投诉到经理那里。原来,那位客人有早起散步的习惯。当日,他起来散步,出门时服务员问候了一声"先生,您好";散步回来进门时,服务员又问候了一声"先生,您好";上电梯时,服务员问候了第三声"先生,您好"。这位客人面对如此礼遇,反而投诉到酒店经理那里。刚开始,酒店经理对此感到莫名其妙:"为什么我们的服务这样规范还会被投诉?"经过了解,他发现问题的根源在于服务员的服务态度冷漠,问候过于刻板,缺少情感,千篇一律,让人心里不舒服。

问题:

服务员应如何提供规范的服务?

(二)工作不负责任

工作不负责任主要是指服务人员在工作时敷衍塞责、粗枝大叶、不细致、不认真等。具体表现在以下几个方面。

第一，工作不主动。例如，有的导游员在工作时不愿多开口，带旅游者游览却不讲解，或者干巴巴地背导游词；有的导游员随意取消事先安排的旅游项目，不进行任何解释；有的导游员到景点后让旅游者自己游览，他却躲在车上睡觉。

第二，忘记或搞错旅游者交代的事情。如旅游者交代衣服要干洗，服务员送去湿洗；旅游者要代订飞机票，服务员忘记办理，耽误了旅游者的事；在餐厅将旅游者的菜单写错或上错菜品；答应提供叫醒服务而没有按时叫醒旅游者，导致旅游者误机、误车、误船，甚至耽误了旅游者的大事，给旅游者造成损失，等等。

第三，损坏或弄丢旅游者的物品。如行李员搬运行李时乱丢，损坏了旅游者的行李箱；服务员打扫客房卫生时乱动旅游者的东西，损坏了旅游者的贵重物品等。

第四，清洁卫生马虎，食品用具不洁。有的服务员卫生习惯不好，仪表不整洁，工作服不扣纽扣，衣服脏了也不洗；有的服务员随地吐痰、乱丢烟头；有的服务员用刷马桶的刷子刷浴缸和洗脸池；有的服务员边工作边吃东西；有的酒店床具不干净、食品不卫生等。

二、旅游者投诉时的心理需求

在现实中，旅游者的需求不但具有多样性、多变性、突发性等特点，而且不同的旅游者具有不同的需求层次和不同的主导性需求。这就要求旅游企业服务人员既要掌握旅游者共性的、基本的需求，又要分析研究不同旅游者个性的、特殊的需求；既要注意旅游者的静态需求，又要在服务过程中随时注意观察旅游者的动态需求；既要把握旅游者的显性需求，又要努力挖掘旅游者的隐性需求。旅游者往往以自我为中心，思维和行为大都具有情绪化的特征，他们对旅游企业服务的评价往往带有很大的主观性，即以自己的感觉加以判断，因此，处理旅游者投诉必须先了解旅游者投诉时的心理需求。一般来说，旅游者投诉时的心理需求一般分为求尊重、求宣泄和求补偿三种。

（一）求尊重

旅游者在整个旅游过程中，对自己的"客人"角色认知十分清晰，求尊重的心理需求十分明显，服务人员的怠慢可能引起旅游者的投诉。旅游者在进行投诉之后，希望别人认为他的投诉是对的、有道理的，希望企业管理人员重视他们的意见，渴望得到同情和尊重，并希望有关人员和部门向他们当面赔礼道歉。

（二）求宣泄

旅游者希望利用投诉的机会把自己的烦恼、怒气发泄出来，以维持自己心理上的平衡。具有挫折感的旅游者，在投诉过程中把内心的怒气和怨气发泄出来之后，挫折感和郁闷的心情就会一扫而光，获得心理平衡。

知识链接
▼
旅游者不再光顾旅行社的原因

知识链接
▼
顾客满意与忠诚的价值

（三）求补偿

通过投诉，旅游者希望有关部门能补偿他们的损失。当价格不合理、财物受损或者身体、精神受伤害时，旅游者往往会直接向相关企业索赔，或者诉诸法律，要求弥补损失，从而达到心理平衡。

三、处理旅游者投诉的心理策略

在旅游服务过程中出现偏差是不可避免的，旅游者的投诉是我们做好旅游工作、弥补工作中的漏洞、提高管理和服务水平的一个重要促进因素。处理旅游者投诉的目标是使"不满意"的旅游者转变为"满意"的旅游者。通过处理旅游投诉，旅游企业可以消除投诉者的不良情绪，实现为旅游者创造美好体验和经历的目的。

（一）处理投诉的原则

如果说"客人永远是对的"是服务人员基本的职业意识，那么"客人与企业是双赢关系"也应当成为处理投诉时所该具备的职业意识。俗话说，以和为贵，和气生财。只要让投诉的旅游者感到满意，旅游者和旅游企业就都是赢家。怒气冲冲的旅游者一般总是先找到管理人员，向管理人员表达他们的不满和愤懑。服务人员要学会"忍"的哲学：无"忍"，则可能小事变大事；无"忍"，则可能导致投诉变起诉；无"忍"，则可能使过失变事故。由此可见，处理旅游者的投诉，事关重大，马虎不得。具体原则如下。

1. 诚心帮助客人的原则

管理人员对投诉者应该有同情心，要设身处地为投诉者着想，理解投诉者当时的心情，同情其所面临的困境，并给予应有的帮助。处理旅游者投诉时，任何拖延或者无反馈的行为都会招致旅游者更强烈的不满。旅游者反映的问题解决得越快，越能表现出企业的诚意和对旅游者投诉的重视，也越能体现企业的服务质量，获得旅游者的谅解，换来旅游者的满意。否则，即使问题解决了，旅游者也不会满意。

2. "客人永远是对的"原则

服务人员绝对不能与投诉者争辩，要把"理"和"对"让给客人。在客人面前，服务人员不能理直气壮、理所当然、理由充分，因为客人是"上帝"。"客人永远是对的"，这是旅游业的黄金法则，每一位员工都应该牢记。接待投诉者时，服务人员应该保持冷静。投诉者可能情绪激动、态度不善、言语粗鲁、举止无礼，服务人员都要能够理解，要有耐心，绝对不可急于辩解或反驳、与投诉者针锋相对、与投诉者较真，也不能无动于衷、冷落投诉者。即使是不合理的投诉，服务人员也应该本着"理让三分"的原则，给足投诉者面子，要让投诉者成为"胜利者"。

3. 维护企业利益的原则

企业是员工的物质领地和精神家园，处理投诉不能以无端损害企业或组织的合法利益为代价,要做到既维护企业的利益,同时又使旅游者满意。对于一些复杂问题,在真相明了之前,切忌急于表态或当面贬低本企业或员工。应该弄清事实,通过相关渠道了解事情的来龙去脉,待查清真相后,再诚恳道歉并进行恰当处理。

(二)处理投诉的程序

对旅游者投诉的处理,通常要经过以下四个阶段。

1. 耐心倾听,弄清真相

先处理心情,再处理事情。旅游者投诉时心中感到愤怒,尤其是发泄型旅游者,如果不发泄,他们心中就会不舒服。作为服务人员,为了弄清旅游者投诉的真相,一定要耐心倾听。倾听时,要适度地点头或做一些手势动作,并与对方进行眼神交流。一般要做到少讲多听,不要打断对方的讲话。要设法使交谈变得轻松,让旅游者感到舒适,消除紧张不安的情绪。要表现出有兴趣聆听,不要表现出冷淡与不耐烦。处理投诉时,应该尽量排除外界的干扰。要站在旅游者的立场上考虑问题,对旅游者表示同情,设身处地地为旅游者着想。对旅游者的感受要表示理解,尽量不伤害其自尊心,要消除其挫折感。一定要有耐心,要控制情绪、保持冷静,不要与旅游者争论,不要计较其语气如何以及意见是否合理。

2. 端正态度,诚恳道歉

美国人际关系学专家戴尔·卡耐基认为:假如我们知道自己势必要受责备,为何不主动责备自己呢?毕竟,自我批评总比别人口中的责备容易接受。旅游者向旅游企业投诉时,服务人员不应该对旅游者的投诉采取"大事化小,小事化了"的态度,切忌置之不理,甚至与之发生争吵,而应该先向旅游者道歉,并且道歉必须是诚恳的,应该用"这件事情发生在你身上,我感到十分抱歉"之类的话术来表达对旅游者的关心。这样,旅游者会觉得企业重视其投诉,自尊心也得到了维护,于是旅游者对企业的怒气会随之降低,投诉处理起来也就更容易了。在交谈的过程中,服务人员要用尊称和姓名来称呼旅游者,不转移目标,将注意力集中在旅游者提出的问题上,不推卸责任,绝对不能因旅游者没有弄清楚某些细节而怪罪他们。

3. 区别情况,恰当处理

听完旅游者的投诉,服务人员必须给予旅游者明确的答复,能当场处理的问题要当场处理,不能当场处理的问题,也要把处理的时间和办法告诉旅游者。无论旅游者投诉出于何种心理需要,对于一些看起来明显是旅游企业的过错,在征得旅游者同意后,服务人员应该立即采取补偿性措施。对于一些比较复杂的问题,在弄清真相之前,服务人员不应该急于表达意见,而应在征询旅游者意见的基础上,做出恰当的处理。对于一时不能处理的问题,服务人员要注意让旅游者知道事情的进展,以示旅游企业的重视,避免旅游者误以为旅游企业将其投诉搁置一边,从而导致事态扩大。要坚持"首问责任制"的制度,即投诉的问题只需要陈述一次,一经受理,不需要再找其他部门,就能得到解决处理。丽思卡尔顿酒店有一条被称为"24/48/30"的规则,其含义是24小时内承认错误、48小时内承担责任、30天内解决问题。

4.检查落实,记录存档

要与旅游者联系,核实旅游者的投诉是否已经得到了圆满解决,要将整个过程写成报告并存档,以便做好旅游者投诉的统计分析工作。投诉处理完毕以后,有关人员,尤其是旅游企业管理人员,还应该对该投诉产生的过程等进行反思,分析应该采取哪些措施、制定哪些制度,以及这次投诉的处理是否得当,有没有其他更好的处理方法,等等。只有这样才能防止类似的投诉再次出现,才能不断提升服务质量,提高管理水平,真正掌握处理旅游者投诉的方法和艺术。

(三)处理投诉的技巧

处理投诉是一项集心理学、社交技巧于一体,能够体现出服务人员道德修养、业务水平、工作能力等综合素质,并对投诉者所提问题予以妥善解决或圆满解答的工作。卡耐基认为:一个人的成功,只有15%是因为他的专业技术,而85%则是靠人际关系和为人处世的能力。处理旅游者投诉需要良好的语言表达能力和一系列处理技巧,具有很强的挑战性。

1.冷处理

旅游者投诉时,心中往往充满了怒火,投诉成了维持心理平衡的宣泄机会。在受理旅游者投诉时,首先要让他们"降温"。"降温"就是要创造一种环境,让旅游者充分发泄他们受压抑的情感,把火气降下来,让旅游者逐渐恢复到理智的状态。"降温"的环境应是安静幽雅的接待室,旅游者在这里可获得被尊重的感受。处理投诉的服务人员最好是女性,因为女性的微笑能安抚投诉者的情绪,有利于事态的解决。

2.热心肠

旅游者在进行投诉后,希望别人认为自己的投诉是正确的,是值得同情的。针对旅游者的这种心理,要将其看成是需要帮助的人,要在感情和心理上与他们保持一致,营造出解决问题的和谐氛围。处理投诉的服务人员要通过自己的实际行动和话语,让旅游者感受到有关部门和人员是尊重和理解自己的,是站在投诉者立场上的,是要真心实意地处理投诉的,从而把不满的情绪转化为感谢。这是解决旅游者投诉最积极有效的方法。

3.快解决

在接受旅游者投诉时,服务人员要善于分析其意见和要求,然后迅速果断地进行处理。处理投诉时,服务人员首先应向旅游者表示真诚的感谢,将其投诉看成是对本企业的爱护。如果是服务人员自己能够解决的问题,应迅速回复旅游者,告知其处理意见。对于明显的服务或管理工作的失误,服务人员则应该立即向旅游者赔礼道歉,在征得旅游者同意后,做出补偿处理。所有旅游者的投诉,都应该尽量在其离开旅游目的地之前得到圆满解决,要把处理旅游者投诉作为重新建立声誉的机会。

知识链接
▼
处理投诉
的心理
艺术

本章小结

· 旅游者对餐饮服务具有求尊重、求舒适、求快速、求卫生、求公平、求知识、求特色等心理需求。

· 为满足旅游者的心理需求,餐厅工作人员应该营造幽雅舒适的就餐环境,供应货真价实的特色美食,提供物超所值的心理服务。

· 客人对酒店前厅服务的心理需求包括尊重的需求、效率的需求、信息的需求、便利的需求。

· 为满足客人的心理需求,酒店前厅工作人员应该营造幽雅的前厅环境,树立良好的员工形象,提供优质的接待服务。

· 客人对酒店客房服务具有求整洁卫生、求理解尊重、求宁静舒适、求安全放心、求方便快捷等心理需求。

· 为满足客人心理需求,酒店客房工作人员应该营造舒适的客房环境,保证客房的安全卫生,保持优良的服务态度。

· 旅游者在游览过程中具有对主动服务的需求、对热情服务的需求、对周到服务的需求、对知识信息的需求、对审美愉悦的需求。

· 景区游览服务包括闸口接待服务、信息咨询服务、娱乐表演服务、环境卫生服务、安全保卫服务、应急医疗服务、特殊亲情服务。

· 旅游者对购物服务具有求方便、求尊重、求实惠、求放心、求知识、求新奇等心理需求。

· 旅游购物服务的心理策略:把握顾客的购物心理,提供优质的旅游商品,保持良好的服务态度,抓住恰当的销售时机。

· 旅游者投诉时具有求尊重、求宣泄、求补偿等心理需求。

· 处理旅游者投诉应该坚持诚心帮助客人的原则、"客人永远是对的"原则、维护企业利益的原则。

· 处理旅游者投诉的程序包括:耐心倾听,弄清真相;端正态度,诚恳道歉;区别情况,恰当处理;检查落实,记录存档。

· 处理旅游者投诉应该具备冷处理、热心肠、快解决等技巧。

单元训练

在线答题
▼
第九章

一、选择题

请扫描边栏二维码答题。

Note

二、简答题

1.简述客人对酒店前厅服务的心理需求,以及前厅工作人员应采取的心理策略。

2.简述客人对酒店客房服务的心理需求,以及客房工作人员应采取的心理策略。

3.简述客人对餐饮服务的心理需求,以及餐厅工作人员应采取的心理策略。

4.简述旅游者对游览服务的心理需求。

5.简述旅游购物服务的心理策略。

6.简述服务人员处理旅游者投诉时应该坚持的原则、程序和技巧。

第十章
旅游目的地居民心理

学习目标

知识目标:了解旅游目的地居民、旅游目的地居民心理承载力的概念;了解理解旅游目的地居民心理相关理论;了解旅游目的地居民个体因素、旅游者因素及旅游目的地因素对目的地居民心理的影响。

能力目标:学习和掌握旅游目的地居民心理承载力的特点及衡量维度,可依据相关理论解决旅游目的地居民心理调控的实际问题。

素养目标:培养学生对旅游发展的认同感与自豪感;激发学生热爱祖国、热爱家乡、热爱人民的情感。

核心概念

旅游目的地居民　旅游目的地居民心理承载力　愤怒指数模型　相对剥夺感

思维导图

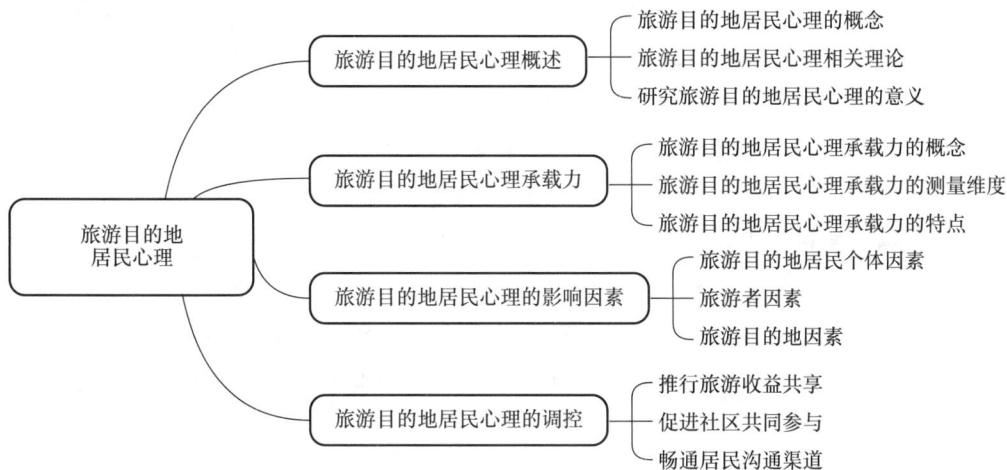

旅游目的地居民心理
- 旅游目的地居民心理概述
  - 旅游目的地居民心理的概念
  - 旅游目的地居民心理相关理论
  - 研究旅游目的地居民心理的意义
- 旅游目的地居民心理承载力
  - 旅游目的地居民心理承载力的概念
  - 旅游目的地居民心理承载力的测量维度
  - 旅游目的地居民心理承载力的特点
- 旅游目的地居民心理的影响因素
  - 旅游目的地居民个体因素
  - 旅游者因素
  - 旅游目的地因素
- 旅游目的地居民心理的调控
  - 推行旅游收益共享
  - 促进社区共同参与
  - 畅通居民沟通渠道

当地村民与游客的雨衣冲突[①]

游客从导游手中购买雨衣体验"穿越瀑布",当地村民发现后上前抢夺,并声称必须买他们的雨衣,双方纷争最终引发对峙,发生在某瀑布景区的"雨衣事件"引发社会关注。

游客刘小姐告诉记者,下午2时许,她与14名游客来到该瀑布景区体验"穿越瀑布",为了避免全身湿透,雨衣成为游客必不可少的装备。抵达景区停车场后,导游和司机向游客推销一次性雨衣,一位游客以每件10元的价格购买了12件雨衣分发给同伴,在景区贩卖雨衣的多位当地村民却以大巴司机"抢生意"为由,迅速聚集并抢夺雨衣。

"我在哪买东西是我的自由。"游客们在夺回自己的雨衣时与村民发生语言和肢体摩擦,拉扯间,一位老人突然倒地,众村民认定她是被游客刘小姐推倒的,便大量聚集围堵旅游大巴。

"当时有几个保安就在现场,他们不维持秩序,反倒跟着起哄,后来老人的儿子带着一大帮人赶过来,上来就给了刘小姐一耳光。"游客孙小姐说,为避免事态扩大,同车游客将刘小姐护在身后,并报警求助。

当地派出所民警迅速赶赴现场处置,因有人受伤,当地村民不允许游客离开,双方情绪激动,民警在现场调解未果后,将旅行团及涉事村民带至派出所做进一步调查和调解。

"导游卖给游客10块钱一件雨衣,我们只卖3块钱一件,他们骗了游客,还抢我们的饭碗,我们肯定要反对。"村民易先生、邓小姐等人说,大瀑布进行旅游开发时征用村里大量山林土地,村民在景区门口卖雨衣也是为了养家糊口,对于不允许游客找导游买雨衣,易先生则表示:"我们要生存。"

景区负责人给记者算了一笔账,该景区每年游客接待量超过100万人次,按50万人在现场购买一次性雨衣计算,一件雨衣3元钱,就有150万的销售额。对当地村民来说,卖雨衣销路好,挣钱也快。

"前几年,景区曾推出'购票送雨衣'的促销活动,当地村民认为景区的做法断了自己的财路,便砸毁了景区门口的宣传牌,景区促销活动也因此取消。"副镇长戴先生说,那次事件就暴露出景区管理和协调能力的不足。

旅游目的地居民作为旅游地不可分割的一部分,其对当地旅游发展的支持程度和对旅游者的态度直接影响着旅游者的体验。同时,旅游目的地居民的心理与行为也受到当地旅游业发展的影响。他们如何感知本地旅游发展

---

①资料来源:王自宸《三峡大瀑布"雨衣事件"透视》,新华社,2016-05-21。

对个人生活的影响,以及这种感知如何影响他们的心理,并且最终以何种形式表现出来,是十分值得关注的话题。

旅游目的地的发展,不仅应关注如何为旅游者创造美好体验,提升旅游者的幸福感,还应同时关注旅游目的地居民的心理,让居民切实享受到旅游发展带来的红利,从而积极投入与旅游者的价值共创,实现旅游目的地、旅游者和居民的多方共赢。

第一节　旅游目的地居民心理概述

一、旅游目的地居民心理的概念

(一)旅游目的地居民

旅游目的地不仅仅是根据经纬度、地形地貌等数据定义的地理空间概念,对旅游业发展来说,它展现着当地独特的人文风貌,同时提供了一个旅游者与旅游目的地人群(如当地旅游企业、旅游工作者和旅游目的地居民)之间交流互动、共同创造旅游体验的平台,因此也具有深刻的社会意义。

旅游目的地居民是一个比较宽泛的概念,一般被认为是居住在当地的居民,无论是否具有当地户籍,只要在旅游目的地长期居住,就被认为是旅游目的地居民。根据是否直接参与旅游业,旅游目的地居民可以被进一步划分为直接从事旅游业及相关行业的人员,以及与旅游业无直接关系的人员。有些学者对旅游目的地居民的划分更为细致,如吴必虎(2001)根据旅游目的地居民与旅游者接触的程度和方式不同,将旅游目的地居民划分为三类人群:一是从事旅游一线工作、与旅游者直接接触的当地居民,如导游、酒店服务人员等;二是家庭中有成员从事旅游一线工作,因此,家庭收入受旅游业影响较大的当地居民;三是其他社区居民。

从对旅游目的地居民的分类可看出,旅游业对当地居民的影响体现在,为当地居民提供了就业机会,从而影响居民的收入和家庭生活水平;对非直接从事旅游业的当地居民来说,家庭收入虽然并非直接来源于当地旅游业的发展,但由于他们生活的地理空间同时也是旅游活动开展的"舞台",社区的基础设施建设、人文环境营造等都不可避免地会受到当地旅游业发展的影响。

(二)旅游目的地居民心理

当居民生活居住的空间同时也成为旅游者进行旅游活动的场所,旅游目的地也就成了居民与旅游者直接或间接互动的平台。无论是否直接与旅游者进行人际互动,旅游目的地居民都主动或被动地感知到旅游发展带来的影响,从而出现有别于日常生活状态的心理现象。

旅游目的地居民的心理是动态变化的,既受到旅游目的地社会环境、当地旅游业发展阶段等外部因素的影响,又因居民的年龄、性格、是否直接从事旅游业等个体因素而不同。

二、旅游目的地居民心理相关理论

旅游目的地居民心理与行为是旅游研究中一个重要的部分。在众多相关研究中,应用较为广泛的理论有愤怒指数模型、旅游地生命周期理论、社会交换理论、相对剥夺感。

(一)愤怒指数模型

多克西(Doxey)提出的愤怒指数模型(irritation index model)指出,旅游目的地居民在旅游发展中的态度会经历四个阶段,即欢愉(euphoria)阶段、冷淡(apathy)阶段、恼怒(annoyance)阶段、对抗(antagonistic)阶段。

在欢愉阶段,由于到访的旅游者较少,他们对目的地的欣赏以及由此带来的经济利益超过了所产生的负面影响,居民对旅游者表现出欢迎的态度,主客双方都为此而感到欢愉。

随着旅游业不断发展,旅游者持续涌入,这时居民的态度进入了冷漠阶段。居民和旅游者都认为对方的存在理所应当,彼此之间不再有"新鲜感"。这时就需要有其他利益相关者(如当地政府、旅游企业等)介入,进行更大规模的旅游规划和开发。

旅游者持续涌入虽然能为当地带来可观的经济收益,但同时带来的社会和文化等方面的冲击却令当地居民越来越难以接受,居民的态度进入了恼怒阶段。

旅游业不断发展,给居民带来了交通拥堵、环境污染和噪声等负面影响,旅游者不断与居民"争夺"有限的自然资源和住房资源,居民的态度进入了对抗阶段。居民开始正面公开反对旅游发展,并与旅游企业或旅游者产生冲突。

Ap和Cromption(1993)也提出了居民态度变化过程理论。与多克西的愤怒指数模型类似,Ap和Cromption将旅游目的地居民在旅游发展过程中对旅游业和旅游者的态度变化划分为四个阶段:欢迎(embracement)阶段、容忍(tolerance)阶段、调整(adjustment)阶段和排斥(withdraw)阶段。欢迎、容忍和排斥阶段与多克西愤怒指数模型中的欢愉、冷漠和对抗阶段类似。特别需要注意的是调整阶段,Ap和Cromption指出,居民在这一阶段的态度表现为刻意回避与旅游者的交往,也有意避免吸引旅游者到访自己所在的社区。

以上理论是研究者们对旅游发展过程中居民态度变化进行的较为简单的划分,能够反映一般情况下的居民情感变化。但在实际情况下,居民的态度和情感呈现出多面且复杂的特征,需要结合多方面的因素进行分析,并不能简单地用以上理论中的几个阶段来概括。

(二)旅游地生命周期理论

旅游地生命周期理论最早由加拿大学者巴特勒(Butler)于1980年提出。依据该理论,旅游地的整体发展像产品一样,也会经历探索、起步、发展、稳固、停滞、衰落或复苏六个阶段。旅游地生命周期理论被广泛应用于旅游资源开发与管理,为旅游地的长期规划与开发提供指引。

在研究旅游目的地居民心理时,学者们也普遍认为,在旅游地生命周期的不同阶段,当地居民的心理呈现出不同的特征。在旅游业发展的探索与起步阶段,当地社区受旅游业的影响较小,居民较少直接从事旅游业,居民对当地旅游业发展的感知较为有限,心理波动较小,大多表现为对当地旅游发展持观望和好奇态度,期待本地旅游产业有良性、健康的发展。

当旅游业发展到较为成熟、稳固的阶段,它不仅能为当地居民带来更多的就业机会,还能使当地基础设施得到完善。居民若能够从旅游发展中获得切实的经济利益或提高生活水平,就会对旅游业发展呈现出积极情绪与情感。然而,旅游业发展中伴随着大量旅游者的涌入,当地居民如何看待自己日常生活的社区因旅游者涌入而出现的变化,特别是来自不同文化背景的旅游者对当地居民产生的文化冲击,会在极大程度上影响当地居民对旅游业及旅游者的态度。对一些居民来说,旅游者的到来为当地增添了活力,他们乐于与旅游者进行交流互动,即使并非直接从事旅游业相关的工作,居民也积极支持当地旅游的发展,向旅游者表现出友好、欢迎的态度。在另一些情况下,若旅游者不尊重当地文化,干扰当地居民的生活,则有可能令当地居民产生不适,甚至敌对的消极情绪,从而导致主客之间产生冲突。

(三)社会交换理论

社会交换理论(social exchange theory)是研究社会交往的经典理论,对研究旅游发展中当地居民与旅游者的交往也具有重要指导作用。社会交换理论认为,人们的一切社会交往行为都可以理解为经济交换活动,它是一种权衡利弊的理性行为,社会交往的主体对参与交往要付出的成本和可获得的收益进行比较与计算,从而追求自身利益的最大化。

在理解旅游目的地居民心理时,我们也可运用社会交换理论来解释与预测居民的心理变化。若旅游目的地居民能够从当地旅游发展中直接获益,如收入增长、生活水平提高等,他们将更支持当地旅游发展,也更欢迎旅游者的到来,以及更能接受旅游者大量涌入而带来的生活环境变化和社会文化冲击。若旅游目的地居民不能从当地旅游发展中获益,他们则难以容忍旅游发展带来的物价上涨、本土文化受到冲击而逐渐消亡等负面影响,从而更倾向于对旅游者产生厌恶和敌对情绪。

（四）相对剥夺感

相对剥夺感（relative deprivation）这一概念由美国社会学家斯托弗（Stouffer）于1949年首次提出，指个体在与收入、声望、权力等方面与更具优势的其他个体进行比较，从而产生的愤怒、怨恨等如同遭受剥夺般的不满感。之后，此概念被广泛用于分析研究弱势群体的心理状态与问题，如失独群体、城市新移民、特殊困难儿童、农村教师等。

在旅游研究中，相对剥夺感的概念被用以解释社区居民在旅游发展过程中受到的消极影响。令社区居民产生相对剥夺感的比较对象被称为"参照群体"，参照群体具体包括以下几类。

1. 同社区居民

旅游发展给当地社区带来了经济效益和商业机会，然而并不是所有居民都能平等地享受这些红利。例如，本章导入中，游客从导游手中购买雨衣体验"穿越瀑布"，却受到了当地村民的抢夺，正是因为从雨衣售卖中获利的机会被导游获得。当村民售价仅3元的雨衣无人购买，却看到游客们纷纷从导游处购买售价10元的雨衣时，村民的心理产生落差，因此发生了村民抢夺游客雨衣的事件。

2. 其他社区居民

当地社区居民还有可能在经济收入、政策落实、社会保障、城市规划等方面与更优秀的同类景区的其他社区居民进行对比，从而产生心理落差，进而对本社区的旅游发展产生沮丧、怨恨等负面情绪。这种情况下，社区居民容易对本地旅游部门的领导者产生不满和不服，对本地的旅游发展持消极态度，从而不利于本地旅游业相关工作的开展。

3. 旅游者

在旅游发展过程中，当地较为优质的设施和资源往往被优先提供给旅游者使用，因此，社区居民可能会产生心理不平衡感。例如，一些在当地具有良好口碑的酒店、咖啡厅及娱乐设施等通过网络传播受到旅游者的追捧，大量旅游者的到来导致这些场所出现拥挤和排队现象，社区居民为了避免拥挤和排队，只好退而求其次而做出其他选择，原有的闲适、从容的生活状态被打破，容易激起居民与旅游者之间的矛盾。

居民与旅游者等上述群体进行对比之后产生的心理失衡，都有可能产生一系列不规范行为，最终阻碍当地旅游业的可持续发展，因此，如何消除居民的相对剥夺感，从而促进居民参与旅游发展并最终推动旅游目的地建设，成为学者们关注的焦点。

三、研究旅游目的地居民心理的意义

旅游目的地居民是旅游目的地不可分割的一部分，研究旅游目的地居民的心理对旅游目的地、旅游企业、旅游者及居民自身,都具有重要意义。

对旅游目的地来说,旅游业的健康发展可以带来源源不断的经济收益,但还应关注旅游目的地居民的身心是否从中受益。研究旅游目的地居民的心理,有助于旅游目的地理解旅游业发展给当地居民的心理与行为带来的影响,为营造良好的人文环境,使居民形成健康、良好的心态提供理论依据,从而将旅游目的地建设为宜居、宜游的美好家园。

对旅游企业来说,其在发展初期就需要以可持续发展战略为指导,并充分认识到旅游目的地居民的支持对旅游产业发展的积极影响。对旅游目的地居民心理的研究,能够让旅游企业更加深入地了解居民的需求,从而在企业发展中积极带动旅游目的地的建设,以旅游目的地与企业互利共赢的思想来指导企业的长远发展。

对旅游者来说,旅游目的地居民的生活风貌也是重要的吸引物,而居民对旅游者的态度也极大地影响着旅游者的体验,因此,研究旅游目的地居民的心理,对于引导旅游者和居民的积极交流、促进主客之间的和谐共处,从而提升旅游者和居民的幸福感,具有重要意义。

对居民自身而言,他们往往是当地旅游发展所带来的影响的被动接受者。无论是旅游发展带来的基础设施的完善、就业机会的增多、当地环境的改善等积极影响,还是本土文化受到外来文化的冲击而逐渐消亡、交通拥堵、物价上涨等消极影响,都在旅游目的地居民所能控制的范围之外。居民们承受着旅游发展带来的各种影响,其心理也会产生一定的变化。研究旅游目的地居民的心理,能够帮助他们正确理解旅游发展所带来的影响,避免极端情绪的产生,进一步推动旅游目的地和谐的人文环境的建设。

翻转课堂

过度旅游对旅游目的地的困扰

经历过疫情期的低迷后,世界旅游业以蓬勃的态势复苏和发展。长城、威尼斯大运河、雅典卫城……这些热门旅游目的地挤满了来自世界各地的游客。当远道而来的游客们一边为新奇体验惊叹,一边抱怨人潮拥挤时,当地居民却在为日益嘈杂的环境、不断上涨的房租而担忧,甚至在巴塞罗那等城市,"游客请回家,你并不受欢迎""你的奢华旅行,我的生活噩梦"等反对旅游业的涂鸦出现在大街小巷。

希腊是典型的受过度旅游问题困扰的国家,其地标景点——雅典卫城的情况最严重。即使2023年夏天的异常高温天气,也未能阻止大量游客涌入该地。由于长时间在烈日下排队,一些游客中暑晕倒。除景点人满为患影响体验外,过度旅游还给希腊社会带来了许多挑战。居住在旅游景点附近的当地人发现社区变得拥挤,噪声和交通问题日益突出,而且食品和其他日用品的价格也不断上涨,给生活带来了额外负担。

2023年底,雅典部分社区的居民更"炮制"出"臭虫危机"来赶走入住民宿的外国游客。他们以政府机构的名义张贴虚假的"臭虫危机告示",称由于发现臭虫,希腊卫生部已下令当地的民宿停止出租并警告游客如果不离开住处将被处以500欧元的罚款。此事最后惊动了希腊卫生部和警方。由于民宿租金收入颇丰,当地很多业主都更愿意将公寓短租给游客,导致租房的当地人被迫搬离中心城区或支付更高租金。更多不从事民宿业务的希腊人认为,大量在文化和生活方式上与他们有差异的外国游客每天进出公寓,且很多人不遵守邻里公约,给他们的生活带来了极大影响。

旅游专家丹尼尔·莱文在出席名为"重新构思希腊旅游"的会议时表示:"只有当目的地的居民快乐时,游客才会快乐。"可持续旅游专家道格·兰斯基表示,在游客蜂拥而至的国家,旅游业往往会衰退,除非所有相关人员及时意识到他们必须遵守可持续发展规则。

接受《环球时报》记者采访的专家认为,"过度旅游"涉及"主客共享"、产业平衡、可持续发展等多方面问题。世界旅游城市联合会特聘专家、中国社会科学院旅游研究中心特聘研究员王笑宇表示,对于城市型旅游目的地而言,游客与当地居民共享城市空间,因此需要平衡好游客和居民的利益;游客的到来不能颠覆当地社区的传统生活方式,还要能实现对当地文化保护和发展的促进,为当地社区创造就业,实现社会、经济、社区、产业共赢发展;城市要平衡好旅游业和其他产业的发展,通过发展"+文旅"及泛旅游产业让更多人获益,减少旅游周期性和脆弱性对当地经济、居民生活的影响;同时旅游开发要给当地文化经济带来新发展动能,如法国阿维尼翁戏剧节等活动不仅带来了游客,也给当地注入了新活力。

(资料来源:谢亚宏、梁曼瑜、任筱楠、曾瑞《"过度旅游"困扰下,城市如何应对挑战》,《环球时报》,2024-01-13。)

问题:

(1)结合多克西的愤怒指数模型进行分析,你认为希腊居民对当地旅游业发展的态度处在哪个阶段?有什么特征?

(2)案例中,希腊旅游业的发展给当地居民带来了哪些影响?可以采取哪些手段与措施保障居民的利益?

(3)结合案例中几位专家的看法,你认为应如何更好地促进主客双方的良性互动,实现旅游目的地可持续发展?

第二节 旅游目的地居民心理承载力

一、旅游目的地居民心理承载力的概念

承载力概念最早诞生于工程机械领域,指地基承载情况(工程属性)或航运、电气化铁路的负荷情况(机械属性),之后在生态学、地理学、资源科学与环境科学领域得到了持续但有争议的发展(封志明、李鹏,2018)。在旅游研究中,承载力的概念最早被应用于以维持自然环境可持续发展为目标的物理性空间旅游者承载力研究,如对公园等公共游憩空间的旅游者承载量的研究。随着旅游业的发展,研究者的视角已不再局限于旅游业对当地自然环境的影响,而是进一步拓展至旅游业给旅游目的居民带来的变化。目前,旅游目的地居民心理承载力受到越来越多的关注。

在对旅游目的地居民的心理承载力研究中,张博(2014)将其定义为,在不对与旅游相关的旅游地要素(包括政治要素、经济要素、文化要素、社会要素、环境要素、设施要素等)、游客的旅游体验、居民的日常生活造成不可接受的负面影响的前提下,居民可承受游客数量的最大限度。也就是说,旅游目的地居民心理承载力是指,在通常情况下,旅游目的地居民在心理上所能接纳旅游者数量的最大限度。

二、旅游目的地居民心理承载力的测量维度

旅游者的到来对旅游目的地的各个方面都产生了影响(如政治、经济、文化、社会、生态环境等),长期生活在旅游目的地的居民对这些影响的感知,决定着他们在心理上所能接纳的旅游者数量的最大限度。具体来说,对旅游目的地居民心理承载力的测量,可以从以下五个维度展开。

(一)政治维度

从政治维度出发,旅游目的地居民对"旅游对政策的影响",以及对"旅游对政府行为的影响"的感知,决定着其心理承载力。

(二)经济维度

从经济维度出发,决定旅游目的地居民心理承载力的指标包括:目的地居民的收入、当地就业机会、当地经济发展,以及旅游业对当地其他行业的影响等。

(三)文化维度

从文化维度出发,决定旅游目的地居民心理承载力的指标包括:当地传统文化和

风俗习惯,以及居民生活方式与个人信仰等。

(四)社会维度

从社会维度出发,决定旅游目的地居民心理承载力的指标包括:当地社会治安、居民间的关系、居民与旅游者间的关系、居民环保意识、当地社会文明程度、旅游者对居民生活的影响、地域知名度等。

(五)生态环境与旅游设施维度

从生态环境与旅游设施维度出发,决定旅游目的地居民心理承载力的指标包括:当地公共设施数量、当地基础设施建设、当地娱乐设施数量、当地住宿设施数量、当地餐饮场所数量、绿地面积、空气质量、野生动物数量、生活垃圾无害化处理率等。

三、旅游目的地居民心理承载力的特点

前面介绍了旅游目的地居民心理承载力的测量维度和指标,这些内容有助于研究者通过定量研究获得旅游目的地居民心理承载力的条理化数据。在实际生活中,旅游目的地居民心理承载力在当地旅游业发展的生命周期的不同阶段会有所变化。另外,旅游目的地整体的人口结构,以及居民个体的性格与态度等,都影响着旅游目的地居民心理承载力。具体来说,旅游目的地居民心理承载力具有以下特点。

(一)多样性

对居民心理承载力的研究通常聚焦于某一旅游目的地居民整体上所能接纳的旅游者数量的最大限度,而较少关注居民个体的心理承载力,因此,某地区居民的心理承载力只能代表该地区居民对旅游者接受程度的整体水平。对居民个体来说,其年龄、性别、处于家庭生命周期的阶段、与旅游者互动的经历,以及在该地区生活的时间等各有不同,因此,他们对旅游者的心理承载力也各有不同。由此可见,旅游目的地居民心理承载力具有多样性。

(二)变化性

旅游目的地居民心理承载力的变化性主要受两方面的影响:一是目的地旅游业生命周期,二是居民家庭生命周期。

从目的地旅游业生命周期的角度来看,在旅游目的地发展的探索与起步阶段,目的地的旅游资源尚未完全开发,旅游者人数也较少,对当地居民的生活产生的负面影响较少,居民一般对当地旅游业发展持有积极的态度,欢迎旅游者的到来。这一阶段,居民的心理承载力较高。当旅游业发展到稳固阶段,旅游者人数大量增加,当地居民的生活受到一些影响,如噪声、交通拥堵、物价上涨等,居民的心理承载力有所下降。当旅游业发展到衰退阶段,旅游者人数大幅减少,当地经济发展缓慢,居民生活水平也

受到影响,可能会产生焦虑心理,渴望旅游者的到来,期盼当地旅游业重新焕发生机。

从居民家庭生命周期的角度来看,单身阶段和青年夫妻阶段的居民的经济压力较小,较少关注旅游业对经济的影响,同时更加欢迎旅游者带来的不同文化,因此对旅游者的心理承载力较高。家庭中有了小孩之后,在满巢Ⅰ、Ⅱ、Ⅲ期,家庭经济压力增大,家长也更关注孩子的成长环境,因此对旅游业产生的经济、社会和文化影响都有较为强烈的感知,对旅游者的心理承载力有所下降。到了空巢期,家中没有抚养子女的经济压力,家庭的重心转移到退休后的休闲娱乐生活,更有意愿和时间与旅游者进行交流,因此更欢迎旅游者的到来,心理承载力有所提升。

(三)可塑性

工程机械领域或生态学领域的承载力是一个刚性概念,而旅游目的地居民心理承载力则基于居民对当地旅游发展的感知和态度。居民个人的主观能动性直接影响着心理承载力的变化,因此,旅游目的地居民心理承载力具有一定的可塑性。旅游目的地管理部门可以运用心理学的原理,引导居民对当地旅游业发展和旅游者的到来形成正确、全面的感知,在不对居民日常生活造成不可接受的负面影响的前提下,使居民的心理承载力处在与当地旅游发展相适应的范围内。

第三节 旅游目的地居民心理的影响因素

旅游目的地居民的心理受诸多因素的影响,既包括居民个体因素的影响,也包括旅游目的地的外部因素的影响,如旅游者因素、旅游目的地因素等。这些因素相互交织,共同影响着旅游目的地居民的心理。

一、旅游目的地居民个体因素

(一)人口统计特征

旅游目的地居民因为年龄、性别、受教育程度等人口统计特征不同,所以对当地旅游业的感知不同,从而对当地旅游发展和旅游者呈现出不同的态度和行为倾向。

一般来说,中年居民对旅游在经济方面的影响有更为强烈的感知;而对老年居民来说,他们对旅游在社会文化等方面的影响有更为强烈的感知。

就性别而言,通常女性居民对旅游者的到来更为敏感,更容易感知到旅游者给当地的人文环境及居民的日常生活带来的影响;而男性居民则更关注旅游业发展对当地基础设施的建设所产生的推动作用,因此,他们对旅游业的积极影响有更强烈的感知。

受教育程度也影响居民如何看待当地的旅游发展。比如,通常受教育程度越高,居民对当地旅游发展带来的影响越敏感,也能更全面、理性、客观地应对旅游业带来的积极或消极的影响。

（二）与社区的关系

居民与社区的关系主要体现在居民对于社区的归属感上。居民对社区的归属感越强,对当地旅游发展所带来的影响的感知就越强烈。一般来说,与成年后搬进本社区的居民相比,出生于本社区的居民对当地有更强烈的归属感,更能感受到其居住环境在更大的时间范围内的变化,也对当地旅游的发展有更深的感受。在本社区居住的时间越长,居民在当地所建立的人际关系网络越广,对本社区的物质基础设施也越依赖,其日常生活更容易受到旅游业的影响,而居住时间较短的居民,相比之下更能灵活应对旅游业产生的影响。

（三）对当地旅游发展的了解程度

在旅游业发展给当地居民的生活带来现实影响的背后,还存在诸多潜在的利益或代价,居民对这些情况越了解,就越能对当地旅游业的发展有理性的认知和公正的评价,进而有助于他们形成更为客观的态度并采取更理性的行为。

二、旅游者因素

（一）旅游者数量

旅游者数量越多,对旅游目的地在社会、经济、文化和生态等各方面的影响就大,对旅游目的地居民心理的影响也就越强烈。Pizam 等在 1978 年提出了游居比(guest-host rate)的概念,游居比即旅游者与本地居民的比例。旅游者相对于旅游目的地居民的人数比例越低,对旅游目的地的影响(尤其是负面影响)就越容易被冲淡,越不容易对居民的心理造成负面影响。

（二）旅游者文化背景

对旅游目的地居民来说,旅游者是来自不同文化背景的"他者"。一般来讲,旅游者与旅游目的地居民的文化差异越大,居民越难以理解旅游者所带来的不同的生活方式,对其心理的冲击也就越大;反之,若旅游者与旅游目的地之间的文化越相似,旅游者对当地社会的影响越小,也更有利于旅游目的地居民和旅游者之间相互理解,加深主客之间的交流。

（三）旅游者类型

不同类型的旅游者与旅游目的地居民的交往和接触的情境不同,对旅游目的地居民的态度和行为的影响也有所不同。

例如,热衷于游览自然风光的旅游者很少主动寻求与当地居民的交往,也不将探访当地文化作为旅游的重点。对旅游目的地居民来说,这类旅游者只是"过客",他们大多在经济和生态方面对旅游目的地产生影响,却很少在文化层面与旅游目的地居民产生互动。

对文化旅游者而言,了解旅游目的地的风土人情,深入感受当地生活是他们旅游的主要目的。这类旅游者热衷于深入当地居民的实际生活场景,甚至主动与当地居民进行接触和交流,以满足他们对当地文化的好奇心。旅游目的地居民与此类旅游者产生互动的机会较多,接触也更为深入,因此,他们往往能主动或被动地获得关于旅游者所带来的"外部文化"的认知。可见,相较于经济或生态方面的影响,文化旅游者对旅游目的地居民在认知上的影响更为强烈。

三、旅游目的地因素

(一)旅游目的地经济对旅游业的依赖程度

旅游目的地在经济上对旅游业的依赖程度越高,对居民生活的影响就越大,居民也因此更倾向于支持当地旅游业的发展,更欢迎旅游者的到来,对旅游者的不当行为及旅游业所产生的负面影响等都更为宽容。尤其是在经济发展水平较低的地区,居民通过旅游业获得的收入占家庭收入的比例越高,居民对旅游收益所抱有的期待就越高,对待旅游者也更热情。若旅游目的地的经济发展水平较高,居民的生活并不依赖旅游业的发展,则更倾向于将旅游者视为"外来者",旅游者与居民之间更容易爆发冲突。

(二)旅游景区与旅游地社区的关系

旅游景区与旅游地社区的关系,指的是旅游者活动较为集中的旅游景区,与居民生活的社区之间的关系。它决定着旅游者与社区居民产生互动的情境,从而关系到旅游发展对社区居民的生活所产生的影响。

如果旅游者活动较为集中的旅游景区与居民生活的社区相对独立,那么旅游业在给当地经济发展和基础设施建设带来积极影响的同时,也能够确保居民的日常生活较少受到旅游者活动的影响。在这种情况下,居民既能从旅游发展中受益,又能够有效避免旅游发展带来的负面影响,因此,他们对旅游业持更加积极的态度,也更欢迎旅游者的到来。

在另一些情况下,旅游景区与居民的生活区域是一体的,旅游者和居民共享同一处活动空间,居民的生活是旅游者的观察对象,而旅游者也成为居民日常生活的一部分。虽然旅游者的到来能给居民带来一些经济收益,但对那些家庭经济收入并不依赖旅游业的居民来说,他们承受着旅游者涌入对日常生活造成的冲击。这种冲击对他们来说较为难以接受,从而容易对旅游者产生负面情绪。

当地居民更希望旅游景区与社区相对分离,尽量避免日常生活被大量涌入的旅游者所干扰。对旅游者来说,出于对"原汁原味"的当地生活的好奇,他们更希望旅游景区与社区连为一体。如何处理好保障居民生活不受打扰和满足旅游者期待之间的关系,对于旅游业的长期健康发展至关重要。

(三)旅游地生命周期阶段

前面提到了旅游目的地居民心理承载力在旅游地生命周期的不同阶段会有所变化。在旅游地生命周期的探索与起步阶段,目的地的旅游资源尚未完全开发,旅游者人数也较少,对居民的生活较少产生负面影响,居民一般对当地旅游业发展持有积极的态度,欢迎旅游者的到来。此时,居民的心理承载力较高。当旅游地生命周期进入发展与稳固阶段,旅游者人数大量增加,对当地居民的生活产生负面影响,如噪声、交通拥堵、物价上涨等,居民的心理承载力有所下降。当旅游地生命周期进入衰退阶段,旅游者人数大幅减少,当地经济增速放缓,居民生活水平也因受到影响而下降,此时,居民可能会产生焦虑心理,渴望旅游者的到来,期盼当地旅游业能够重获新生。

(四)旅游目的地文化倾向

一些旅游目的地的独特文化赋予了当地居民在与他人的交往时的固有特质,这些文化倾向在很大程度上决定了他们面对旅游者时的好客程度。他们对旅游者的态度较为稳定,不会轻易受到外部因素(如旅游业发展阶段、旅游者的类型)的影响。

翻转课堂

"旅游业过剩"让威尼斯当地居民纷纷逃离

威尼斯的当地居民正在流失,却继续挤满了游客。数据显示,威尼斯近年来平均每天流失居民2.4人,城市历史中心区的人口首次跌破5万人,人们担心这一趋势可能成为一条不归路。

自20世纪50年代初以来,受当地旅游业对居民公共空间的侵蚀等影响,威尼斯主岛已经失去了超过12万居民。当地居民因各种各样的问题被迫离开,其中包括对洪水泛滥的恐惧及20世纪60年代在经济繁荣期间向大城市的迁移潮等,但过度旅游显然是重要的原因之一。在威尼斯主岛,每天都有成千上万的游客拥挤在广场、桥梁和狭窄的人行道上,这加速了近年来人口减少的进程。

一群创建了Venessia.com网站的社区活动人士20多年来一直致力于关注这一现象,并为保护威尼斯而奋斗。"大众旅游给城市带来了致命一击,它是一把双刃剑,因为它在带来财富的同时也使城市变得贫瘠,它不断寻求空间、住宿和服务。大多数房屋都致力于旅游而不是居住。"该社区组织的主席马泰奥·塞基表示。他强调,当地居民对将一切都押注在旅游业上的"经济机器"感到"窒息"。他感叹道:"我们在自己家里感觉就像是外国人,也像动物园里的动物。"

他还讲述了一个朋友的经历，那位朋友家住一楼，当他和家人在花园里吃饭时，他们成了旅行者拍摄的对象。"我理解游客，威尼斯令他们着迷，但这种行为对我来说似乎太过分了。"他表示："我们必须在威尼斯的两种生活方式之间保持相互尊重。每天生活在威尼斯的人和参观威尼斯的人，他们来自两个不同的世界，却必须共存，这并不容易。"

邻居们抱怨说，旅游业扰乱了城市居民的日常生活，使他们不得不应对高昂的生活成本，缺乏经济适用房，许多出售基本商品的商店关闭，取而代之的是纪念品商店。"租不到也买不到房子，房屋都被用作旅游业住宿，中产阶层不再居住在这里，传统贸易已经消失，一切都面向旅游，对于居民来说什么都没有。"塞基表示。

住房供应不足及日常生活受到的影响是威尼斯面临的主要问题之一。根据当地住宅观察机构的数据，私人住宅目前占威尼斯旅游住宿的58%。市政官员维托里奥·扎帕洛尔托谈到了"旅游业过剩"，并谴责房地产供应不足正在限制公共办公室的运作，甚至由于缺乏工作人员而不得不减少工作时间，因为分配到威尼斯主岛工作的官员找不到房子安家。

地方政府近年来宣布了多项计划，以期改变这一状况，但到目前为止似乎收效甚微。

《假如威尼斯死去》一书的作者、考古学家、艺术史学家萨尔瓦托雷·塞蒂斯认为，这座"运河之城"已经成为"标准化现代性的受害者，它正在被简化为一种具有旅游和酒店功能的商品"。

（资料来源：韩超《西媒："旅游业过剩"让威尼斯当地居民纷纷逃离》，《参考消息》，2022-11-04。）

问题：

(1) 旅游业发展对威尼斯居民的日常生活产生了哪些影响？

(2) 当地景区与居民之间的关系如何？它如何影响居民的心理？

(3) 威尼斯的旅游发展处在旅游地生命周期的哪个阶段？居民的心理呈现怎样的特点？

第四节　旅游目的地居民心理的调控

旅游业的发展不可避免地会对旅游目的地居民的生活带来多方面的影响，而居民对旅游业影响的感知，即旅游目的地居民的心理，又决定着他们对当地旅游业发展的支持程度和对待旅游者的态度,从而影响当地旅游业的发展,因此,我们需要运用科学合理的手段对旅游目的地居民的心理进行调控,促进目的地旅游产业健康可持续发展。

一、推行旅游收益共享

随着旅游业的发展,旅游目的地居民的日常生活难免会受到影响。如果居民仅承受旅游业带来的不利影响,如交通拥挤、物价上涨、噪声等,以及前文所提到的相对剥夺感等负面情绪,而无法分享旅游发展带来的红利时,那么他们更容易对当地旅游业的发展和旅游者的到来产生不满,从而采取一些敌对行为。只有真正将居民纳入旅游业的利益共享者的范围,让他们切实感受到旅游发展在家庭经济条件改善及个人社区认同感提升等方面产生的积极影响,才能有效缓解他们对旅游发展带来的负面影响所产生的不满情绪。

在面向旅游目的地居民的利益分配过程中,应注重公平公正。受到各自认知水平的影响,每位居民对自己对应分配的利益的期待值有所不同,当预期利益没有得到相应满足时,利益分配并不能真正产生效果。旅游目的地管理部门需要加强宣传,让居民对当地旅游发展形成全面、客观的认知,引导居民对旅游利益分配有理性的期待。同时,由于旅游的发展主要由地方政府和旅游企业主导,而大多居民普遍在商业谈判和行业知识等方面处在相对弱势的地位,管理部门要做好旅游目的地居民与旅游企业之间的协调、谈判工作,充分保障居民的权益,构建"旅游目的地居民 ＋ 旅游企业 ＋ 政府部门"的多元利益共同体,共享旅游发展的成果。

二、促进社区共同参与

居民在旅游发展中的参与机会、参与水平直接影响着当地居民的旅游获益。另外,直接从事旅游业的居民,以及家庭成员中有从事旅游业的居民(即旅游业收入是家庭收入来源之一)对旅游业发展有更积极的期待。然而,由于每位居民的知识结构和技能水平不同,就业意愿也各有所好,不能一味地让每位居民都投身旅游业以获得居民对旅游业的支持,因此,社区共同参与并不意味着让每位居民都从事旅游业或参与旅游活动,而是指在当地旅游业发展的规划、决策、开发、管理、实施、监督、利益分配等各个环节,充分考虑居民的需求和意见,将社区作为主要的开发主体和参与主体,推进居民公平、高效地参与本地旅游事务的决策,保障居民在当地旅游业发展过程中的选择权、参与决策权和收益权,进而促使旅游业发展和社区建设的良性互动。

近年来,社区增权已成为推动当地居民参与旅游发展的重要途径,主要有三种手段,即信息增权、教育增权、制度增权。

（一）信息增权

当地居民往往由于信息不对称而在旅游事务决策中缺乏话语权，所谓的社区参与沦为居民被动参与而非主动参与，因此，信息增权是保障居民利益的首要手段。例如，管理部门应对旅游发展的各个关键环节的信息进行公开透明的披露，在信息表述上也应充分考虑普通居民的接受能力，避免出现信息差。另外，互联网已经成为人们获取信息的主要渠道，向老年居民普及互联网技术、宣传新兴信息发布渠道，也是面向居民信息增权的方式之一。

（二）教育增权

随着旅游红利的显现，当地居民的参与意识虽日益强烈，但往往由于旅游相关专业技能有限，而无法真正均等地获得旅游发展带来的各种机会。通过开展技能培训、知识讲座、专家交流活动，有意愿从事旅游业的居民不仅能够对本地旅游产业发展有更加全面的认知，还能够提升旅游相关的专业技能，从而掌握参与当地旅游决策、投身本地旅游发展的主动权。

（三）制度增权

除了在个人层面提升居民在信息和教育方面的保障，政府还需要在更高的制度层面给予居民一系列正式的、有章可循的保障。通过制度增权，居民在参与本地旅游发展时的信心和底气能够得到有效提升。

三、畅通居民沟通渠道

沟通渠道不畅是导致居民无法全面了解当地旅游发展情况，不能有效参与当地旅游决策，成为孤立于旅游目的地发展决策之外的"局外人"，进而产生一系列负面情绪，甚至酿成极端事件的重要原因。

首先，在旅游发展的规划与开发阶段就应注重与居民的沟通，保障当地居民的话语权。应通过公正公开的渠道对外公布本地旅游发展中的各项计划与举措，并广泛了解居民的意见与诉求，将保障并提升居民利益纳入旅游发展目标中。

其次，应建立健全各类信息发布与互动渠道。当前，手机移动端成为广大居民获取信息的主要方式之一，而在一些偏远的乡村地区，居民的手机使用受到网络信号的限制，因此可通过其他渠道获取信息，如广播、电话、纸质宣传资料等。这些沟通渠道均能在充分考虑实际情况的基础上，确保将各类信息及时、有效地传递给居民。除了信息发布，还应注重倾听居民心声，可通过网络留言、热线电话、当面访谈等多种方式收集居民对当地旅游发展的意见和建议。对于居民关切的问题，应及时解决并给予反馈，鼓励居民发出自己的声音。

最后，应尊重并保障居民的监督权，避免少数群体的声音被边缘化。可通过建立基层自治组织等团体,搭起居民与旅游企业和政府部门之间的桥梁。一方面,倾听居民诉求并及时将各种诉求传达至管理部门;另一方面,在规划开发、项目实施、利益分配等过程中对旅游企业和政府部门进行监督,在职责范围内为广大居民争取最大的利益。

翻转课堂

哈尔滨市人民政府致全市人民的一封信

从索菲亚大教堂上高挂的圆月,到松花江上升起的热气球;从现身城市街头的鄂伦春人与驯鹿,到背着书包满地溜达的"逃学"企鹅;从切成一片片的冻梨"刺身",到甜口豆腐脑……因掏家底来宠游客而频登热搜的哈尔滨,成为2024年开年第一个"网红旅游目的地"。哈尔滨能够成功揽客的背后,离不开哈尔滨市民的通力配合。2023年12月25日,哈尔滨发布了《致全市人民的一封信》,号召市民以客为先、以客为尊、以客为友、以客为亲,让路让景让利给远道而来的朋友。

遇见冰雪遇见暖 不负美景不负情——致全市人民的一封信

亲爱的市民朋友们:

雪绘天地画,冰塑盛世颜。现在虽然是一年中最寒冷的日子,但是火爆的热情、升腾的烟火弥漫在城市的每个角落,勾勒出这个冬季最美丽的风景。每一位市民的努力坚守和辛勤付出,彰显了冰城人"礼迎天下客、冰雪暖世界"的敦厚与担当。这是一场无须号令的全城行动,每一次的自发自觉都是冰城人对于这座城市的热爱。

人人都是城市温度传递者。风雪之中,您的热情比阳光更温暖。我们要承接好这"泼天"的情谊,以客为先、以客为尊、以客为友、以客为亲,想游客所想、尽自己所能,一次悉心引路、一番热情解答、一碗姜水热茶、一段顺路搭载,尽量错峰出行,减少扎堆拥堵,用爱心装点城市,用行动温暖他人,让路让景让利给远道而来的朋友,充分展示冰城人的地道"人情味儿"。

人人都是城市荣誉守护者。人在旅途,您的微笑比冰花更美丽。我们要树立"人人都是家乡名片"意识,重信守诺,文明待客,以礼待人,品质经营,打造整洁靓丽的市容环境、文明守法的交通环境、干净健康的餐饮环境、满意舒适的购物环境、规范有序的旅游环境、以人为本的住宿环境、平安放心的治安环境、积极友善的舆论环境,给予客人最高的礼遇,将"畅游地"变成"常游地"。

Note

人人都是城市形象代言人。街头巷尾,您的形象比美景更动人。让我们从自身做起,爱护环境卫生,遵守公共秩序,体贴友善待人。出行礼让斑马线、不闯红灯不抢行、观影观赛举止得体、垃圾带走不落地,购物用餐谦和有礼、文明交谈不喧哗,景区游览有序排队、冰雕雪塑不攀爬,全面展现"滨滨有礼"的良好形象,以冰雪为媒,与五湖四海的游客共赴美好之约、共享文明之美。

人人都是城市美景推荐官。冰雪奇缘,您的讲述比故事更有魅力。哈尔滨是冰雪旅游的"富矿",这里,不仅有极致梦幻的冰雪大世界,还有美轮美奂的雪博会、雪岸古堡的伏尔加庄园、乐趣横生的冰雪嘉年华、流连忘返的东北虎林园、驰名中外的亚布力滑雪场,也有悠扬唯美的交响音乐会、酣畅淋漓的冰雪运动赛……请向游客朋友全面推介地域文化、城市美景,共同邂逅冬天独有的浪漫风情。

点燃冰雪季,礼迎天下客。这个冬天,愿每一份的全力以赴更加情真意切,愿每一次的双向奔赴都似久别重逢。让"遇见冰雪遇见暖"成为相约冰城的美好回忆,让"不负美景不负情"成为开启"亚冬"的精彩序章。

中共哈尔滨市委宣传部

哈尔滨市精神文明建设办公室

哈尔滨市文化广电和旅游局

2023年12月25日

问题:

(1)哈尔滨向全市人民发出《致全市人民的一封信》,体现出旅游目的地居民对当地旅游发展有哪些重要作用?

(2)哈尔滨向全市人民发出《致全市人民的一封信》,对我们学习旅游目的地居民心理调控策略的制定有什么启示?

(3)信中对哈尔滨市民提出了哪些倡议?对市民的心理会产生什么影响?

本章小结

· 当居民生活居住的空间同时也成为旅游者进行旅游活动的场所,旅游目的地也就成了居民与旅游者直接或间接互动的平台。

· 无论是否直接与旅游者进行人际互动,旅游目的地居民都主动或被动感知到旅游发展带来的影响,从而出现有别于日常生活状态的心理现象。

· 在关于旅游目的地居民心理的众多研究中,应用较为广泛的理论有愤怒指数模型、旅游地生命周期理论、社会交换理论、相对剥夺感。旅游目的地居民心理承载力是研究旅游目的地居民心理的重要指标,指在通常情况下,旅游目的地居民在心理上所能接纳旅游者数量的最大限度。

· 旅游目的地居民的心理决定着他们对当地旅游业发展的支持程度和对待旅游者的态度,从而影响当地旅游业的发展,因此,我们需要运用科学合理的手段对旅游目的地居民的心理进行调控,促进目的地旅游产业健康可持续发展。

在线答题
第十章

单元训练

一、选择题

请扫描边栏二维码答题。

二、简答题

1.旅游目的地居民产生相对剥夺感的原因是什么?

2.旅游目的地居民心理承载力的概念是什么?可以从哪些维度来测量?

3.对旅游目的地居民的心理进行调控的策略有哪些?

三、思考题

1.在旅游业发展过程中,旅游目的地居民扮演着怎样的角色?

2.结合自己作为本地居民的心理,思考研究旅游目的地居民心理对当地旅游业的发展有何意义。

四、实操训练

作为本地居民,去你家周围旅游者比较多的景点走一走,观察并思考以下几个问题。

1.在去景点实际观察之前,你对本地的旅游发展有哪些了解?对旅游者有什么印象?

2.你在旅游景点看到的旅游者多吗?你希望旅游者更多一些,还是更少一些?为什么?什么影响了你的看法?

3.当地的旅游业发展给你的生活带来了哪些影响?

第十一章
旅游工作者心理卫生与保健

学习
目标

知识目标：了解心理健康与心理卫生的含义；了解心理健康的标准、旅游工作者心理健康标准；了解旅游工作者常见心理问题；掌握旅游工作者健康心理的培养与调节方法；掌握旅游工作者心理健康教育的基本内容。

能力目标：提升自我调适能力，提升自我认知、自我管理、自我控制能力。

素养目标：培养健康的心理素质，增强旅游职业认同感、责任感、荣誉感。

核心
概念

心理健康　心理卫生

思维
导图

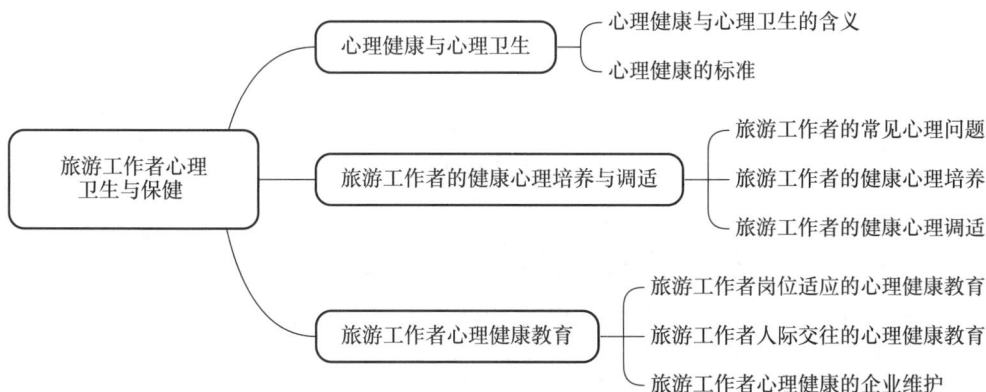

本章
导入

有这样一位妈妈，第一次参加家长会，幼儿园老师对她说："你的儿子有多动症，在板凳上连三分钟都坐不住，你最好带他去医院看一看。"回家的路上,儿子问她老师都说了些什么,她鼻子一酸,差点流下眼泪,因为全班三十位小朋友,唯有他表现最差,唯有对他,老师表现出不屑,但是她还是告诉她的儿子:"老师表扬你了,说宝宝原来在板凳上坐不了一分钟,现在能坐三分钟。其他妈妈都非常羡慕妈妈,因为全班只有宝宝进步了。"那天晚上,她儿子破天荒吃了两碗米饭,并且没让她喂。

儿子上小学了。家长会上,老师说:"这次数学考试,全班五十名同学,你儿子排第四十名,我们怀疑他智力上有些障碍,您最好能带他去医院查一查。"回去的路上,她流下了眼泪。然而,当她回到家里,却对坐在桌前的儿子说:"老师对你充满信心。他说了,你并不是一个笨孩子,只要能细心些,就会超过你的同桌,这次你的同桌排在第二十一名。"说这话时,她发现儿子黯淡的眼神一下子充满了光,沮丧的情绪一下子消失了。她甚至发现,儿子温顺得让她吃惊,好像长大了许多。第二天上学,儿子去得比平时都要早。

孩子上了初中,这次家长会,她坐在儿子的座位上,等着老师点儿子的名字,因为每次家长会儿子的名字都在差生的行列中,所以总是被点到。然而,这次却出乎她的预料——直到结束,都没有听到。她有些不习惯,离开学校前去问老师,老师告诉她:"按你儿子现在的成绩,考重点高中有点危险。"她满心惊喜地走出校门,此时她发现儿子在等她。路上她扶着儿子的肩膀,心里有一种说不出的甜蜜,她告诉儿子:"老师对你非常满意,他说了,只要你努力,很有希望考上重点高中。"

孩子高中毕业了,当第一批大学录取通知书寄达时,学校打电话让她儿子到学校去一趟。她有一种预感,她儿子被清华录取了,因为报考时,她对儿子说过,她相信他能考取这所大学。她儿子从学校回来,把一封印有清华大学招生办公室的特快专递交到她的手里,突然转身跑到自己的房间里大哭起来,边哭边说:"妈妈,我知道我不是一个聪明的孩子,可是,这个世界上只有你能欣赏我……"这时,她悲喜交加,再也按捺不住十几年来心中的泪水,任它滴落在手中的信封上……

案例中的这位妈妈是一位坚持赏识教育的母亲,她的殷切鼓励能够给孩子带来进步的勇气、动力和希望。由此可见,旅游企业管理者应重视员工心理素质的培养和锻炼,多肯定员工,多鼓励员工,给员工自信。

第一节　心理健康与心理卫生

健康是人类的基本需求之一,是每个人所渴望的。在日常生活中,人们常常将"健康"理解为身体上没有疾病与缺陷。事实上,一般所说的"健康"只是指人的身体健康状况,但人除了身体之外,还有与之密切联系的心理,因此,我们将健康总结为生理健康和心理健康两方面的内容。一个健康的人,既要有健康的身体,又要有健康的心理。当一个人身体、心理都处于良好状态时,他才是真正健康的。世界卫生组织(WHO)认为,健康指既没有身体上的疾病与缺陷,又有良好的生理、心理状态和社会适应能力。

一、心理健康与心理卫生的含义

(一)心理健康的含义

关于心理健康的含义,专家们就这个问题已经议论了半个多世纪,至今还没有达成一致意见。有人认为心理健康指人们能高效且快乐地适应环境;有人认为心理健康应是一种积极的心理状态,在这种状态下,人能更好地适应各种环境、充分发展其潜能,而绝对不是仅仅免于心理疾病;还有人认为心理健康表现为创造性、积极性、人格统一,有行动热情和良好的社会适应力。目前,人们比较认可的观点是,心理健康是指能够使个人的潜能得到最大限度的发挥,并能妥善处理和适应人与人之间、人与社会环境间的相互关系的良好状态。1946年第三届国际心理卫生大会明确指出,心理健康的表现包括:①身体、智力、情绪十分调和;②适应环境,人际交往中彼此能谦让;③有幸福感;④在工作和职业中能充分发挥自己的能力,过着有效率的生活。

(二)心理卫生的含义

心理卫生学是探讨人类如何维护和保持心理健康的一门学科。它是一门多学科交叉的科学,涉及心理学、卫生学和其他有关学科的知识。说起心理卫生,人们总会联想到心理不健康或精神病等,认为心理卫生是有关心理不健康的人的问题,其实这种看法是错误的。心理卫生指的是对心理健康的维护和增进,对心理障碍和精神疾病的预防与矫治。它更强调心理能力的增进、健全人格的培养,以及社会适应和社会改造能力的提高。心理卫生以增进人们的心理健康为目的,它包括两方面的内容:一是预防和治疗心理疾病;二是提高人们的心理健康水平。从人的发展角度看,如何防止不良行为的发生,如何增进心理健康,这涉及每个人生活的各个方面,与个体能否愉快、更卓有成效地生活密切相关,这是每个健康的人都十分关心的。从中我们可以看出,维护人的心理健康是心理卫生的最终目的,心理卫生的任务就是探讨人类维护、保持心理健康的原则和措施。心理健康教育和心理卫生教育实质上是一个概念。

二、心理健康的标准

心理健康是一个相对概念。它不像人的身体,健康与不健康均有明显的生理指标,比如脉搏、体温正常等,因此要辨别心理是否健康并不容易。因为一个人随时可能产生不良的心境,所以个体的心理健康不是一成不变的。由于每个人随时随地都可能产生心理问题,心理冲突在当今社会像感冒、发热一样不足为奇。评价一个人心理是否健康,常用的方法是心理测验,即根据心理学家编制的有关量表对所测验的结果进行论断。

(一)心理健康的一般标准

美国心理学家马斯洛和米特尔曼在1957年合作出版了一本《变态心理学》,书中列举了十条正常人的心理健康标准。这十条心理健康标准,受到人们的普遍重视和引用。具体标准如下:

(1)有足够的自我安全感;

(2)能充分地了解自己,并能对自己的能力做出恰当的评价;

(3)生活理想切合实际;

(4)不脱离周围现实环境;

(5)能保持人格的和谐与完整;

(6)善于从经验中学习;

(7)能保持良好的人际关系;

(8)能适度地发泄情绪和控制情绪;

(9)在符合集体要求的前提下,能有限度地发挥自己的个性;

(10)在不违背社会规范的前提下,能充分地满足个人的基本需求。

(二)旅游工作者心理健康标准

参照上述心理健康的一般标准,结合旅游工作者的心理特征及特定的社会角色,其心理健康的标准可概括为以下几点。

1.认识自己,接纳自己

一个心理健康的旅游工作者,应当能够认识到自己存在的价值,既能了解并接受自己,又能对自己的能力、性格和特点能做出恰当且客观的评价,还能努力激发自身的潜能。

2.较好地适应现实环境

心理健康的人能够面对现实、接受现实,并能主动地适应现实、改造现实;能对周围事物和环境有客观的认识并做出评价,能与现实环境保持良好的接触;能够妥善处理生活、工作中的各种困难和挑战。

3.和谐的人际关系

心理健康的旅游工作者乐于与人交往,不论与同事交往还是与客户交往,都能认可别人存在的重要性和作用。在与人相处时,心理健康的旅游工作者展现出的积极态度(如友善、同情、信任)总是多于消极态度(如猜疑、嫉妒、敌视),因此,他们在工作和生活中有较强的适应能力。

4. 合理的行为

心理健康的旅游工作者,其行为应该是合情合理的,具体表现为行为方式与其年龄特征一致、行为方式符合社会角色、行为方式具有一贯性、行为受意识控制等。

知识链接

▼

保持良好
情绪状态
的方法

第二节 旅游工作者的健康心理培养与调适

一、旅游工作者的常见心理问题

旅游工作者常见的心理问题如下。

(一)心理疲劳

心理疲劳是工作疲劳在心理上的体现,一般是由消极情绪、单调感和厌烦感引起的。现代旅游企业分工很细,每个人都有比较明确的权责范围,工作内容重复性高,这就容易使员工感到单调、乏味和厌倦。心理疲劳也可能是其他原因导致的,如工作不如意、感情受挫等。心理疲劳一般会造成很多不良后果,如导致员工心情郁闷、工作积极性降低、能力和技术无法正常发挥出来等。

(二)焦虑心理

焦虑是指一个人因事业、感情等各方面的渴望和追求所产生的压力而引发的心理上的担忧情绪。焦虑一般包括现实性焦虑、精神性焦虑和神经性焦虑三种情况。过度焦虑会影响员工的工作绩效。

(三)情感障碍

旅游企业非常明显的特点就是年轻员工的比例较高。年轻员工正处于走向成熟的过程之中,内心的矛盾冲突通常很严重。他们有很多心理、生理上的需求,其中最明显的是在情感上,大都希望吸引他人关注,获得友情或爱情,对感情抱有很多美好的幻想,因此,情感障碍主要体现在恋爱动机不纯、失恋后心理行为障碍等方面。

(四)神经衰弱

心理压力过大,可能引发易兴奋、易激怒、易疲劳、易衰竭等心理反应。首先表现为大脑功能衰竭,对微弱的刺激非常敏感;其次表现为情绪上的波动,如紧张、烦恼等;最后表现为头痛、失眠等其他肌肉紧张性疼痛。旅游企业的中高层管理者这方面的问题相对比较严重。

（五）性格偏执

多种不良心理因素的综合作用一般会导致性格偏执,可能产生与现实不符合的固执要求。性格偏执主要表现为孤僻、嫉妒、自卑、虚荣等。

翻转课堂

> 某五星级酒店员工小王最近心情很烦躁,因为他工作的酒店要裁员,并且女朋友对他的态度忽然变冷漠了。这让小王不知所措,于是,他总想随处坐躺,感到无所事事,做任何一件事都无精打采。他的脾气变得暴躁,而且常用睡眠来驱走忧郁或烦闷,但后来此方法也失效了。他出现了慢性疲劳综合征,经常失眠,没有食欲,经常头痛、背痛,而且内心感到空虚,觉得生活毫无意义。低落的情绪状态严重影响了小王的工作,客户也开始投诉他。小王很想改变这样的状况,但是似乎找不到很好的办法。
>
> **问题:**
> 你认为小王如何才能恢复良好的情绪状态?

二、旅游工作者的健康心理培养

旅游工作者应正确对待心理疾病,坚持健康的生活方式,提高自我认知水平,讲究心理卫生。

（一）正确对待心理疾病

来自工作和生活的压力对人的心理冲击是导致心理疾病的主要原因,因此,只要有压力存在,产生心理疾病是很正常的现象,不应该有自卑心理。同时,心理疾病并不是不可避免的,只要平时加强心理素质的锻炼,培养坚强的意志、豁达的性格,心理疾病是可以预防的。

（二）坚持健康的生活方式

在日常的工作和生活中,要遵循一定的行为规律,养成良好的工作和生活习惯。要做到早睡早起,保证睡眠充足;一日三餐要有规律,并注意饮食搭配,营养要均衡;多参加体育锻炼,保持健康的体魄,不要盲目追求时尚而损害自己的健康。

（三）提高自我认知水平

1. 全方位地剖析自己

要能够正确认识自我,对自己的能力、气质和性格等进行客观评价,既要认识到自己的优点,充分挖掘自己的潜能,又要认识到自己的不足。

2. 确定正确的比较标准

片面地认为自己好或者不好都是不对的,每个人都有自己的缺点和优点,如果在某一方面不如别人,不要自卑,要看到自己的长处。

3. 确定适合的目标

在确定自己奋斗目标的时候,要根据自己的实际情况量力而行,太低的目标无法激发斗志,太高的目标容易带来挫败感,从而引发心理上的疾病。

(四)讲究心理卫生

旅游工作者一方面要注意心理卫生,做到劳逸结合;另一方面要增强情绪的控制能力。如果有良好的情绪,就注意保持;如果有负面情绪,就要调整自己的心态。要尽可能避免心理失调或心理疾病的发生。

三、旅游工作者的健康心理调适

旅游工作者在发现自己情绪状态不佳时,可以通过宣泄调节法、简易入静法、合理克制法进行调适,以达到改变自己情绪状态的目的。

(一)宣泄调节法

宣泄调节法是指通过感情的宣泄来减轻心理负担。人之所以会陷入消极的情绪状态,除了未能获得预期的满足,另一个较常见的原因,就是那些想表达而又未能表达的感情已经成了心理上的沉重负担。一个人如果能痛痛快快地把它表达出来,他就会感到轻松许多。所谓"宣泄",就是指通过一定的行为或语言来减轻人的心理压力的过程。

旅游工作者在工作中必须以大局为重,即使受了委屈,也不能闹情绪。特别是在面对面地为旅游者提供服务时,有了委屈也绝对不能对旅游者发脾气。但是人又不能总是克制自己的感情,而不给自己一个表达的机会;否则,可能会给心理、生理带来不良影响。旅游工作者应该让自己的感情既有克制的时候,又有宣泄的时候,该克制时要克制,该宣泄时要宣泄。

旅游工作者无论在旅游者面前,还是在上司面前,受了委屈之后,都应该找一个合适的对象倾诉一下自己的感受,不要总把它"憋"在心里。如果需要采取"攻击性行为"来宣泄,那么可以用象征性的攻击来代替真正的攻击。

(二)简易入静法

旅游工作者经常觉得自己总是静不下来,即使有休息的时间,也不能充分休息,特别是很难真正地感受到内心世界的宁静。

知识链接
▼

良性心理
宣泄

要想让自己"静下来",首先要通过肌肉和呼吸的放松,使全身处于非常放松的状态。没有"松",也就没有"静"。"入静"的要点是,坚持以旁观者的态度对待一切。闭上眼睛,对一切刺激都坚持无动于衷,什么都不要想。

旅游工作者应该有拿得起、放得下的豁达心态,而"入静"就是要在一段时间内,把一切都放下。

"入静"的意义在于它能使人进入一种既不是睡眠,又不同于平常清醒时的心理状态。只有真正进入过这种状态的人,才会知道它究竟是一种怎样的状态,才会知道它能给人带来多么美妙的体验,以及它对于保持人的身心健康有多么重要的意义。

（三）合理克制法

在旅游服务工作过程中,由于旅游工作者的心理受到各种主客观因素的影响,不愉快的事情经常发生。在这种情况下,他们稍有不慎就很可能把心中的怨气发泄到旅游者身上,影响服务质量。旅游工作者能否有意识地控制、调节乃至转化自己的情绪,主要取决于其自制力的强弱。旅游工作者如果有较强的自制力,面对旅游者时就能做到"有理让三分"。

自制力是一种意志力,是自尊、自爱、自重的表现。提高自制力的方法主要有回避刺激法、积极补偿法等。

1. 回避刺激法

回避刺激法指遇到可能使自己失去自制力的刺激时,应竭力回避。例如,当隔壁有人骂自己,不要侧耳去听,而应外出散步。

2. 积极补偿法

积极补偿法指利用愤怒激情所产生的强大动力,找一件自己喜欢的事情埋头猛干,或拼命读书,或伏案疾书,使消极情绪得到充分释放。

知识链接
▼

心理保健
十法

第三节　旅游工作者心理健康教育

一、旅游工作者岗位适应的心理健康教育

对刚刚走上工作岗位的旅游工作者来说,他们面对着一个全新的世界,无论是生活环境、工作环境,还是个人社会角色,都发生了很大的改变。研究表明,旅游工作者的许多心理问题,都与其早期的适应不良有关,因此,做好新员工的心理健康教育工作,有效地帮助他们尽快适应新的工作环境,是旅游企业心理健康教育的重要内容。

（一）新员工角色的改变

当新员工第一次走上工作岗位,他们所面临的一切都是陌生的。他们的生活环境发生了变化,人际环境发生了变化,学习内容和方式发生了变化,角色地位也发生了变化。参加工作就意味着独立,周围人会用一种成人的眼光来看待他们,对他们的生活独立性、社会责任感都提出了更高的要求。总之,这些新员工面对新的环境时,都会面临一个重新评价自己和他人,重新确立自我观念的过程。

（二）新员工的心理适应问题

刚走上工作岗位的新员工在心理上都存在着一系列的矛盾和冲突,出现了许多不适应,这些矛盾和冲突主要表现为以下几点。

1. 渴望交往与自我封闭的矛盾

新上岗的员工大多较年轻,随着他们自我意识的不断发展,渴望与人交往,希望被同事、社会接纳的心理需求日益强烈,但有些员工性格内向,不会主动与人交往,但又渴望别人能够理解自己、渴望别人能与自己进行"心的交流"。若这种需求得不到满足,他们就会感到无所寄托,产生孤独感。

2. 自豪与自卑的内心冲突

新员工积极努力工作,得到同事和上级领导的表扬时,其自豪感就会油然而生,但也有一些员工,尽管他们在自己的岗位上不断努力钻研,却由于种种原因,其结果不尽如人意,于是他们内心产生了自卑感,自尊心受到了沉重的打击,严重者甚至可能产生失眠、神经衰弱和抑郁等生理和心理症状。

3. 理想与现实的矛盾

很多新员工把新的工作岗位想象成理想的天堂,但工作一段时间后,就逐渐发现各种各样的不合适和不满意之处,如生活安排不好、上下班不方便、工作太辛苦、对工作不太感兴趣等,他们将现实工作理想化,赋予了现实极其丰富的色彩,当理想与现实出现矛盾时,员工便产生低落的情绪,无法安心工作。

4. 独立与依赖的矛盾

有的新员工从小到大都受到外界的帮助和鼓励,凡事都不能独立解决,致使他们具有很强的依赖感,遇到事情不知所措,不知如何料理自己的生活,不会与人打交道,等等。这些心理上的不适应和对问题的不知所措,很容易产生心理障碍或引发心理疾病。

5. 富于思考与认识偏激的矛盾

由于新员工的社会阅历较浅、社会经验不足,以及所掌握的知识数量与分析问题的能力有限,这使得他们对于一些纷繁复杂的社会现象的认识和判断不免有所偏颇,甚至在认识和情绪反应方面走向极端。

（三）帮助新员工调整自己，适应新的生活模式

针对新员工面临的众多挑战，应从以下几方面入手来帮助他们调整心态。

1. 提高生活自理能力

培养员工的自理能力已成为新员工适应岗位的第一步，也是他们独立走向社会、适应社会生活的重要一课。

2. 学会以平等的态度对待自己和他人

新员工人际关系方面的问题，往往是因为他们在各自的生活方式和行为习惯上的差异引起的。要克服人际交往中的误解和不快，就要有与别人平等交往的态度，即使自己的看法是正确的，也不能简单地要求别人按自己的方式去做。另外，要拓宽生活空间，通过积极的交往来增进与同事间的沟通，并注意交往的技巧。

3. 正确地认识和评价自己

在新的环境中，要能认清自己的实力，客观地对待自己和他人的优势与不足。只有承认人人都有各自的优势和不足，才能客观地评价自己和他人，并取长补短；同时，即使认识到个人在某些方面存在不足，也要保持自信。

二、旅游工作者人际交往的心理健康教育

每个人都有人际交往的需要，良好的人际关系不但可以稳定情绪，给人以安全感、归属感，还有助于个体自我意识的提升。就旅游工作者所处的人生阶段来说，交往的需要在其心理构架中占有突出的位置，因此，提升人际交往能力是旅游工作者走向社会的必修课。

（一）旅游工作者人际交往的特点

旅游工作者人际交往的特点是由他们自身的条件所决定的。旅游工作者文化层次相对较高，身心趋于成熟，重感情且好幻想，因此，在人际交往中，他们通常追求平等，注重精神层面的交流，情感性强，富有理想。这就容易产生理想与现实的矛盾，导致其内心产生困惑和苦恼。

（二）旅游工作者人际交往中的心理不适应

人际关系、社会的复杂性和旅游工作者心理的单纯性，通常会使部分旅游工作者在交往中遭受挫折，产生各种各样的心理不适，影响他们正常的人际交往。从总体来看，旅游工作者在人际交往中产生的心理不适主要表现在认知障碍、情绪障碍、人格障碍三个方面。

1. 人际交往中的认知障碍

走上工作岗位后,人际关系不再局限于建立友谊这一层面,而是要求个体学会与形形色色的人打交道,使自己的行为模式逐渐走向成熟,符合社会的要求。然而,有些员工在开始新的生活时,仍按原来的方式与人交往,在认识和评价他人的过程中常带有主观色彩或过于简单、片面,与人交往时,一旦不如自己的意,便会产生交往障碍。

2. 人际交往中的情绪障碍

旅游工作者在人际交往中表现出来的情感性很强,他们对人的社会认知极易受情绪波动的影响,对人的看法常常起伏不定,呈现出不稳定的状况。例如,社交中的恐惧、愤怒、嫉妒都是影响正常人际交往的情绪障碍。

3. 人际交往中的人格障碍

人际交往中出现的自卑、怯懦、偏执等性格缺陷,往往与个体不正确的自我评价有关。例如,一些人有肯定自我、保护自我的强烈要求;另一些人过分自傲,否定他人;还有一些人自私、鲁莽、高傲、孤僻。这势必会影响人际交往的正常进行。

(三)旅游工作者人际交往能力的培养

良好的人际关系可以给人带来欢乐,不良的人际关系则会给人带来痛苦和烦恼,因此,旅游工作者应该加强社交能力的培养与锻炼,提高和完善人际交往能力,享受良好人际关系所带来的快乐。

1. 培养交往意识和技能

要具有良好的交往意识,主动与人交往,避免交往中的被动和自我封闭。培养交往意识主要是培养勇于交往、善于交往和正确交往动机,其中包括掌握交往的原则、技巧等一系列内容。

2. 克服交往中的认知障碍

要改善人际关系,首先需改变自己,然后通过改变自己来影响他人的改变。在人际交往中,旅游工作者应学会反省自己在人格、情绪、认知等方面的不足之处,并且有意识、有步骤地加以改进。此外,要有意识地拓宽自己的交往范围,力争全面、客观地了解对方,这也是非常重要的。

3. 寻求具体方法来解决人际关系问题

解决人际关系问题的具体方法有感受性训练方法和角色扮演方法。感受性训练方法,即培养员工对他人情感的高度敏感性。角色扮演方法,即让员工模拟现实问题,站在不同的立场来处理问题,以便了解他人的需要、感受,从而改变待人的态度。

三、旅游工作者心理健康的企业维护

（一）加强企业内部沟通

1. 旅游企业员工之间的人际交往

要使企业员工之间的人际关系融洽，一方面企业管理者要努力营造良好的企业氛围，使员工能够有很强的集体荣誉感、凝聚力和向心力，在员工之间形成和睦团结、和衷共济的氛围；另一方面旅游企业要经常举办一些形式多样的活动，如户外篝火晚会、野外拓展训练等，以增进员工之间的感情。

2. 加强员工与企业之间的交流

旅游企业管理者要注意倾听员工的心声，经常开展双向互动交流活动。"金无足赤，人无完人"，管理者在工作中会有一些不足之处，因此，员工会产生一些不愉快的情绪。管理者可以通过在企业网站上开辟专栏、定期举办座谈会、找个别员工单独交谈等方式，使企业与员工之间的关系更加融洽。

（二）帮助员工解决生活上的困难

知识链接 ▼ EAP与酒店员工情绪管理

有时候心理上的疾病是由于生活上的困难造成的。例如，家庭背景不好的员工性格会比较内向，家里出了变故的员工容易把情绪带到工作中。虽然员工家庭里的许多事情是企业无能为力的，但是企业应该尽量照顾家庭困难的员工，帮助他们解决一些生活上的困难，消除员工的后顾之忧，减少员工的心理负担，使其工作更加积极。工作的安排要尽量科学合理，每一班次的工作时间不宜过长，以免造成工作效率低下。例如，酒店排班时，应该多安排"跳班"。

（三）注重年轻员工的思想道德教育

知识链接 ▼ 焦虑测试

旅游企业中，年轻员工的比例一般较高，他们正处于心理和生理逐渐成熟的阶段，此时他们的人生充满生机。然而，年轻人的情绪强烈、感情丰富，很容易出现情绪上的不稳定，因此，旅游企业要加强对青年员工的思想品德教育。例如，定期为年轻员工举办人生哲理知识讲座，引导员工树立正确的世界观和人生观；对于年轻员工的异常心理，要注意引导，加强调节；要及时对有不良情绪的年轻员工进行心理疏导。

本章小结

- 心理健康是指能够使个人的潜能得到最大限度的发挥，并能妥善处理和适应人与人之间、人与社会环境间的相互关系的良好状态。

·心理卫生指的是对心理健康的维护和增进,对心理障碍和精神疾病的预防与矫治。

·旅游工作者心理健康标准:认识自己,接纳自己;较好地适应现实环境;和谐的人际关系;合理的行为。

·旅游工作者常见心理问题包括心理疲劳、焦虑心理、情感障碍、神经衰弱、性格偏执。

·旅游工作者可以通过宣泄调节法、简易入静法、合理克制法来调适自己的情绪状态。

·旅游企业可以通过加强企业内部沟通、帮助员工解决生活上的困难、注重年轻员工的思想道德教育等方式帮助他们保持心理健康。

单元训练

在线答题

▼

第十一章

一、选择题

请扫描边栏二维码答题。

二、简答题

1.简述心理健康的一般标准。

2.简述旅游工作者心理健康标准。

3.简述旅游工作者常见心理问题。

4.简述旅游工作者心理调适方法。

5.简述旅游企业维护员工心理健康的途径。

Note

参考文献

References

[1] 陈钢华.旅游心理学[M].上海:华东师范大学出版社,2016.

[2] 戴维·迈尔斯.社会心理学[M].11版.侯玉波,乐国安,张智勇,等,译.北京:人民邮电出版社,2016.

[3] 侯玉波.社会心理学[M].4版.北京:北京大学出版社,2018.

[4] Dennis Coon, John O. Mitterer.心理学导论:思想与行为的认识之路[M].13版.郑钢,等,译.北京:中国轻工业出版社,2014.

[5] 李昕.旅游管理学[M].2版.北京:清华大学出版社,2008.

[6] 李昕.实用旅游心理学教程[M].3版.北京:中国财政经济出版社,2010.

[7] 李志飞.旅游消费者行为[M].3版.武汉:华中科技大学出版社,2024.

[8] 迈克尔·所罗门.消费者行为学[M].12版.杨晓燕,等,译.北京:中国人民大学出版社,2018.

[9] 孙喜林,杨金桥.旅游心理学[M].8版.大连:东北财经大学出版社,2022.

[10] 孙九霞,陈钢华.旅游消费者行为学[M].3版.大连:东北财经大学出版社,2022.

[11] 吴必虎.区域旅游规划原理[M].北京:中国旅游出版社,2001.

[12] 吴必虎,黄潇婷,等.旅游学概论[M].3版.北京:中国人民大学出版社,2019.

[13] 谢彦君.基础旅游学[M].4版.北京:商务印书馆,2015.

[14] 周斌.消费心理学[M].2版.北京:清华大学出版社,2023.

[15] 邹本涛,赵恒德.旅游心理学[M].北京:北京大学出版社,2008.

教学支持说明

为了改善教学效果,提高教材的使用效率,满足高校授课教师的教学需求,本套教材备有与纸质教材配套的教学课件和拓展资源。

我们将向使用本套教材的高校授课教师免费赠送教学课件或者相关教学资料,烦请授课教师通过电话、邮件或加入旅游专家俱乐部QQ群等方式与我们联系,获取"电子资源申请表"文档并认真准确填写后发给我们,我们的联系方式如下:

地址:湖北省武汉市东湖新技术开发区华工科技园华工园六路

邮编:430223

电话:027-81321911

旅游专家俱乐部QQ群号:758712998

旅游专家俱乐部QQ群二维码:

群名称:旅游专家俱乐部5群
群号:758712998

扫码关注
柚书公众号

电子资源申请表

填表时间：_____年____月____日

1. 以下内容请教师按实际情况写，★为必填项。
2. 根据个人情况如实填写，相关内容可以酌情调整提交。

★姓名		★性别	□男 □女	出生年月		★职务	
						★职称	□教授 □副教授 □讲师 □助教
★学校				★院/系			
★教研室				★专业			
★办公电话		家庭电话				★移动电话	
★E-mail（请填写清晰）						★QQ 号/微信号	
★联系地址						★邮编	

★现在主授课程情况	学生人数	教材所属出版社	教材满意度
课程一			□满意 □一般 □不满意
课程二			□满意 □一般 □不满意
课程三			□满意 □一般 □不满意
其他			□满意 □一般 □不满意

教 材 出 版 信 息		
方向一		□准备写 □写作中 □已成稿 □已出版待修订 □有讲义
方向二		□准备写 □写作中 □已成稿 □已出版待修订 □有讲义
方向三		□准备写 □写作中 □已成稿 □已出版待修订 □有讲义

　　请教师认真填写表格下列内容，提供索取课件配套教材的相关信息，我社根据每位教师填表信息的完整性、授课情况与索取课件的相关性，以及教材使用的情况赠送教材的配套课件及相关教学资源。

ISBN（书号）	书名	作者	索取课件简要说明	学生人数（如选作教材）
			□教学 □参考	
			□教学 □参考	

★您对与课件配套的纸质教材的意见和建议，希望提供哪些配套教学资源：